赤字迷思

現代貨幣理論和為人民而生的經濟

THE DEFICIT MYTH

MODERN MONETARY THEORY AND THE BIRTH OF THE PEOPLE'S ECONOMY

史蒂芬妮・凱爾頓——著　蔡宗翰——譯
STEPHANIE KELTON

獻給布萊德利和凱薩琳

國內專家學者推薦

《赤字迷思》提供了另一種思考觀點，也許會顛覆你過去對於政府赤字、通貨膨脹、失業率的觀念。

——Mr. Market 市場先生（財經作家）

這個理論有爭議；經過深入研究，才能了解爭議的本質。

——朱雲鵬（東吳大學巨量資料管理學院講座教授）

本書讓你瞭解「債留子孫」的說法錯謬何在！

——何宗武（臺灣師範大學全球經營與策略研究所教授）

現代貨幣理論（MMT）仍待嚴格檢證，但社會科學應有解決發展問題的明確主張。

——葉國俊（國立臺灣大學國家發展研究所教授）

《赤字迷思》顛覆傳統預算思維，大膽前衛！

——趙少康（中國廣播公司董事長）

當今美歐日列強在高累積負債下，國家政策深受赤字的捆綁。在美出版界引起騷動的《赤字迷思》，正為列強的財政困境提供解套之策。臺灣未來可能遭逢戰爭，國家支出勢必大幅擴增，本書也將提供決策者及知識菁英一個全新的財政視野。

——鄭政秉（國立雲林科技大學財金系教授、《思與言》期刊總編輯）

（按姓名筆劃排序）

國外好評推薦

這是我讀過最重要的書。史蒂芬妮・凱爾頓仔細傳達了她的訊息，挑戰了公共財政的經濟正統觀念，稅收並非先於支出，赤字並非有害。凱爾頓的作品可以和達文西和哥白尼的天才相提並論。

——戴維・凱・強斯頓（David Cay Johnston），曾獲普利茲獎、調查記者與編輯勳章和喬治波爾克獎

無論是內容還是時機，這都是一本了不起的書。一本「必讀」且一定會影響未來許多決策的書。

——安聯首席經濟顧問穆罕默德・埃里安（Mohamed El-Erian）

在史詩般重大、危機四伏的世界中，史蒂芬妮・凱爾頓是一道清晰的道德曙光。無論你是全心擁護現代貨幣理論，還是只是好奇，她對金錢、債務和赤字所傳達的真相，都提供了我們迫切需要的工具，好為所有人打造一個安全的未來。快讀！然後付諸實行。

——娜歐蜜・克萊恩（Naomi Klein），《刻不容緩》作者

凱爾頓的書，翻轉了政府赤字迷思，理論紮實，實證有趣。它提醒我們，錢並非有限，有限的是我們如何運用資金的想像。閱讀後，你再也不會把公共錢包視為家庭經濟。快讀！

——瑪麗安娜・馬祖卡托（Mariana Mazzucato），《一切的價值：全球經濟的創造與接受》（*The Value of Everything: Making and Taking in the Global Economy*）作者

《赤字迷思》成功了。整本書引人入勝，充滿說服力，而且最重要的是，它讓我們每個人感到有能力改變一切。凱爾頓採用了一個多人研究過的框架，聚焦在現實世界經濟的實際運行方式，為實現真正的經濟繁榮鋪了一條實際的道路。她的方法關切的不是

華爾街，而是民生大街，讓我們可以振興正處於掙扎的中產階級，而且也能解決諸如長期失業、貧困、醫療保健和氣候變化等關鍵的社會問題。當然，我們在行動上面臨許多限制，但凱爾頓認為，是因為赤字迷思的影響，讓我們沒有好好運用我們的資源。我們等待這本書許久。每個人都應該讀，然後再讀，以免為時已晚。

——約翰・哈維（John T. Harvey），德州基督教大學經濟學教授

凱爾頓在這本影響力十足的書中，讓我們擺脫根深蒂固在金本位時代、已不堪用的財政赤字正統觀念。她的理論基礎是現代貨幣理論。現代貨幣理論的核心是一個簡單的主張：在法定貨幣世界中，我們全體人民的財務狀況與個人預算的限制不同，因為我們全體人民不會破產，只有可能因為赤字支出而造成過度通貨膨脹。在低通貨膨脹率盛行的時代，總體政策的含義應該顯而易見：我們人民目前的財政空間遠遠超過那些痛罵赤字、堅持財源的人所說的。凱爾頓是一位有天賦的作家和老師。我充滿信心地預測，《赤字迷思》是一本劃時代的巨作，它定義了現代貨幣理論。

——保羅・亞倫・麥考利（Paul Allen McCulley），PIMCO退休總經理兼首席經濟學家、康乃爾大學法學院高級研究員

清楚！充滿說服力！大開眼界又讓人信服，《赤字迷思》是在預算、工作機會、貿易、銀行運作和資金世界的一次冒險。憑藉常識的強大力量，史蒂芬妮・凱爾頓和現代貨幣理論團隊突破了所謂健全金融的封閉圈子，這種陳舊的正統觀念削弱了我們所有人，讓我們窮困。這本書回顧過去，並開闢了道路，讓我們能通往以更好的想法為基礎的美好世界。

——德州大學奧斯汀分校的詹姆斯・高伯瑞（James K. Galbraith）

以堅定、邏輯清晰且易讀的文字，讓我們看清許多常見的誤解。若你想了解政府金融實際運作方式，以及和經濟政策如何相互作用，此書必讀。

——美國前財政部副部長法蘭克・紐曼（Frank Newman）

目次

—前言—

小貼紙，大震撼

一無所知，也就沒有麻煩；
你自以為很了解，才是出錯的時候。

——馬克・吐溫（Mark Twain）

二〇〇八年，我在密蘇里大學堪薩斯分校教經濟。某天，我開著車從羅倫斯往學校的路上，看到了一台賓士休旅車，車尾的保險桿上貼了一張造型貼紙。貼紙是個有點駝背的男人，臉上表情嚴肅僵硬。他穿著紅白條紋的長褲，配上深藍色的西裝外套和裝飾著星星的大禮帽；他的褲子口袋外翻，空空如也。這是山姆大叔（Uncle Sam）。很多人就像這位駕駛一樣，相信我們的政府已經破產，已經沒有預算來解決我們這個時代最重要的問題。

不管今天政策討論的是醫療保健、基礎建設、教育，還是氣候危機，往往出現下面這樣的質疑：我們要怎麼付錢呢？這張保險桿上的貼紙反映了大家對於美國財政的煩躁與焦慮，尤其是龐大的聯邦赤字。在各黨各派的政治人物都對赤字大加撻伐時，我們不難理解為什麼人民對政府胡亂花錢特別憤怒。畢竟，如果我們像政府一樣不考慮收支，我們很快就會破產。像貼紙上的山姆大叔一樣，兩手空空。

但，你是否有想過，聯邦預算和家庭預算基本上截然不同？如果我告訴你：口袋空空的山姆大叔根本不存在？可不可以讓我來說服你：我們的經濟可以把人民福祉和地球放在首位，同時也不用擔心沒有財源？

哥白尼和跟隨他的科學家改變了我們對宇宙的理解，證實地球繞著太陽轉，而不是太陽繞著地球。對於如何理解赤字及其與經濟的關係，我們也需要類似的突破。其實，我們有非常多不同的方法，來追求、創造公共福利；然而，我們現下急需了解，是什麼樣的迷思阻礙了社會的前進。

一直以來，我大力推行現代貨幣理論（Modern Monetary Theory，簡稱ＭＭＴ）；在本書中，我會以這個理論讓經濟學產生哥白尼式的突破。我提出的主要論點適用於任何擁有貨幣主權國家，例如美國、英國、日本、澳洲、加拿大，這些政府都是其法定貨幣（fiat currency）的唯一發行人。[1]現代貨幣理論證明，幾乎在所有情況下，聯邦赤字都對經濟有利，以此改變我們對政治和經濟的觀念。赤字是必要的。我們目前理解和因應赤字的方式既不完整也不準確。與其追求收支平衡這樣錯誤的目標，反倒要充分利用現代貨幣理論中所謂的公共資金或主權貨幣（public money, or sovereign currency），來平衡經濟，讓利益能夠共享均分，而不是為一群少數人所把持。

按照傳統的觀點，納稅人處於貨幣系統的中心，因為人們相信政府沒有自己的資金。因此，唯一可以資助政府的資金，最終來自像你我這樣的人。現代貨幣理論顛覆了這樣的觀念：是貨幣發行人（聯邦政府本身），而非納稅人，為政府的所有支出提供資金。從來就不是稅收支撐著政府支出，稅收重要是因為其他的原因，我在本書中會另外解釋。但是稅賦支持著政府支出這樣的想法純屬幻想。

當我第一次接觸到這個理論時，我心存懷疑。事實上，我非常抗拒。我一開始研究經濟學時，我試圖從政府財政和貨幣運作面來駁斥現代貨幣理論的主張。當我把研究出版成第一篇經同儕審閱的學術論文時，我意識到我的理解錯了。乍看之下，現代貨幣理論背後的核心思想可能荒誕不經，但事實上它非常準確。某種層面上來說，現代貨幣理論無黨無派，讓我們看到貨幣體系實際的運作方式。它不帶意識形態，也沒有政黨色彩。現代貨幣理論純粹就經濟可行與否，考慮問題，讓政策辯論與財務可行性脫鉤。現代貨幣理論聚焦政策對經濟和社會產生的重大影響，而不是政策的預算面。和凱因斯（John Maynard Keynes）同期的勒納（Abba P. Lerner）就是這個理論的擁護者，他稱其為功能性財政（functional finance），以一個政策是否有效運作來評斷它的好壞。這個政策能不能控制通貨膨脹？能不能維持充分就業？能不能更平均分配所得與財富？在這些考慮下，每年超出預算多少錢再也不重要。

所以，我認為只要花更多的錢，就能解決我們所有的問題嗎？當然不是這樣。聯邦預算上沒有財政限制，並不代表政府可以（且應該）毫無限制地支出。每個經濟體都有自己內部的速限，取決於其實質生產資源（real productive resources），包括它的技術層級，以及其土地、工人、工廠、機器和其他材料的數量和品質。如果政府試圖在已經全速運轉的經濟中繼續支出，將會加劇通貨膨脹。換言之，並不是政府的支出能力或赤字，而是實體經濟中的通膨壓力和資源帶來了限制。現代貨幣理論讓我們看清了什麼是真正的限制，而什麼只是妄想且不必要的自我設限。

你可能已經看過現代貨幣理論的實際例子。我在美國參議院工作時，就親自見證過。每當社會安全保險（Social Security）成為議題時，或者當國會中有人想投入更多錢到教育或醫療保健上，大家就會大聲強調要「先有財源」，以避免增加聯邦赤字。但是，你是否注意到，相較之下，擴大國防預算、紓困銀行或減免富人稅，就不會有問題，即使這些措施會大大增加赤字。只要掌握國會多數，聯邦政府永遠都能資助自己的優先事項。一直以來，都是這樣。政府預算赤字並沒有打斷小羅斯福（Franklin Delano Roosevelt）在一九三〇年代的新政（New Deal），也沒有停止甘迺迪（John F. Kennedy）送人上月球，也從來沒有阻止國會參戰。

那是因為國會掌管了公帑。如果國會真的想完成某件事，它總生得出錢。只要立法者願意，他們今天就可以立法，來提高生活品質，並放眼未來，大舉投資教育、科技和因應氣候變遷的基礎建設。花錢與否是一項政治決定。當然，任何一個法案的經濟影響都要徹底考慮。但是，支出不應該被框限在一個制式的預算目標內，也不應該被盲從的健全財政所約束。

◆

我是在二〇〇八年十一月看到保險桿上的山姆大叔。這個時間點並非巧合，因為同年，在金融危機期間，政府資金已耗盡的風聲傳得沸沸揚揚。這是自經濟大蕭條（the Great Depression）以來，我們面臨最嚴重的經濟衰退。那個時候，美國和其他很多國家，似乎都即將破產。一開始次級房貸的混亂蔓延到全球金融市場，並演變成全面的經濟崩潰，使數百萬美國人丟了工作、房子和生計。[2] 光是那年十一月，就有八十萬美國人失去了工作。數百萬人申請了失業保險、食物券、醫療補助（Medicaid）和其他公共救助。隨著經濟陷入嚴重衰退，稅收大減，而政府為失業者的支出急劇增加，使赤字達到創紀錄的七千七百九十億美元。全國上下，一片恐慌。

現代貨幣理論的支持者（包括我）都認為這是個機會，向即將上任的歐巴馬政府提出大膽政策的構想。我們敦促國會採取強而有力的振興經濟措施，要求給予一段薪資免稅期，並對各州政府和地方政府給予額外援助，提供聯邦就業保障。

二〇〇九年一月十六日，美國四大金融機構的市值縮水了一半，就業市場每個月流失數十萬份工作。就像小羅斯福一樣，歐巴馬在一月二十日宣誓就職時，恰逢事關重大的歷史時刻。不到三十天內，他就簽署了一項高達七千八百七十億美元的經濟振興方案，成為法律。一些親近他的顧問強烈要求更龐大的金額，至少一・三兆美元，才能避免經濟長期衰退，但其他人一聽到「兆」就猶豫了。最後，歐巴馬自己也臨陣退縮。

為什麼？因為在財政政策方面，歐巴馬基本上趨於保守。周圍的人給他眼花撩亂的數字，於是他決定謹慎行事，寧願小心，挑了一個小一點的數字。白宮經濟顧問委員會主任克莉絲汀娜・羅默（Christina Romer）知道，區區七千八百七十億美元，是無法解決如此嚴重的經濟危機。她提出了一個雄心勃勃的兆元振興方案。她說：「總統先生，現在火燒眉毛。情況比我們想像的還要糟糕。」[3]她計算了數字後，得出的結論是：為了因應不斷惡化的經濟衰退，可能需要多達一・八兆美元的救助金。但這個計畫被哈佛經濟學家、前財政部長勞倫斯・桑默斯（Lawrence Summers）否決。桑默斯後來成為歐巴馬的首席經濟顧問。桑默斯或許希望有金額更龐大的振興方案，但他擔心向國會要求破兆的資金，會引來訕笑。他說：「人民不會支持，而且國會也絕對不會通過。」[4]日後成為歐巴馬資深顧問的大衛・阿克塞爾羅德（David Axelrod）也同意，他擔心任何破兆美元的方案，會讓國會和美國人民以為山姆大叔要破產了，因此引發恐慌。

國會最終批准的七千八百七十億美元，包括幫助州政府和地方政府因應經濟下滑的資金，用於基礎設施和投資綠能產業的資金，以及鼓勵民間消費和投資的大幅稅務減免。這一切都有幫助，但仍遠遠不夠。經濟還是萎縮。當政府赤字持續攀升，超過一・四兆美元時，歐巴馬總統開始面臨愈來愈多的質疑。二〇〇九年五月二十三日，歐巴馬接受美國公共事務有線電視網（C-SPAN）的專訪。該節目的主持人史蒂夫・史考利（Steve Scully）問：「我們什麼時候錢會用光？」[5]總統回答：「嗯，我們現在已經沒錢了。」於是，總統完全證實了保險桿上貼著山姆大叔貼紙的駕駛一直以來心中的懷疑。美國破產了。

金融危機從二〇〇七年十二月到二〇〇九年六月，重創了美國——甚至全世界——許多家庭和社區。美國勞動市場（labor market）花了六年多的時間，才又生出了在二〇〇七年十二月至二〇一〇年初之間失去的八百七十萬份工作。[6]數百萬人苦苦掙扎了一年或更長的時間才找到工作。許多人從此失業下去。一些幸運找到工作的人經常不得不接受非全職的聘僱，或從事薪資遠低於從前的工作。與此同時，取消抵押品贖回權（foreclosure）的危機吞沒了八兆美元的房產。在二〇〇七年到二〇〇九年間，估計有六百三十萬人（其中包括二百一十萬名兒童）陷入了貧困。[7]

國會本來可以（而且應該）做更多，但是赤字迷思已深植人心。到了二〇一〇年一月，失業率高達九・八%，歐巴馬卻朝著相反方向前進。那個月，他在國情咨文中，承諾扭轉財政振興政策。他告訴全國人民：「全國各地的家庭都在縮衣節食，做出艱難的決定。聯邦政府也應該這樣做。」接下來是一段美國持續自我傷害的時期。

舊金山聯邦準備銀行（Federal Reserve Bank of San Francisco）估計，金融危機和黯淡的復甦，讓美國在二〇〇八年至二〇一八年之間，喪失了其潛在產能的七%。想想，這十年時間，我們本來可以生產的商品、提供的服務、得到的收入，卻什麼都沒有，因為我們做得不夠，沒有保障工作機會，也沒有讓人民有地方住。因為沒有採取正確的政策因應，我們造成了緩慢且疲弱的復甦，損害了社會，並讓經濟錯失了數兆美元的榮景。根據舊金山聯邦準備銀行的統計，這十年來低於水準的經濟成長，讓美國的每位男女和小孩付出了七萬美元的代價。

我們為什麼沒有制定更好的政策？你或許會想，是因為我們的兩黨政治讓溝通如此困難，以至於國會即使面對一場威脅到大企業也威脅到一般市井小民的大災難，仍然無法做出正確的決定。當然，這確實有些道理。二〇一〇年，參議院多數黨領袖密契・

麥康諾（Mitch McConnell）公開宣稱：「我們最重要的事，就是讓歐巴馬只當一任。」但是政黨政治並不是唯一的障礙。兩黨數十年來一直擁護對赤字特別偏執的政治形態，是更大的障礙。

更大的赤字可以加速並增強復甦，保護數百萬個家庭，並避免數兆美元的經濟損失。但是，那時候真正有權力的人，沒有努力追求赤字無上限。歐巴馬、他身邊大部分的資深顧問、參眾議院思想最進步的議員，誰都沒有這樣做。為什麼？每個人都真的相信政府已經耗盡了資金嗎？還是他們只是害怕觸動選民的敏感神經，就像是那位在保險桿上貼貼紙的賓士駕駛？

如果我們繼續將赤字本身視為問題，就不能使用赤字來解決問題。目前，約有一半的美國人（四十八％）表示，減少聯邦預算赤字應該是總統和國會的頭等大事。本書希望減少相信赤字是個問題的人，讓人數趨近於零。這並不容易。要達成這個目標，我們必須仔細破除影響我們公眾論述的迷思和誤解。

◆

本書的前六章破除我們這個國家糾結的赤字迷思。首先，我質疑聯邦政府應該像家庭一樣計畫預算。或許沒有任何迷思比這樣的想法更有害。事實是：聯邦政府並非家庭或民間企業。那是因為山姆大叔擁有我們其他人所沒有的東西：發行美元的權力。山姆大叔不需要先有錢，再花錢，雖然我們一般人必須如此。我們可能會帳單如山，山姆大叔卻不用面對付不起的帳單。山姆大叔永遠不會破產。我們或許會。當政府試圖像家庭一樣管理預算時，它會錯失利用主權貨幣的力量來大幅改善人民生活的機會。我會以現代貨幣理論來說明，聯邦政府並不依賴稅收或舉債來為其支出提供資金。對政府支出最關鍵的限制是通貨膨脹。

第二個迷思是赤字代表超支。這是一個容易得出的結論，因為我們都聽過政治人物抱怨說，有赤字，表示政府亂花錢。這是個錯誤。的確，如果支出超過稅收，政府的帳簿就會有赤字。但到這邊，故事只說了一半。現代貨幣理論用一些簡單的會計邏輯來將另一半補齊。假設政府為經濟支出了一百美元，但僅收取九十美元的稅收，中間價差被稱為政府赤字。但是，還有另一種方法可以理解這種價差：山姆大叔的赤字為別人創造了盈餘。如果，政府負債十元，在其他地方就多了十元。問題在於政策制定者帶著偏見。他們只看到預算赤字，但卻錯失了另一方面相應的盈餘。而且，由於許多美國人也沒辦法看清，所以他們最終還以為預算平衡很好，儘管這可能表示他們要從口袋裡掏出錢來。政府的確有可能花太多，赤字可能過於龐大。但是，過度支出的證據是通貨膨脹，並且大多數時候，赤字往往不足而並非過多。

第三個迷思是赤字代表債留子孫。政治人物常常端出這個理論，宣稱如果支出太多，我們就毀了子孫的未來，使他們背負著最終不得不償還的沉重債務。雷根（Ronald Reagan）是造成這種迷思的人。但是，就算是柏尼・桑德斯參議員（Bernie Sanders）也曾經說過和雷根類似的話。桑德斯說：「我很擔心債務。這不是我們應該留給子孫的東西。」[8]

儘管此論述聽來很有說服力，但卻缺乏經濟上的邏輯。歷史證明了這一點。二次世界大戰之後，國債占國內生產毛額（GDP）的比例高達一二〇%。但是，這也是中產階級萌發和擴張的時期，家庭實質所得中位數顯著提高，下一代享有更高的生活品質，又沒有高稅率的負擔。實際情況是政府赤字並不會迫使經濟負擔轉嫁給未來的人口。增加赤字並不會使子孫後代變得更貧窮，減少赤字也不會使他們變得更富有。

我們要解決的第四個迷思是：赤字是有害的，因為赤字會擠壓民間投資並削減長期經濟成長。這個迷思大部分由沒有自知之明的主流經濟學家和政策狂熱者散布。它基於錯誤的假設：為了彌補赤字，政府必須與其他借款人競爭，以獲取有限的儲蓄。他們以為政府的赤字吃掉了一些本來可以用於促進長期繁榮的民間投資。我們將看到為什麼反過來說才對：財政赤字實際上增加了個人儲蓄，並可以更輕易吸引民間投資。

第五個迷思是，赤字使美國依賴其他國家。這個迷思會讓人以為，因為中國和日本持有大量美國債務，所以對我們有巨大的影響力。這其實是政治人物有意無意散播的不實，通常拿來當作藉口，好把迫切需要資金的社會計畫擱置一旁。有時候，這些人還把這個迷思比喻成不負責任地使用外國信用卡。這樣的理論忘記了其實美元並非來自中國這樣的事實。美元來自美國。我們並沒有真正向中國借錢，而是向中國提供美元，然後允許中國在美國財政部這種安全、付息資產的框架下，使用美元交易。這完全沒有風險，也沒有危害。如果我們願意，幾個簡單的按鍵，就可以立即償還這些債務。把我們的未來抵押給外國人也是一個錯誤的觀念，那其實是不了解主權貨幣實際上是如何運作的，或者出於政治目的而故意誤解。

第六個迷思是，社會福利把我們推向長期的財政危機。在此迷思下，罪魁禍首通常是社會安全保險、醫療保險（Medicare）和醫療補助。我會證明為什麼這種思維方式是錯的。舉例來說，政府完全沒有理由刪減對社會安全保險福利的支出。政府永遠能夠履行對未來的義務，因為它的錢永遠不會用罄。立法者不應該爭論法案的貨幣成本，而是應該比較誰的政策最有可能滿足全體人民的需求。資金永遠都在那裡。問題是要用這筆錢買些什麼？不斷變化的人口結構和氣候變遷帶來的影響才是對現有資源帶來壓力的真正挑戰。隨著嬰兒潮世代慢慢退出勞動市場，我們要確保我們正在盡一切努力來管理資源，並發展更永續的生產方式。但是，在社會福利支出上，我們總是有能力兌現對現役退休人員以及即將退休人員的承諾。

在充分探討這六個迷思，並以有力的證據予以反駁之後，我們將考慮社會上確實存在且真正重要的赤字。我們面臨的真正危機與聯邦赤字或人民應享的福利無關。美國有二十一％的兒童生活在貧困之中，這是一個危機。我們的基礎建設被評為 D+ 等級，這是一個危機。現代的社會不平等，竟然和十九世紀末的鍍金年代（America's Gilded Age）一樣，這是一個危機。自一九七〇年代以來，一般美國工人幾乎沒有出現實質的薪資成長，這是一個危機。四千四百萬美國人背負了一・七兆美元的學生貸款，這是一個危機。而且，如果到頭來氣候變遷加劇並破壞地球上的生命，我們最終將根本無法負擔任何事情，這也許就是最大的危機。

這些才是真正的危機。國家赤字不是危機。

川普於二〇一七年簽署的稅收法案之所以糟糕，不是因為它增加了赤字，而是因為它利用赤字為最不需要的人提供幫助。這個法案擴大了社會不平等，使少數人掌握了更多的政治和經濟權力。現代貨幣理論認為，經濟繁榮並不在於增加足夠的收入來支付我們想要的東西。我們可以——而且必須——對富人徵稅，但這並不表示如果沒有他們，我們無能為力。我們應該向億萬富翁徵稅，以平衡財富和所得分配，來保護民主的健全。但是，我們不需要打破他們的存錢筒來消除貧困，或者要靠他們才能得到科麗塔・史考特・金恩（Coretta Scott King）極力爭取的聯邦就業保障（federal job guarantee）。我們已經有了所需的工具。假裝依賴這些擁有大筆財富的人，會傳達錯誤的訊息，使他們看起來好像對我們的志業非常重要。然而，這也不是說赤字無關緊要，我們可以恣意妄為地花錢、花錢、花錢。我主張的經濟框架要求聯邦政府承擔更多——而非更少——的財政責任。我們只需要重新定義什麼叫做負責任地編列預算。我們對赤字的誤解使我們在當前的經濟中浪費許多，也忽略了不少未開發的潛力。

現代貨幣理論讓我們能想像新的政治和新的經濟。它以合理的經濟論述挑戰整個政治領域的現狀，這就是為什麼現在這個理論在全世界被熱烈討論，無論決策者、學者、中央銀行官員、財政首長、社會運動人士和一般民眾都投注了目光。現代貨幣理論讓我們看到了另一種社會的可能，我們可以負擔得起在醫療、教育、具韌性基礎建設上的投資。現代貨幣理論的論述不打恐慌牌，不說「錢快花光了」，而是提倡機會。一旦我們突破了迷思，並接受了聯邦赤字實際上對經濟有利的如此想法，就可以優先考慮人民需求和公共利益，來實行我們的財政政策。丟棄綁手綁腳的經濟觀念後，我們再也沒有什麼好失去的了。

美國是世界史上最富有的國家。即使在經濟大蕭條期間，美國人最貧窮的時候，我們仍設法建立了社會安全保險制度和最低工資、活化了農村社區、提供聯邦居住貸款，並為大規模的就業計畫提供資金。就像《綠野仙蹤》裡的桃樂絲和她的同伴一樣，我們需要看清自己，並再次記得我們一直都擁有的力量。

在本書付印之際，COVID-19來襲，讓我們真實地看見現代貨幣理論可以怎樣在世界施行。各行各業都受到波及；倒閉、關廠潮掀起；失業人數正在增加；經濟可能崩潰；失業人口可能與大蕭條時期不相上下。國會已經承諾投入超過一兆美元來對抗大流行和持續發展的經濟危機。但我們還需要更多。

在病毒成為威脅之前，聯邦赤字已預期將超過一兆美元；在接下來幾個月，聯邦赤字可能會飆破三兆美元。歷史顯示，由於擔心預算赤字上升，政府會在各界壓力下減少對各項財政的支持，來降低赤字。如此一來，這會是一場無法緩解的災難。目前，還有未來幾個月，政府因應危機最負財政責任的辦法，就是增加赤字支出。

明年對我們所有人來說，都會極其困難。我們將一直處於高度焦慮狀態，直到病毒被控制並且有疫苗廣泛可用。我們許多人將經歷社會和經濟上的困頓。在我們國家的財政狀況之外，已經有太多事情需要煩心了。但是現在也是學習重要新知的好時機，來了解資金來自何處，然後為什麼聯邦政府（而且只有聯邦政府）可以加緊努力、挽救經濟。

一第一章一

家庭預算在這裡不適合

全國各地的家庭都在縮衣節食，做出艱難的決定。聯邦政府也應該這樣做。

——歐巴馬．二〇一〇年國情咨文

迷思1——聯邦政府應該像家庭一樣預算收支。

現　實——聯邦政府和家庭不同，因為它發行自己所使用的貨幣。

像許多人一樣，芝麻街陪我長大。在節目傳達的各種訊息中，芝麻街幫助小孩發展分辨異同、進行分類的技能。節目中一個固定段落的歌的第一句是「這個和那個不一樣。」同時，電視螢幕上會出現四個圖像：香蕉、柳丁、鳳梨和三明治。「三明治！三明治！」姐姐和我會對著電視大聲說。我已經不是小孩了，但是當我聽到有人把聯邦政府的預算講得像家庭預算沒有什麼兩樣時，我仍然會對著電視大喊。

如果你聽過有人抱怨華盛頓當局總是入不敷出，那麼你已經知道什麼是把聯邦政府想成家庭預算的迷思。用管理家庭預算的方式，來看待山姆大叔的預算，並不適宜。在我們接下來要探討的所有迷思中，這是對經濟最有害的。

這個比喻是政治人物的最愛。他們喜歡用最簡單的措辭與選民溝通；把政府財政比作每個人都懂的家庭收支，再簡單不過了。大家都知道「賺多少，花多少」這個道理。用貼近生活的方式來談論政府財政，彷彿餐桌邊的閒話家常，容易打動人心。

這樣的例子，到處可見。在全美各地的競選廣告和市政廳，政治人物喜歡用小商人或勤奮的女服務生，當作理財預算的好榜樣。他們對一般老百姓的日常打拚表示同情，告訴我們他們完全了解坐在餐廳桌邊、計算家庭收支的景況。然後，為了煽起群眾的怒火，他們將論述焦點轉移到聯邦政府，並告訴我們山姆大叔的帳簿從來沒有平衡過，因為亂花錢已經是華盛頓當局固定的生活方式。

因為用語熟悉、例子貼近，諸如此類的故事容易產生共鳴。我們知道我們應該在自己的能力範圍內理財，讓支出不超過收入。我們知道我們需要為未來留存一些積蓄，並且在借錢時格外小心。背負過多的債務可能導致破產、房屋查封（即取消抵押品贖回權），甚至牢獄之災。

我們知道人會破產；我們也看到過睿俠（RadioShack，譯注：美國電子零售商，有近百年歷史）和玩具反斗城（Toys "R" Us，譯注：美國大型連鎖玩具店）等家喻戶曉的公司，在無力支付帳單的情況下，聲請破產。即使是城市（底特律）和州（堪薩斯州），如果沒有足夠的資金來支付開銷，也可能陷入大麻煩。每個圍坐餐桌的家庭都了解這些現實狀況。他們不了解的是，為什麼聯邦政府（山姆大叔）與眾不同。

要了解個中原因，我們直接來看現代貨幣理論的核心。

貨幣發行人和貨幣使用者

現代貨幣理論的出發點是一個簡單且無可辯駁的事實：美元，我們的國家貨幣，來自於美國政府；美元不能來自其他任何地方，至少法律上不允許。美國財政部（the US Treasury）及美國聯準會（the Federal Reserve）均有權力發行美元。這包括鑄造大家口袋中的硬幣、印製我們錢包中的鈔票、創建只以電子型式登錄在銀行資產負債表（balance sheets）上稱為準備金（reserves）的數位貨幣。財政部負責鑄造硬幣，其餘由聯準會負責。一旦了解這個事實的重要性，你就能自己突破許多關於赤字的迷思。

即使你可能從來沒有好好想過，但你腦袋中的某個部分可能已經察覺了某些基本的概念。想想，你生得出美元嗎？你當然可以賺，但你可以製造嗎？如果你有高科技的印製設備，你或許可以在地下室開間小店，生產出長得非常像美元的東西。或者，你可以駭進聯準會的系統，然後按幾個鍵，生出一些數位貨幣。但是我們都知道，如果偽造貨幣被抓到，就等著坐牢了。這是因為美國憲法授予聯邦政府發行貨幣的專有權。[1] 如聖路易聯邦準備銀行所說，美國政府是「美元唯一的製造商。」[2]

「壟斷」（monopoly）一詞是指某個產品只有一個供應商的市場。由於聯邦政府是美元的唯一製造商，因此我們可以將其視為對美元本身的壟斷。就像是獲得美元的超級版權（永不過期），然後可以無限印製額外的美元。這是建國先驅賦予聯邦政府的專有權。家庭、企業、州政府和地方政府都無法做到這一點。只有聯邦政府才能發行我們的

圖一　貨幣使用者和貨幣發行人

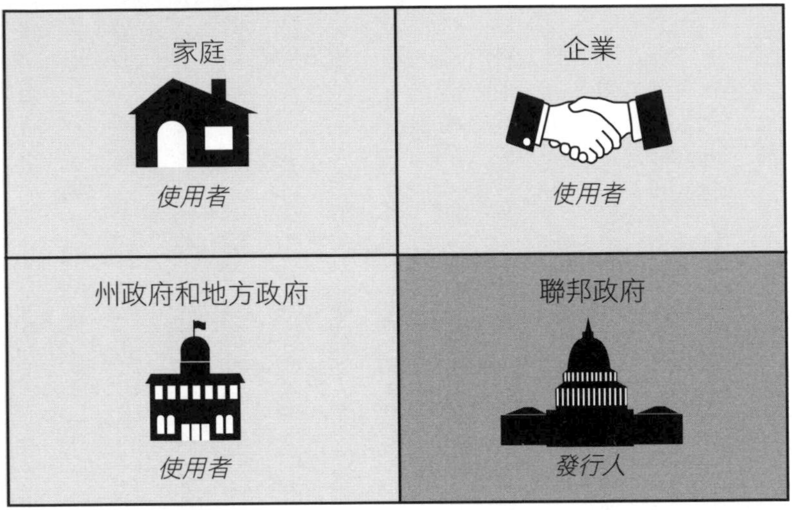

貨幣。所有其他人僅是貨幣的使用者。這是一種特殊的權力，必須格外小心使用。

回到芝麻街，我們可以輕鬆發現圖一中的哪個圖案和其他的不一樣。

貨幣使用者與貨幣發行人之間的區別是現代貨幣理論的核心。我們將在接下來的章節看到，這個區別對當下一些最重要的政策辯論具有深遠的意義和影響，例如醫療保健、氣候變遷、社會安全保險、國際貿易和社會不平等。

要充分利用貨幣發行人的特殊權力，各國需要做的不只是給予自己發行貨幣的專有權。同樣重要的是，他們不能將其貨幣兌換成可能會用完的東西（例如黃金或其他國家的貨幣）。他們需要避免以非本國的貨幣舉債（即承擔債務）。[3]當一個國家發行自己不可兌換的（法定）貨幣，並僅以本國貨幣舉債時，該國即享有貨幣主權。[4]擁有貨幣主權的國家不必像家庭那樣管理預算。它們可以利用其貨幣發行能力，來推行可以維持充分就業的經濟政策。

有時候，人們問我，現代貨幣理論是否適用於美國以外的國家。當然！儘管美元因為作為國際準備貨幣（global reserve currency），享有特殊地位，但世界上其他許多國家仍有專為其人民服務的貨幣體系。因此，如果你在美國以外的地方讀到這本書，請不要以為本書並不適用於你或你所在的國家。相反的是，現代貨幣理論可以用在任何貨幣主權較高的國家（美國、日本、英國、澳洲、加拿大等），來敘述及改善其政策選擇。另外，我們會在第五章討論到，現代貨幣理論也可以為幾乎沒有貨幣主權的國家（例如巴拿馬、突尼西亞、希臘、委內瑞拉等）提供見解。

現代貨幣理論可以幫助我們了解為什麼固定匯率的國家（如二〇〇一年以前的阿根廷），或承擔外幣債務的國家（如委內瑞拉），削減了自己的貨幣主權，並遭受像義大利、希臘和其他歐盟國家面臨的種種限制。如果沒有或幾乎沒有貨幣主權的國家無法自律地控制預算，它們會像家庭一樣面臨承擔不起的債務。相比之下，美國從來不必擔心資金短缺；無論多貴的帳單，總是可以支付。美國不可能像希臘一樣，希臘停止發行德拉克馬（drachma）使用歐元，等同放棄了貨幣主權，美國並不依賴中國（或任何其他國家）來融資；最重要的是，擁有貨幣主權意味著一個國家可以優先考慮其人民的安全和福祉，而不必擔心資金從何而來。

柴契爾弄反了：（TAB）S

現在，快四十年了，人們仍然記得英國首相柴契爾夫人（Margaret Thatcher）在一九八三年的一次演講：「除了人民自己賺的錢，國家沒有任何資金來源。如果政府希望增加支出，則只能向你借錢或徵稅。」[5]這是柴契爾的說法，即政府的財政像個人財務狀況一樣，受到了限制。為了增加支出，政府將需要籌集資金。她補充說：「我們都知道，這世界上沒有公共資金。只有納稅人的錢。」如果英國人民希望國家給他們更多，他們將不得不承擔政府的開銷。

柴契爾的話是無心的錯誤，還是精心設計的言論，讓英國人民不會向政府提出更多的要求？我不確定。無論她的動機是什麼，柴契爾的言論都掩蓋了國家發行貨幣的能力。三十多年後的今天，英國、美國和其他自己發行貨幣的國家，其領導人仍宣稱納稅人是政府資金的最終來源。英國前首相梅伊（Theresa May）最近說，政府沒有「神奇的搖錢樹」。[6] 這些政治人物告訴我們，除非他們拿走我們更多的錢，否則政府將無力負擔現有計畫的進程，更不可能資助目標遠大的新方案。

對我們大多數人來說，政府必須增加稅收以增加支出的想法，聽起來似乎很合理。政治人物也知道這一點。他們也知道，我們大多數人都不想繳更多的稅，因此他們讓自己陷入兩難，為了贏得選票，又要誓言做大事，但同時又不能要求人民掏出更多的錢。舉例來說，川普（Donald Trump）向美國人民承諾，美墨邊界的圍牆由墨西哥買單。民主黨人士則堅稱，他們眾多遠大計畫的財源來自於億萬富翁和華爾街的銀行。某個地方要生得出資金，對吧？實際上，我們弄反了。但是，在矯正我們的思維之前，讓我們先了解一下一般的想法，以便兩相比較。

還記得之前提到的，我們最了解的是自己的財務狀況，我們知道我們要先有錢才能花錢。因此，聯邦政府必須先集資才能支出，這個邏輯在直覺上似乎正確。根據我們的經驗推斷，除非我們先有資金，否則我們不可能拎著新鞋走出百貨公司，也不可能開著一輛嶄新跑車離開經銷門市。按照傳統思維，政府有兩種資金來源：向人民徵稅，或向人民借款。稅收使政府能夠從有錢人那裡收取資金，這表示稅收也可以被視為是人民轉帳給聯邦政府。如果政府需要支出的錢比收到的稅更多，則可以向儲戶借款來籌集更多資金。無論哪種情況，這樣的想法都是政府在花錢之前要先籌集資金。這就是我們大多數人了解的政府財政運作方式。稅收和借款在前，支出在後。好記的口訣是（TAB）

S：在支出（Spending）之前先徵稅和借款（Taxing and Borrowing）。

因為我們被訓練成這樣思考，以為政府像我們每個人一樣，在花錢之前要先「找到錢」，所以每個人都很喜歡問：錢從哪裡來？對於當選的官員，我們期待他們可以提供一份藍圖，把他們預定花費每分每角的來源都清楚詳記。即使是思想最進步的候選人也擔心，如果提案增加了赤字，他們會被生吞活剝。因此，借錢幾乎從來就不是一種選擇。為了表明他們的政策不會增加赤字，他們找尋可以將更多的稅收從經濟中擠出來的方式。他們通常針對那些容易拿得出錢的人，例如，桑德斯參議員堅持認為，如果有金融交易稅，公立學院和大學就可以免除學費；參議員伊麗莎白・華倫（Elizabeth Warren）則聲稱，只要對超過五千萬美元的財富徵收二%的稅，就有足夠的資金來償清九十五%的學生債務，並且有錢可以支付全面性育兒津貼和免費大學教育。這兩種政見都認為，只要向美國最富有的人徵稅，就能支付一切。但我們接下來會看到，政府總是能夠資助新的方案，而無須增加稅收。增加赤字不應被視為禁忌。稅收至關重要，但是沒有理由認為政府投資經濟的唯一方法就是提高稅收。

實際上，聯邦政府的稅收幾乎從來就不足以抵銷其所有支出。赤字支出是常態，華盛頓特區的每個人都知道這一點。選民也知道。這就是為什麼許多政治人物認為國會必須趕快整頓財政，以免為時已晚。民主黨為了表明他們遵循這個「好」傳統，致力讓收支平衡，在議長南西・裴洛西（Nancy Pelosi）領軍下，於二〇一八年恢復了一項預算規定，即隨收隨付（PAYGO）。在這個規定下，為了新的支出而舉債，在技術上變得不可能。如此一來，（TAB）S簡化成稅收和支出（T）S。因此，立法者面臨巨大的壓力，需要用新的稅務名目來支付任何提議的新法案。[7]

這是好的政治策略嗎？這是好的經濟學嗎？聽起來確實有益於預算編制，但整個方法從一開始對於聯邦政府實際支出方式的理解就不對。實際上，一切都弄反了。

貨幣發行人的支出方式：S（TAB）

（TAB）S是主流的思考模式，大多數人都奉為圭臬。即使我們從未花時間思考過聯邦預算的內部運作方式，我們也可能認為政府需要我們的資金來幫忙付帳；甚至，在每年四月寄給美國國稅局（Internal Revenue Service）支票時，可能還覺得自己很愛國，為國家付出小小的貢獻，幫忙建造低收入住宅、支付軍人薪水、提供農民慷慨的補貼。我實在不願意戳破你的幻想，但事實並非如此。你應該坐下來，專心聽。準備好了嗎？你的稅金實際上什麼都付不起，至少在聯邦層級上。政府不需要我們的錢。我們需要他們的錢。我們把整件事情都弄反了！

當我第一次接觸到這種理解稅收和支出的實際運作方式時，我退縮了。那是一九九七年，我還在攻讀經濟學博士，當時有人和我分享了一本標題為《軟貨幣經濟學》（*Soft Currency Economics*，暫譯）的小書，[8] 這本書的作者華倫・莫斯勒（Warren Mosler）並不是經濟學家，而是一位成功的華爾街投資客，他的書認為經濟學界把所有事情都弄錯了。我讀了，但並沒有被說服。

根據莫斯勒的說法，政府先支出，然後再徵稅或借款。這樣的排序徹底翻轉了柴契爾的論述，把（TAB）S變成了S（TAB）：在徵稅和借款之前先支出。莫斯勒的推論是，政府不會四處找人收稅或借錢；政府只是藉著支出，讓貨幣得以存在，莫斯勒發現大多數經濟學家錯過的東西。對我們許多人來說，他的想法最初聽起來完全創新，但大多數其實不是——只是我們以為陌生而已。事實上，這些想法早已存在於典籍中，例如亞當・斯密（Adam Smith）的《國富論》（*Wealth of Nation*）或凱因斯的兩卷經典著作《貨幣論》（*A Treatise on Money*）。人類學家、社會學家、哲學家和其他學者很久以前就對金錢的性質和稅收的作用，得出了類似的結論；經濟學則落後了許多。

莫斯勒被認為是現代貨幣理論之父，因為他在一九九〇年代將這些想法帶給了少數的我們。他說，他不知道自己怎麼想到這種理解稅收和政府支出的方式；多年在金融市場工作的經驗，他突然頓悟。一直以來，他從事著金融工具的交易，觀察銀行帳戶間的資金轉移，他習慣以借、付來思考。有一天，他開始思考，所有這些錢本來應該來自何方。他想到，在政府可以從我們這裡扣除（借記）任何美元之前，它必須先增加（貸記）美元。莫斯勒認為支出一定先發生，否則，怎麼會有人能有錢來繳稅呢？儘管邏輯上看似無誤，但我那時候確信他的故事不可能正確。畢竟，這樣的想法徹頭徹尾改變了我對於金錢、稅務和政府支出的了解。我曾在劍橋大學裡，在世界知名的經濟學家的指導下學習經濟學，而我的教授卻從未說過這樣的話。實際上，他們教給我的所有經濟模型都與柴契爾的論述相符合：政府必須先徵稅或借款才能支出。[9]難道幾乎每個人都錯了嗎？我必須找出答案。

一九九八年，我拜訪了莫斯勒在佛羅里達州西棕櫚灘的家。在那裡，我聽他講了好幾個小時他的想法。他首先將美元稱為「簡單的公共壟斷」。由於美國政府是美元的唯一來源，因此山姆大叔完全不需要從我們其他人手中獲取美元。很顯然，美元發行人想要多少美元，就可以擁有多少。莫斯勒解釋說：「但政府並不想要美元——它要的是其他東西。」

「政府想要什麼？」我問。

他回答說：「它想自給。收稅的目的並不是錢，而是藉由徵稅，讓人民工作，並為政府生產。」

「生產什麼呢？」我問。

「軍隊、司法體系、公園、醫院、道路、橋梁，像是這些東西。」

為了使人民能夠完成所有工作，政府向人民課以稅務、費用、罰款或其他義務。徵稅是為了創造對政府貨幣的需求。在任何人可以支付稅款之前，必須有人工作來賺取貨幣。

我頭昏了。然後莫斯勒說了一個故事。

他擁有一個附設游泳池的海濱房子，並過著任何人都希望享受的豪奢生活。他有兩個小孩。有一次，他要他的小孩坐下，並告訴他們，他希望他們為家務貢獻一些心力，幫忙打掃家裡，並維持全家的整潔。他列了幾項雜務：修剪院子草坪、鋪床、洗碗、洗車等。為了補償小孩貢獻的時間，他願意支付一些勞動報酬，如果他們把床鋪好，他會給他們三張他的名片；洗碗的話，可以得到五張；洗車的話，十張；整理院子，二十五張。時間慢慢過去，幾個星期後，房子變得愈來愈髒亂，簡直無法居住。草長到膝蓋高；碗盤堆在水槽中；汽車上蓋著一層被海風吹來的沙和鹽。「你們為什麼什麼都不做呢？」莫斯勒問。「我說過，我會付給你們一些我的名片。」孩子們輕聲叫道：「爸，我們才不想累得半死，你的名片一點都不值錢啊！」

這時候莫斯勒突然醒悟。孩子沒有做任何家務，因為他們不需要他的卡片。因此，他告訴孩子，他根本不需要孩子做任何事情，他只想要每個月他們付給他三十張名片，不付款的話就喪失一些特權，如不能看電視、不能用游泳池，或者不能去購物中心。這是一記妙招，莫斯勒徵收了只能用他的名片支付的「稅」，現在這些名片有了價值。

幾個小時內，孩子到處奔走，整理他們的臥室、廚房和院子。名片這樣長方形的薄薄一張紙，曾經被認為一文不值，突然變成有價值的代幣。為什麼呢？莫斯勒怎麼讓孩子完成所有的工作，但又不強迫他們處理家務呢？其實很簡單。他把他們框限在一種情況裡：他們需要賺取他發明的「貨幣」來省得麻煩，孩子每次做一些工作時，他們都會收到一份執行任務的所得（一些名片），在月底，孩子把賺得的名片還給父親，正如莫斯勒解釋的那樣，實際上，他並不需要從孩子那裡收回自己的名片，「我幹嘛要我自己的代幣？」他問。他已經得到了他真正想要的東西：整潔的住家！那麼，為什麼他還要麻煩孩子在月底上繳名片呢？為什麼不讓他們留著當作紀念品？原因很簡單：莫斯勒拿回了名片，所以孩子在下個月就要再次賺錢。他發明了一種良性的供給系統！在這樣的情況下，所謂的良性意味著可以不斷重複。

莫斯勒用這個故事來說明關於主權貨幣發行人資金運用的一些基本原則，徵稅是用來創造對政府貨幣的需求，政府可以根據自己獨特的幣值（美元、日元、英鎊、披索）來定義貨幣，然後要求人民以此貨幣繳納稅款或其他義務，讓本來一毛不值的紙鈔產生了價值。莫斯勒開玩笑說：「稅收把垃圾變成了貨幣。」追根究底，身為貨幣發行人的政府想要的是實質的東西，而不是資金而已。政府並不想要我們繳交的稅款，而是我們的時間。為了讓我們為國家生產，政府發明了稅收或其他種類的支付義務，這跟大部分經濟學教科書找到的解釋大相逕庭，在教科書中，貨幣之所以被發明，是要取代以物易物（bartering）這樣低效率的交易方式，在這樣的解釋下，金錢自然而然地出現，讓貿易變得便利。可是，雖然課本都說以物易物的貿易形式曾經非常普及，但研究古文明的學者並沒有找到證據顯示人類社會曾經圍繞著此種貿易方式而發展起來。[10]

現代貨幣理論拒絕了沒有歷史根據的以物易物的敘述，轉而借鑒被稱為貨幣國定論（chartalism）的論述體系，將稅收視為古代統治者和早期國家引入自己貨幣的一個工具；貨幣慢慢流通之後，才變成各個體之間交換的媒介。從一開始，納稅義務使得人們必須尋找能賺取政府貨幣的有償工作，政府（或其機構）藉由支出，讓貨幣出現在市面上，使人們能夠獲得用來履行國家義務的代幣。很顯然地，在政府提供代幣之前，沒有人可以支付稅款。這是一個簡單的邏輯思考，莫斯勒說我們大多數人都把順序搞錯了，納稅人沒有為政府提供資金，而是政府為納稅人提供資金。[11]

就理論而言，我開始了解個中含義，我開始明白政府壟斷了貨幣發行。莫斯勒的論點把我帶回了童年，讓我想起小時候和家人一起玩大富翁的事情，當我想起大富翁的遊戲規則時，我更加清楚地看到和理論的相似之處。要有人當「銀行」，遊戲才能開始，玩家不會自己掏出錢來，因為他們根本還沒有錢，必須先發行貨幣，然後任何人才能分配到資金。在最初的分配之後，玩家開始繞著既定路線，購買地產、支付租金和過路費、坐牢、抽到一張要向國稅局繳納五十美元的卡片。每次玩家繞完一圈，他們都能從「銀行」獲得二百美元，因為玩家只是貨幣的使用者，所以他們可能真的會破產。但是，發行人永遠不會用完錢，實際上，遊戲的規則[12]明白指出：「銀行永不破產。如果銀行用完了錢，可以在任何普通紙上書寫，發行所需的錢。」（我自己的強調）。

當我帶孩子參觀華盛頓特區的美國印鈔局（the US Bureau of Engraving and Printing）時，我也想隨便拿一張紙自製鈔票。如果你還沒有參觀過這個地方，我強力推薦，保證你大開眼界，你可以上網預約參觀時間（www.moneyfactory.gov）。和「在任何普通紙上書寫」的大富翁比起來，這邊的鈔票製作流程複雜多了，但實際的概念是一樣的，這是我們貨幣發行人製造貨幣的地方之一。[13]我注意到的第一個東西是一面巨大的霓虹標誌，懸掛在刻印設備的上方。標語上寫著：「我們用傳統的方式製作錢，我們印製鈔票。」每個人都想拍張照片，但參觀中禁止照相，看到機器輸出大量還沒切割的十美元、二十美元和一百美元的鈔票，大家都驚嘆不已，然後有人說出了大家心裡的話：「我希望我也能這樣生錢！」阿，如果不想坐牢，我們只好把印鈔工作交給美國印鈔局。

這些鈔票成了美元貨幣供給的一部分，還記得阿嬤家架上裝滿一分、五分和十分硬幣的舊玻璃罐嗎？政府也以硬幣的形式發行美元，就如同聯準會是所有美國鈔票的發行機構，美國鑄幣局（the US Mint）是美國唯一的法定貨幣製造商。另外，聯準會也發行了稱為銀行準備的數位美元，[14]這些數位美元只能由聯準會以數位印鈔的方式創建。當華爾街的銀行需要數兆美元來度過二〇〇八年的金融危機時，聯準會毫不費力地在紐約聯邦準備銀行的電腦鍵盤上按了幾個鍵，就生出錢來。

對一般人來說，政府看起來像是從印刷機輸送帶上拿起鈔票，或者把硬幣從鑄造機上傾倒出來，來支付自己的帳單。有線電視新聞特別喜歡這些大量生產貨幣的畫面，他們經常播放有關政府支出的新聞，背景是噴湧出新鈔票的印鈔機，但是聯準會的紙鈔和硬幣大多是為了我們的方便，聯邦政府不可能捧著一堆現金向波音公司（Boeing）購買一隊新型的戰鬥機，那太麻煩了，這不是它運作的方式。

聯邦政府不像大富翁那樣交出大量現金，而是利用像是橋牌中的計分方式，支付大部分款項。但是，並不是把積分記在記分卡上，而是由聯準會的某人，將付款輸進電腦裡。讓我來解釋一下。

拿軍事費用當例子。二〇一九年，眾議院和參議院通過了增加軍事預算的法案，批准了七千一百六十億美元的經費，比國會在二〇一八財政年度批准的撥款增加了近八百億美元。[15]關於如何支付這筆經費沒有爭議，也沒有人質疑：這筆額外的八百億美元將從何處取得？議員既沒有提高稅率，也沒有從人民的存款挪借額外的八百億美元預算，反而，國會承諾要花並未擁有的資金。國會之所以能夠這樣做，就是因為政府對美元有特殊的力量。國會批准支出後，國防部等機構就可以與波音、洛克希德馬丁（Lockheed Martin）等公司簽約。為了擁有**F-35**戰鬥機，美國財政部指示聯準會代其付款，聯準會找到洛克希德的銀行帳戶，輸入數字，即可做到，國會不需要「找錢」來花錢，國會需要的是取得多數議員支持！一旦通過，就可以授權支出，剩下的只是會計事務。支票一旦簽核，聯準會向賣方帳戶輸入數位美元（稱為銀行準備金）來結算付款，[16]這就是現代貨幣理論有時將聯準會描述為美元記分員的原因，記分員手上的分數不會耗盡。

想一想打牌或籃球比賽時，分數怎麼來的，分數完全無中生有！記分員憑空就生出了分數。當籃球員投進了三分球，該隊得了三分。記分員是伸手進一個籃子拿出這三分嗎？當然不是！記分員實際上沒有任何分數。要記錄那一記三分球，記分員只需簡單地改變數字，新的得分就會在記分板上亮起。現在，假設裁判要重新檢視剛剛那一瞬間，裁判認定三分球進球前，進攻時間已到，所以分數就不算了。但是，運動場實際上並沒有收回任何東西，分數只是增加或減少，就像聯邦政府在支出和收稅時，從經濟中增加或減少美元的方式一樣。山姆大叔在消費時不會損失任何美元，在收稅時也不會得到任何美元，這就是為什麼前聯準會主席柏南奇（Ben Bernanke）駁斥了有關在金融危機後將納稅人的錢拿來拯救銀行的說法，他解釋說：「銀行在聯準會有帳戶，我們只是用電腦來調整帳戶的資金。」紓困華爾街的人不是納稅人，是記分員。

柏南奇的評論可能會讓某些人想起一個滿紅的電視節目《豬凱瑞即興秀》（*Whose Line Is It Anyway?*，譯注：美國節目，另有他譯《天外飛來一句》或《說得跟真的一樣》）主持人豬凱瑞（Drew Carey）在介紹每集節目時都說：「這個節目的一切都是假的，分數無關緊要。」節目由即興喜劇組成，內容臨時拼湊。節目過程中，主持人和觀眾對搞笑藝人的娛樂程度給分。分數完全沒用，不能拿來做什麼，所以真的毫無重要性。但是政府的分數是有分量的。

一方面，你我都需要美元來付稅，既然納稅（和死亡）是生活中無可避免的事情，政府的貨幣在我們的經濟中就不可或缺；像美元這樣的貨幣，一旦有了稅賦支持，它通常就成為其他所有商品定價的標準單位。美國任何一家餐廳或購物商場，都以美元標價；法院判決裡的賠償金額，以美元計算；線上訂購披薩，要以美元付款。我們需要美元，而我們只能從貨幣發行人那裡獲得美元；披薩店和百貨公司也需要美元，因為最終它們也必須納稅；甚至州政府和地方政府也需要美元，因為它們必須支付薪水給教師、法官、消防員和警察，所有這些人都希望收到美元。只有記分員是不同的，山姆大叔不需要美元，當他向我們收取稅款時，他只是扣除了我們部分的財產，他實際上並沒有得到任何美元。

我知道這聽起來很怪，這是我們第一個哥白尼式的突破。這就是為什麼有一位《金融時報》的記者把現代貨幣理論描述為三維立體圖（autostereogram）的原因。[17] 乍看之下，只是一張看起來並不特別的 2D 圖案，特別注視某一點後，突然看到圖案背後精細設計的 3D 畫面，可能是一幅沙漠或一頭大白鯊。一旦看清政府的支出能力並非隨著納稅人繳的美元而有所改變，整個了解財政的框架就會發生變化，或如該記者所說的：「一旦了解了，你就再也不會用同樣的角度看事情。」

為什麼還要徵稅和舉債？

如果聯邦政府真的能夠製造出它所需要的所有美元，那為什麼還要費心徵稅或舉債呢？為什麼不完全取消稅收呢？如此一來，人民會很高興！如果不需要借錢就有錢，為什麼還要借？只要政府停止舉債，我們可以消除國債。那麼，為什麼不完全跳過（徵稅和舉債），只是藉由花錢來解決我們的問題呢？當有人意識到發行貨幣的政府不需要依靠稅收或舉債來支出時，這些重要的問題經常就會出現。

二〇一八年，來自英國布里斯托十三歲的艾米，打電話到人氣播客（Podcast）「Planet Money」（譯注：美國全國公共廣播電台「NPR」製作的一個節目，以簡單的對話介紹經濟學），給了以下建議：

> 我有個主意。既然政府印錢，與其把錢給銀行然後讓通貨膨脹變得嚴重，倒不如拿來資助公共服務，這樣會簡單得多。整體來說，這應該會很好，因為社會上問題很多，像學校和醫院需要很多錢，但稅收常常不夠用，所以我認為應該會有幫助。謝謝你聽我說。嗯，那麼，謝謝，再見。

乍聽之下，根本就是童言童語。艾米看到了需要解決的問題：資金不足的學校和急需更多公共投資的英國國民健保服務，她也看到了英格蘭銀行加快數位貨幣的生產，憑空變出了四千三百五十億英鎊，作為金融危機後量化寬鬆（quantitative easing）政策的一環。對於艾米來說，解決方案似乎非常明顯：不要課稅了，只需要為了人民不停印鈔票！

播客的主持人對此很感興趣，他們找到我，問說：既然政府可以自己生錢，那麼稅收的目的是什麼？為什麼政府要叫我繳稅？[18]

我告訴節目裡那些人，現代貨幣理論認為徵稅至少有四個重要的原因。[19] 我們已經談到了第一個，稅收使政府能夠不以外力強迫人民，為國家提供所需。如果英國政府停止要求其人民使用英鎊來履行納稅義務，它瞬間就破壞了國家的供需，既然沒什麼人會需要賺取英鎊，政府就很難找到人來提供服務，例如當教師或護士。

艾米談到了第二個徵稅的重要原因，即通貨膨脹。如果政府按照艾米的建議，狂灑新錢而不向人民課稅，就會引起通貨膨脹。我們在下一章中會看到，問題不是出在印鈔票上，而是花錢本身。如果政府想要增加醫療保健和教育方面的支出，則可能需要減少我們在其他方面的支出能力，以防止政府自己更大筆的支出把物價推高。一種方法是加稅，以較高的稅收搭配較高的政府支出，讓我們被迫減少一些支出，為政府支出創造空間，[20]藉由平衡對實質經濟生產量能的壓力，能有效控管通貨膨脹壓力。比起任何其他經濟學派，現代貨幣理論認為，何時增加稅收與新支出，以及哪種稅收能抑制通貨膨脹壓力，才是最重要的課題。在不必要的情況下加稅可能會破壞財政振興措施，而錯誤種類的稅收可能會讓一個國家更容易受到通貨膨脹的影響。我們將在下一章說明原因。

第三，課稅是政府改變財富和所得分配的強大手段。就像共和黨在二〇一七年十二月通過的減稅政策，政策內容擴大了貧富之間的差距，為大企業和社會中最有錢的人帶來額外的財富。現今，所得和財富不平等的現象，比美國歷史上任何時期都還來的嚴重。大約一半的所有新所得，都流向了所得最高的一％；所得最高的三個家庭，擁有的資產比美國窮困的另一半還要多。如此極端的財富集中化造成了社會和經濟問題。一方面，當大部分的所得都流向少數的高所得階級時，經濟很難發展，因為這些人存下（而不是花掉）大部分的收入。資本主義依靠消費而生，需要合理的財產分配，企業才會有擁有足夠的客戶，才能保持足夠的利潤，也才能提供足夠的就業機會，來保持經濟正常運轉。財富的高度集中也腐蝕了政治和民主，正如減稅會加劇不平等，政府也可以行使其徵稅權以扭轉這些危險的趨勢，加強執法、填補稅務漏洞、提高稅率或建立新的稅賦形式都是政府能夠解決貧富不均的重要手段。因此，現代貨幣理論認為，稅收是解決數十年來經濟停滯和社會不平等的重要手段。

最後，政府可以使用稅收來鼓勵或阻止某些行為。為了改善公共衛生、因應氣候變遷或防堵金融市場中的惡性投機，政府可以徵收菸稅、排碳稅或金融交易稅，經濟學家通常將其稱為罪惡稅（sin tax），因為它們被用來防止人們從事有害的活動。現代貨幣理論認為，在每種情況下，罪惡稅的目的都是為了制止不良行為，例如吸煙、汙染或不當投機，而不是因為主權貨幣發行人需要籌措資金。實際上，如果課這些稅真的有效防堵了這些行為，那麼政府最終收到的稅金就愈少，因為唯有行為持續，才需要繳稅。如果排碳稅成功讓二氧化碳排放歸零，就不會產生任何稅收，但課稅已達到了真正的目的。同時，也可以藉由課稅，來鼓勵人民的行為，例如，為了鼓勵人們購買節能電器或電動汽車，政府提供退稅（tax rebates）政策。

這些種種原因，讓我們知道稅收是不可或缺的政策工具，縱使政府可以製造自己的貨幣，也不能放棄課稅。不過，艾米說的的確觸及到一些問題，大部分政府，包括她所在的英國，通常都花掉比收來的稅還要更多的錢，它們年復一年地這樣做，卻沒有造成通貨膨脹。實際上，世界上最大的幾個經濟體一直積極地嘗試提高通貨膨脹率。那麼，為什麼不花更多錢，而不必擔心加稅呢？如果自己生產貨幣，借自己的貨幣又有什麼意義呢？我們將在下面討論這些問題。

借貸在現代貨幣理論中的作用

在我將自己的想法從家庭模型（TAB）S轉換為貨幣發行人模型S（TAB）之前，我不太清楚稅收和借貸的真正含義，要轉變思考模式並不容易。我最初覺得莫斯勒的排序不對，拒絕接受，但是，關於其中細節卻在我的腦海中縈繞。我那時候仍然努力想要成為一名專業的經濟學家，對我來說，把事情搞清楚，比堅持傳統的思維更重要，不能因為教科書上說納稅人是貨幣世界的中心，就接受了這個答案，我要自己尋找答案。

我花了幾個月的時間，研究政府複雜的財政；我讀遍了聯準會和美國財政部的正式文件，閱讀大量有關貨幣運作的書籍和文章，並與眾多政府內部人士討論，然後我開始寫作。我鑽研一個問題：稅收和舉債是否為政府支出提供資金？我所學到的一切，都顯示這是沒有意義的研究，因為每個人都「知道」徵稅和舉債的目的，就是要讓政府能夠支出。我想到了馬克・吐溫的話：「一無所知，也就沒有麻煩；你自以為很了解，才是出錯的時候。」所以我決定保持開放的態度。當我開始寫，老實說，我不知道結果會如何，我打算看研究做到哪兒，就寫到那兒。一九九八年，我發表了該論文的初稿：兩年後，我出版了修飾過的版本，這成了我第一篇經同儕審閱的學術出版物。[21]關於我設定的問題，我的答案為否。

要明白這其中的原理並不容易。實際上，不可能把政府的貨幣運作切分成獨立的時間區塊，每一天，都有數百萬個部分運作著，一整年，聯準會處理數兆美元的支付，每個月，數百萬個家庭和企業開支票給山姆大叔，這些款項由商業銀行和聯準會之間清償。[22]美國財政部、聯準會和公債主要交易商（primary dealers）協調何時標售（auction）政府公債、發行天期，及每次發行數額，整個過程就像是一部精心編排的水上芭蕾。清算稅款、聯邦支出和舉債，這些程序完美地不斷運轉。

乍看之下，政府好像從納稅人和債券購買人那裡收取美元，然後拿這些美元來支付帳單，從這個角度來看，稅收和債券的目的是為政府支出提供資金。這種以家庭收支來檢視政府財政的方法，就是柴契爾灌輸給我們的觀念。現代貨幣理論則是以貨幣發行人的角度來檢視，政府不需要我們的錢，政府徵稅不是為了獲得自己的貨幣，標售美國公債（即舉債）也不是要為山姆大叔籌措資金。

那政府為什麼要舉債呢？答案是，它根本不需要借。政府只是選擇向人們提供另一種政府資金，還支付一點利息，換句話說，美國公債只是附息（interest-bearing）美元。要向政府購買一些附息美元，首先需要政府的貨幣，我們可以將債券稱為「黃色美元」，將貨幣稱為「綠色美元」。當政府的支出超過稅收時，我們認為政府出現了財政赤字，赤字增加了綠色美元的供給。一百多年來，政府選擇標售等於其赤字支出的美國公債，因此，如果政府花了五兆美元而僅收了四兆美元的稅，它會標售價值一兆美元的美國公債，我們所謂的政府舉債，其實就是山姆大叔允許人們將綠色美元轉為附息的黃色美元。

現代貨幣理論說明了為什麼從家庭角度看政府舉債是個錯誤。如果你我要借錢買房子或車子，我們不是帶著一疊現金走進銀行，把錢交給行員，然後再要求借這筆錢，我們借錢是因為我們沒有錢。和家庭不同，政府先進行支出，然後也提供可用於購買政府債券的美元。我們將在第三章看到，政府這樣做是為了穩定利率，而不是為支出提供資金。

量力而為

一旦了解貨幣發行人和貨幣使用者之間的差異，就可以看出為什麼我們現在的政治論述完全失靈。美國早已擺脫了在金本位制（gold-standard）世界中的各種限制，可以不用像家庭一樣，可以靈活地執行預算，為人民提供真正的服務。

要達到這個目標，必須丟棄柴契爾的話，也就是打破「政府沒有自己的錢，最終必須從納稅人獲得所需的資金」這樣的迷思，現代貨幣理論證明，事實正好和柴契爾說的相反。從純粹的財務角度來看，美國政府有能力以本國貨幣購買任何市面上出售的東西，也絕對不會像歐巴馬說的，哪天會「沒錢」。

這代表政府完全沒有限制嗎？我們可以不斷印製鈔票來創造經濟榮景嗎？並非如此！現代貨幣理論不是毫無代價。實際上，貨幣運作有限制，視而不見或不當一回事，會對經濟帶來巨大的危害，現代貨幣理論是要讓人區分實際的限制和我們其實可以改變的自我設限。

國會似乎已經無限制地支出，經估計，美國出現數兆美元的赤字，在二〇一九年，政府公債為十六兆美元，預估在二〇二九年，會增加到二十八兆美元。從許多方面看來，似乎沒有任何東西可以讓國會踩剎車，但技術層面來說，其實是有的。

國會採用了許多技術程序和預算規定，來減緩或阻撓新的聯邦支出。讓我們看看其中一些。首先，如先前所說的隨收隨付（PAYGO），即是目前眾議院的一項規則，隨收隨付是自設的規則，使立法者更難批准新支出。如果想在教育方面投入更多的聯邦資金，不僅需要在國會贏得多數選票讓該法案獲得優先資助，也必須讓附加在法案上的增稅或削減支出的計畫獲得支持。在隨收隨付下，增加赤字不是一種選擇，這條規則迫使國會像家庭一樣計畫預算。第二，在參議院，有另一種自我設定的約束，稱為參議院預算協商程序規定（the Byrd rule）。根據這條規定，赤字可以增加，但不能超過十年預算期。第三，在對任何法案進行投票前，眾議院和參議院都必須向國會預算辦公室（Congressional Budget Office）或稅務聯合委員會（Joint Committee on Taxation）等機構尋求預算分數。只要任何一個機構評分不高，法案就不可能繼續推進。最後，國會面臨債務上限，政府可以累積的聯邦債務總額有法律上的限制。

由於所有這些約束都是由國會自己施加，所以國會也都有權放棄或中止。[23] 換句話說，只有在國會希望被約束時，這些規則才有約束力。國會可以重寫遊戲規則，也經常這樣做，舉例來說，共和黨的眾議院議員迅速中止了隨收隨付，讓減稅法案和工作法案在二〇一七年能夠在眾議院通過，接下來，共和黨的參議院議員假設了極為樂觀的經濟成長，[24]並讓個人所得稅減免在二〇二五年之後才失效的前提下，這些小動作提供了「證據」顯示減稅不會在十年預算期產生赤字，讓共和黨參議院議員可以遊走參議院預算協商程序規定。當然，我們所有人都看到關於債務上限的政治攻防，從理論上來說，這個在一九一七年就制定的上限，就只是限制國家債務的規模；實際操作上，立法者反覆將任何接近債務上限的時刻，看作是政治立場或主張立法優惠的政治機會，但最終國會總會取得提高上限的共識，打從一開始施行以來，國會已經調整了債務上限約一百次。

如果國會經常自訂規則，那麼所有這些沒有約束性的約束意義何在？為什麼不乾脆取消隨收隨付、參議院預算協商程序規定、債務上限的法規，以及其他對政府支出的自我限制？國會可以不再像家庭一樣制定預算，但事實是，許多議員認為這些自設的限制在政治上是有用的。

一方面來說，國會議員持續面對選民的壓力，選民希望有更多的資金用在醫療保健和教育事業，但預算規則為國會議員提供了政治掩護，議員可以聲稱自己因為赤字而束手無策，同時又可以裝出同情選民，也不必解釋他們其實在理念上反對增加幫助清貧學生上大學的聯邦培爾助學金（Pell Grants）。如果沒有赤字迷思幫他們遮羞，這些議員拿什麼藉口來逃避對選民的承諾？總是要有人當壞警察。

其他的國會議員則利用這些制定預算的限制來製造政治機會。他們不反對這些限制，而是找到把自己的支出目標與其他政策目標配對的方法，例如，一個有著社會改革理想的民主黨議員可能接受隨收隨付，並大聲疾呼要向富人徵收一連串的新稅，才能尋得幫助中低收入戶的新資金。畢竟，羅賓漢廣受人民的喜愛。

我們真正的限制

從現代貨幣理論的角度來看，美國政府既不是家庭也不是私人企業，其中關鍵的差異既簡單且無法忽略。政府發行貨幣（美元），其他所有人（家庭、私人企業、州政府和地方政府、外國人）都只是貨幣使用者，這讓山姆大叔有了其他所有人難以想像的優勢。山姆大叔不需要有錢才能花錢，而我們其餘的人都得這樣做；山姆大叔不會有付不起的帳單，而我們其餘的人會有；當我們其餘的人可能會破產，山姆大叔永遠不會。

那麼，為什麼不叫國會一直花錢，直到解決所有的問題呢？啊，如果這麼簡單就好了。通貨膨脹是我們下一章的主題，也是一個真正的危險，明確來說，現代貨幣理論並不是要移除所有限制，天下沒有免費的午餐，現代貨幣理論是要把當前對預算結果的沉迷，替換成在同時承認並尊重經濟上的實質資源限制下，優先考慮人類的福祉。換句話說，現代貨幣理論重新定義了什麼叫做有責任地制定財政預算。柯林頓（Bill Clinton）曾在一九九二年總統大選期間，他的競選辦公室幕僚詹姆士・卡維爾（James Carville）曾提出了「笨蛋！問題在經濟」（It's the economy, stupid）當作競選口號；現代貨幣理論換句話說：「笨蛋！問題在資源」。我們是個擁有豐富資源的國家，我們有先進的技術、受過良好教育的勞動力、工廠、機器、肥沃的土壤以及豐富的自然資源。所有重要的東西，我們很幸運都足夠，我們可以建立為所有人提供美好生活的經濟體系，我們只需要好好地規劃如何運用我們實質擁有的資源。

—第二章—

請注意通貨膨脹

—迷思2—赤字是過度支出的證據。

—現　實—要知道是否過度支出，請看通貨膨脹。

二〇一五年，我暫離教職，從密蘇里大學堪薩斯分校經濟系，搬到華盛頓特區，擔任美國參議院預算委員會民主黨的首席經濟學家。我認為走出學術的理論世界會很有趣；我選擇「進廚房」來制定預算，我們做的支出決策會影響人們現實的生活。我不確定我到底期待些什麼，但是最終的發現令人非常沮喪。擁有權力的預算委員會，成員中竟沒有任何一位參議員意識到聯邦預算的運作方式並不像家庭預算那樣。

懷俄明州的參議員邁克・恩齊（Mike Enzi）是席間最資深的共和黨參議員，也是預算委員會的主席，他具有會計背景，在涉足政治之前做過賣鞋的生意，他擔任過十年的州議員，曾任職於懷俄明州的州眾議院及州參議院。在所有這些歷練中，他都面臨預算受限的情況，身為一名商人，他必須控制成本、支付工資並轉虧為盈以維持生存；作為懷俄明州立法機構的一員，他所熟悉的環境是根據憲法，州長必須每年提交平衡的預算，來到華盛頓之前，他只是以貨幣使用者的角度來看世界。

預算委員會定期舉行有關預算相關事務的聽證會，我通常坐在恩齊參議員和資深的民主黨議員桑德斯參議員身後，桑德斯參議員是我的老闆。在每次聽證會開始時，主席都會花幾分鐘大聲朗讀準備好的致詞，恩齊參議員的話每每大同小異，他把聯邦預算看作像是他鞋子生意的損益表，對他來說，問題很明顯：山姆大叔賠錢中，赤字和債務已經變成日常，整個事情簡直是不負責任，根本不需要會計學位（例如恩齊參議員自己）也可以看到問題所在，他一次又一次地總結：「赤字是過度支出的證據！」

我心裡的經濟學家想從椅子上跳起來，但身為首席經濟學家我只能被迫安靜地坐著，希望委員會其他二十一名參議員可能有人有經濟學的背景。我們教大一新生：過度支出的表現為通貨膨脹，而赤字只有在引發通貨膨脹的情況下才是過度支出的證據，由於物價沒有上漲，因此赤字不可能太大。

令我非常失望的是，沒有任何參議員對恩齊的主張提出異議，他們都以錯誤的方式檢視預算，並認為收支要平衡。共和黨放大帳本裡的支出，他們認為是支出的問題，民主黨人士則是聚焦收入不足，認為是收入的問題，每個人都確信赤字過於龐大，他們爭論著到底是要削減支出以符合收入，還是增加收入以配合支出：這根本是餐桌邊的預算討論。

他們忘了什麼？

三個要點。

首先，正如我們在上一章所了解的，壟斷貨幣發行的人所面臨的限制與貨幣使用者（家庭、企業、州政府和地方政府）不同。一九七一年八月十五日是美國貨幣歷史上的一個重大轉折。尼克森（Nixon）總統暫停美元兌換的決定增加了美國的貨幣主權，從而永遠改變了聯邦支出的限制性質。在布列敦森林體系（the Bretton Woods system，譯注：二戰後一種以美元為中介的金本位制度）下，必須嚴格控制聯邦預算以保護國家的黃金準備。然而，現在，我們有一種純然的法定貨幣，這代表政府不再承諾將美元兌換成黃金，也意味著政府可以發行更多美元，同時不必擔心會耗盡曾經支持美元的黃金。有了法定貨幣，山姆大叔就不可能沒錢，可是這些參議員談論時，好像過度支出可能導致破產，他們要用新的方法來看待貨幣。

其次，雖然經濟應該平衡，政府的預算卻不應平衡。預算只是一種工具，可以用來增加或減少人民的所得。所謂財政赤字，就是美元釋出的比回收的多，而財政盈餘，就是回收的美元比釋出的多。現代貨幣理論提供的證據顯示，這兩種結果沒有絕對的好壞，尋求的只是一種平衡，讓政府預算可以廣為人民提供平衡的經濟。

最後，聯邦政府歷來的赤字始終幾乎都太小了。是的，太小了！赤字過小的證據就是失業。當然，現代貨幣理論也知道赤字可能過大。但是，恩齊參議員全錯了。財政赤字不是過度支出的證據。對於超支的證據，我們必須考慮通貨膨脹。

通貨膨脹：一般的了解

沒有人願意住在一個通膨失控的國家，通貨膨脹意味著市場物價持續上升，小幅度的通貨膨脹被認為是無害的，甚至經濟學家會希望在一個健康上揚的經濟中看到。但是，如果物價上漲的速度超過大多數人的所得，則代表購買力的普遍喪失，如果任其發展，這將意味著社會實質生活水準的下降，在極端情況下，物價甚至可能失控，使一個國家陷入惡性通貨膨脹（hyperinflation）。

通貨膨脹可以從很多方面思考，也沒有單一的測量方式。在美國，勞工部勞動統計局（the Bureau of Labor Statistics）會製作消費者物價指數（CPI-U和CPI-W）、生產者物價指數（ＰＰＩ）和連鎖型消費者物價指數（C-CPI-U）等；美國商業部經濟分析局（the Bureau of Economic Analysis）則編制ＧＤＰ物價平減指數（GDP price deflator），即廣為人知的個人消費支出（personal consumption expenditure，簡稱ＰＣＥ）平減指數，及其他指數等；聯準會更喜歡估算所謂的核心ＰＣＥ物價（core PCE）。這些機構聘僱了許多統計學家來製作各式各樣的估計值，做為幫助決策者、投資人、企業、工會和其他組織衡量我們經濟中物價變化的指標。

我們只能大致了解物價的變化，因為在經濟中，要追蹤每個待售商品的價格變化，實際上並不可能。你可能覺得早上的咖啡、一公升汽油或每月電費愈來愈貴，但這並不表示物價全面上揚，要了解總體情況，我們必須依靠上述的那些物價指數。像消費者物價指數這樣的指數可以告訴我們，定質定量的商品和服務的價格是否隨著時間推移變得愈來愈昂貴，這其中包括房屋、醫療保健、食品、運輸、娛樂、衣物等所有物品。很顯然的，並非所有家庭都購買同等質量的商品，因此，像CPI這樣的消費指數反映的只是典型家庭的消費習慣。在一般家庭預算中占較大比例的支出（例如房屋），相較對一般家庭而言不那麼重要的開支，在指數中比重較高，也因為房屋的比重比娛樂大，所以房屋成本若上漲五%，對CPI的影響要大於娛樂成本五%的上漲。在現實世界中，某些類別的商品和服務變得愈來愈昂貴（房屋、教育和醫療保健），而另一些類別則隨著時間變得愈來愈便宜。重要的是，整體物價如何逐月及逐年變化，以及平均所得的成長是否足夠跟上物價上漲的步調。

人們擔心通貨膨脹，因為通貨膨脹會蠶食他們的實質生活品質。你今天可以很容易買到一籃子典型的商品，但是如果那個籃子的商品價格開始上漲，你可能某天會發現自己買不起，這取決於一個人的所得。如果那籃商品的價格每年繼續上漲五%，而你的年收入僅成長二％，那麼按實質物價（經通貨膨脹調整後），你的收入每年將下降三％。這意味著你實質損失了你原本可以負擔得起的東西（實質的商品和服務）。

那麼，是什麼導致物價上漲，以及我們如何防止通貨膨脹隨著時間腐蝕我們的生活品質？

在我們回答這些問題之前，值得注意的是數十年來，世界上許多主要國家都在拚命地試圖解決一個相反的問題：通貨膨脹不足。不是通貨膨脹，而是通貨膨脹太少這個問題，困擾了美國、日本和歐洲。在這些區域中，二％的通貨膨脹率是官方視為「正確」的通貨膨脹率，聯準會、日本銀行和歐洲中央銀行一直都努力想達到，但是，誰都沒有成功讓通貨膨脹率達到穩定的二％。日本經歷了尤其艱難的時期，不僅對抗低通膨，還要處理週期性通貨緊縮（deflation）：總體物價下跌，這種罕見現象在一九三〇年代經濟大蕭條期間也曾席捲了美國。你或許會問為什麼有人會擔心通貨膨脹過低，明明聽起來很不錯！但經濟學家認為，通貨膨脹率很低或近於零時，通常反映了經濟疲軟。

低通貨膨脹難倒了許多經濟學家，有一些人認為，很多因素結合在一起導致了世界上大部分地區的低通膨，也有許多人認為，科技快速發展、人口結構變遷、全球化才是造成低通膨的原因。其他人則認為，各國的中央銀行並沒有積極地運用它們的金融財政工具，在這些人眼裡，通貨膨脹率一直這麼低，是因為歐洲中央銀行、日本銀行和聯準會努力不足，無法改變人民的觀點，使得大眾仍然期待通貨膨脹率繼續保持在低點；對這些人來說，只要讓人們期待通貨膨脹，就能促成實際的通貨膨脹，如果中央銀行可以說服人民通貨膨脹即將升溫，那麼人們從今天開始就會花更多的錢（如果物價上漲，為什麼還要等明天才買東西？），而增加的需求實際上也將使商品價格上升。另外，有一些人認為，社會不平等和薪資成長停滯是經濟成長緩慢和薪資與物價零壓力的主要原因，也有人說，薪資增加與所得更公平地分配，將有助於提升中低收入戶的需求，進而產生一些通貨膨脹壓力。

沒有人知道當前的低通貨膨脹會持續多久，也不知道什麼事件或原因最終會導致物價上漲。[1] 經濟學家通常將造成通貨膨脹壓力的因素分成兩類：成本推動（cost-push）和需求拉動（demand-pull）。德州基督教大學經濟學家約翰・哈維（John T. Harvey）表示，成本推動型通貨膨脹可能是「老天安排」或「人為促成」。[2] 例如，嚴重的乾旱可能導致大規模的農作物歉收，引發糧食短缺，進而讓物價隨著供給短少而上漲；也有可能是強颱摧毀了煉油廠，導致能源價格飆升。隨著食品和能源成本持續增加，直接導致消費者物價指數的上漲，進而引發通貨膨脹。另一方面來說，當勞工有能力與資方協商要求提高工資時，市場價格也可能上漲。為了防止薪資上漲擠壓了利潤，企業會將這些人事成本轉嫁給消費者，提高物價。隨著爭奪收入份額在勞、資、市場之間擺盪，薪資和商品價格可能急速攀升，進而加劇通貨膨脹。最後，具有足夠市占率的企業也可以單方面提高價格，尋求更高的利潤，舉例來說，享有專利的製藥公司可以提高處方藥的價格，於是增加了整體醫療保健的成本，然後導致通貨膨脹。[3]

需求拉動型通貨膨脹發生在當企業由於購買習慣改變而提高了價格。最常見的情況是人們的支出速度快於新商品和新服務出現的速度，這樣想吧，每個經濟體都有自己的內部速度限制，在任何一個時間點就只能生產這麼多，取決於那當下可用的實質資源（人員、工廠、機器和原料）。在經濟衰退期間，人們失業，企業關廠，讓機器閒置，在這樣的情況下，企業可以安全地增加支出，因為可以重新僱用工人，並且可以讓機器恢復運作，增加產能。這就是為什麼二〇〇九年通過了七千八百七十億美元的財政振興方案，卻沒有引起通貨膨脹的原因。金融危機使數百萬人失業，各企業的產能遠低於其生產能力，當經濟如此疲軟時，企業很容易透過增加支出來增加供給，但隨著經濟接近充分就業（full employment）時，實際資源就變得愈來愈稀少，需求上升可能開始對物價施加壓力，而產能承受最大壓力的行業就可能出現瓶頸，通貨膨脹可能會升溫。一旦一個經濟體達到充分就業，任何其他支出（而不僅僅是政府支出）都會導致通貨膨脹，這就是所謂的超支，甚至可能在政府預算平衡或過剩的情況下發生。

另一種思考通貨膨脹的方式與貨幣主義（monetarism）這個經濟學說密切相關。[4]諾貝爾經濟學獎得主米爾頓・傅利曼（Milton Friedman）奠定了這個學說。貨幣主義在一九七〇年代主導了經濟思想，而其論述至今仍影響著各種經濟辯論。傅利曼認為：「通貨膨脹在任何時間、任何地點都是因為發行過多貨幣的關係。」他的意思是，任何通貨膨脹的罪魁禍首都是貨幣，如果物價不穩定，那是因為中央銀行試圖藉由快速供給貨幣，來迫使經濟創造過剩的就業機會。

在傅利曼之前，凱因斯主義的思想主導了總體經濟學。[5]凱因斯主義的經濟學家認為，擴大貨幣供給量是中央銀行用來降低失業率完全合法的工具，更多的錢意味著更多的支出，讓企業需要僱用更多的勞工，並提高產能來滿足更高的需求，失業人口將下降，而通貨膨脹的可能性提高，因為更多的聘僱導致薪資和物價上揚，人們於是獲得了好處（有了工作），雖然付出了一些不好的代價（通貨膨脹）。[6]中央銀行可以決定如何使用這種權衡機制。

傅利曼挑戰了凱因斯主義。他認為，一定數量的失業人口基本上是不可能完全消除，他稱其為「自然失業率」。中央銀行可以嘗試解決這個失業率，但是這將是一場註定失敗、代價日益高昂的戰爭。傅利曼從以下論點來反駁凱因斯主義：勞工會發現自己陷入了惡性循環，貨幣供給的過度增長，導致通貨膨脹的速度高於薪資的成長，勞工最終必須加長工時和產出（失業率的確下降），所以實質薪資反而降低了。然而，最後的結局將是悲劇一場，因為通貨持續膨脹，企業選擇裁員而不是增加薪水，所以失業率將恢復到其「自然率」。結論很簡單，凱因斯主義提供了一個與魔鬼的交易，試圖壓低失業率，只會陷入通貨膨脹加劇的世界。

對總體經濟的決策者來說，唯一的解決之道似乎是什麼都不做。[7]與其放手讓聯準會用較低的失業率來換取較高的通貨膨脹，中央銀行只好被迫接受事實，為了讓通貨膨脹保持穩定，需要一定數量的失業人口。但接下來我們會看到，現代貨幣理論如何質疑這樣的思考模式。

我們現在如何對抗通貨膨脹

自一九七七年以來，聯準會一直在國會賦予的雙重使命下運作：追求最大的就業市場和穩定的物價。基本上，國會要聯準會負責工作機會和通貨膨脹，國會沒有告訴聯準會要提供多少工作機會，或者什麼叫太高的通貨膨脹，中央銀行在政府體制上獨立運作，可以選擇自己的通貨膨脹目標並決定何謂最大的就業市場。[8]與大多數中央銀行一樣，聯準會選擇了二%作為通貨膨脹的目標。[9]為了避免造成過高的通貨膨脹率，聯準會盡量讓經濟保持「正確」的失業率，就像半個世紀前傅利曼規定的那樣。

聯準會無法直接將錢投入經濟中，也無法徵稅，這些權力是政府的財政部門所有，也就是國會。那麼，聯準會該如何實現它的雙重使命呢？

曾經有一段時間，在一九七〇年代末期和一九八〇年代初期，包括聯準會在內的許多中央銀行都宣稱，透過直接控制貨幣供給量，它們可以控制通貨膨脹。[10]如今，幾乎所有中央銀行都採用了不同的做法，藉由操縱利率，來間接地控制通貨膨脹的壓力，[11]也就是藉由影響貸款的價格（即借錢的成本），中央銀行可以調節消費者和企業在經濟體中的借貸與支出。

當中央銀行降低政策利率（如：重貼現率）時，就放寬了信貸條件。當他們認為失業率高於所謂的自然失業率時，就會這樣做，目標是降低失業率。如果一切都如其預期，那麼很多人就會貸款購買房屋和汽車，而企業也會借錢購買新的機器並建造新工廠，隨著這些支出，經濟開始復甦，更多的人找到了工作。聯準會相信，由於失業人數減少，勞動市場趨緊，導致薪資上漲，隨之而來的是薪資和物價上漲的風險。

但有個難題未解。聯準會認為，如果支出過多，勞動市場會過熱，失業率將降至「自然失業率」以下，進而加速通貨膨脹，這恰好是保守派經濟學家馬文・葛佛蘭（Marvin Goodfriend）在二〇一二年提出的警告，葛佛蘭認為，如果聯準會讓失業率降至七％以下，將會「在未來幾年內導致通貨膨脹率上升，對經濟造成災難性的後果。」但是葛佛蘭錯了。在他如此警告的三年後，失業率下降到五％，但通貨膨脹率仍低於他當初的預測。

為什麼葛佛蘭（和其他人）錯得這麼離譜？其中一個問題是自然失業率（如果真的存在的話）根本不是聯準會（或其他任何人）可以觀察甚至計算的。反而，它更像是經濟處於理想狀態時的描述。自然失業率隨著時間變化，但在特定時刻只有一個唯一的自然失業率，也沒有人知道正確的數值，反覆實驗和經過多次的錯誤後或許會發現，當失業率進一步下降而通貨膨脹加速時，就找到了。

換句話說，一個經濟體是否達到其自然失業率，是根據事實得出的結論。這樣看來，經濟學家和自然失業率，有點類似墜入愛河的過程：不知道什麼時候降臨，但是發生了就知道。[12]經濟學家把這個叫做無加速通膨失業率（NAIRU，即 non-accelerating inflationary rate of unemployment 的縮寫，英文發音為 nī-rū）。要了解這個數值的意義和運作方式，我們回想一下經典的兒童故事《三隻小熊》（*Goldilocks and the Three Bears*）。只要用失業代替桌上的稀飯，基本上就可以了解。每當失業率過高（景氣寒冷）時，聯準會就會降息，希望藉由增加借貸和支出來讓經濟升溫；當經濟過熱時，聯準會升息，希望阻止進一步的借貸和支出，來讓經濟歇緩。因此，解決的方法是持續來回調整貨幣政策，確保正確的失業率。

但是這裡有個難題，聯準會不願意等到通貨膨脹已經成為一個問題，才來採取行動，相反地，聯準會喜歡在通貨膨脹這隻怪獸還沒抬起頭前，就先攻擊。紐約聯邦準備銀行行長威廉・達德利（William C. Dudley）說：「我們不太清楚，失業率可以降到多低，才不會促使通貨膨脹率顯著上升。我們並沒有辦法直接觀察無加速通膨失業率，我們只能在勞動市場緊縮時，從薪資補償和物價上漲的反應中推斷。」[13]

也就是說，聯準會觀察勞動市場的薪資變化，如果找到薪資可能正在加速提高的證據，就會把薪資上漲解釋為通貨膨脹率上升的序曲。這樣做的目的，就是在通膨怪獸出現前先聲奪人，先宰了再說，這種先發制人的做法經常讓聯準會過度反應，過早就因為虛假的警報而升息，諸如此類的錯誤會讓數以百萬的人無法成功就業。

聯準會的雙重使命背後，隱藏著一股信念，認為就業人數過多和過少之間存在著一種微妙的平衡，而聯準會有能力讓經濟處在最理想的位置，讓一群「正確」數量的人，雖然想工作，但為了控制物價所以滯留在失業的處境。簡單來說，聯準會把失業人口作為對抗通貨膨脹的主要武器。

理論上來說，這很容易做到，實際上，就是另一回事了。

理論上來說，聯準會可以運用數學模型來決定利率，以保持通貨膨脹率穩定。在二〇〇八年金融危機之後，聯準會一路降息，最後來到零利率，然後保持在那兒。失業率從二〇〇九年十月十％的高峰，下降至二〇一五年底的五％，愈來愈多人找到工作，包括許多往往難以就業的低技能和少數族裔的勞工。二〇一五年十二月，儘管通貨脹脹率仍低於二％的目標，聯準會升息，將利率從零調至〇・二五％，接下來的三年中，儘管通貨膨脹的目標一直沒有達到，聯準會還是升息了八次。一些人批評聯準會在通貨膨脹顯然不會加速的情況下仍然提高了利率，但聯準會認為，為了使失業率恢復到無加速通膨失業率的預估值，預先阻止通貨膨脹的發生，所以升息合理。儘管如此，失業率仍然繼續下降至低於聯準會的預期，但通貨膨脹並沒有加速，根據無加速通膨失業率的理論框架，這不應該發生。

低失業率和通貨膨脹之間的關係已經出現了誤差，但聯準會仍然擁護無加速通膨失業率的概念。事實上，二〇一九年七月，現任聯準會主席鮑爾（Jerome Powell）於眾議院金融服務委員會的聽證會公開表示：「我們需要自然失業率這個概念。」他說：「我們對失業率是高、是低，還是恰到好處，需要有一些了解。」

不管鮑爾是對是錯，聯準會最近對無加速通膨失業率的估計（可以在不加速通貨膨脹的情況下達到的失業率）一直是錯誤的，聯準會的錯誤在二〇一九年七月那一場聽證會中，嶄露無遺，當時，新當選的國會議員亞歷山卓亞・歐加修・寇蒂茲（Alexandria Ocasio-Cortez）向鮑爾提出了以下的問題：

歐加修・寇蒂茲：失業率自二〇一四年以來已經降了三%，但如今的通貨膨脹率並沒有比五年前高。鑒於此，你是否同意聯準會高估了最低的失業率？

鮑爾：完全同意。

看到聯準會主席如此坦率地承認錯誤很不尋常。但是要注意，鮑爾並沒有質疑無加速通膨失業率作為基本政策指南的合法性。他指責的是自己對無加速通膨失業率所在的位置判斷錯誤，他仍相信對經濟的就業潛力來說，存在著無可避免的限制，也正是這樣的信念，導致聯準會不斷低估了失業率可以安全下降的程度。這樣子的誤讀驅使著聯準會升息，以期遏制失業率進一步下降，主要是因為聯準會相信已經達到無加速通膨失業率。然而，此舉也就讓數百萬失業和低度就業（underemployed）的人們仍然無法工作。在美國，如果正在積極尋求有薪工作，但目前沒有工作，則被視為失業。有些人則是低度就業，他們目前兼職，但他們真正想要的是全職工作，由於他們受僱，因此不計入稱為U-3的官方失業人口，而是被納入在更廣泛的失業統計中，稱為U-6，其中還包括那些想工作但基本上放棄找工作的人。但問題不止於此，正如前聯準會理事丹尼爾・塔魯洛（Daniel Tarullo）坦承，聯準會的日常決策，並非由可靠的通貨膨脹理論指引，聯準會存在著各式各樣的猜想、假設和模型，但其中許多是未經實證的，甚至是無法證明的。[14] 聯準會的猜猜看，卻往往影響人們的生計。

聯準會的核心指導原則並非一門精確的科學，而比較像是信仰，相信自己對通貨膨脹的理解準確無比，相信自己的工具強大到能管理通貨膨脹，並相信不管是否存在其他不確定性，比起失業，通貨膨脹無論何時、何地對我們的集體福祉都是更大的威脅。[15]

鬆動的信仰

即使科學家和工程師不斷研發，製作出新的藥物、科技和方法來對抗疾病，並解決人類問題，大部分的經濟學家仍然抱持著五十年前的教條，犧牲部分人群來打擊通貨膨脹。近年來，一些資深內部人士對聯準會的運作框架表達關切，並表明願意重新思考其做法。但是，大多數主流經濟學家仍然相信失業率有最低安全限度，一定要有一些人為整體經濟犧牲，被迫待在無所事事的處境，以免我們讓自己陷入加劇的通貨膨脹。由於聯準會接受通貨膨脹與失業之間固有權衡的概念，聯準會被迫要考慮在經濟體系中保留多少失業，以避免通貨膨脹的發生，對聯準會來說，他們想不到其他方法可以實現低且穩定的通貨膨脹。

為什麼不能好好結合財政和貨幣政策，讓經濟保持充分就業？我們不能藉由要求聯準會改善其執行貨幣政策的方式，來實現真正的充分就業嗎？還是國會或許可以針對政府支出和稅收進行即時調整，來改善經濟？

回想一下，聯準會自己定義什麼叫充分就業。對他們來說，最大就業率其實是達到通貨膨脹目標所需的失業率，換句話說，儘管聯準會在充分就業和穩定物價上背負著法律責任，但後者顯然比前者更重要。如果需要八百萬人或一千萬人失業來穩定物價，那麼聯準會就是這樣來定義充分就業，將充分就業定義為某種程度的失業聽起來很有問題，但從政治上來說，這對聯準會很有用，因為這代表聯準會可以自己說自己的任務圓滿成功。無論有多少人失業，聯準會都可以說自己已經盡了最大的努力，而且根本沒有辦法，在不引起通貨膨脹的情況下，進一步減少失業人口。對於那些仍然沒有工作的人，只能祝他們好運，感謝他們在對抗通貨膨脹中的付出，聯準會無能為力。

有時有人會說，市場上其實有很多職缺，但是社會結構性的問題讓想要工作的人與目前有的工作機會無法匹配。或許求職者太過挑剔，拒絕接受初階的工作，因為教育程度過高，無法接受低薪工作；也或許是相反的問題：那些沒有工作的人因為缺乏可以滿足高科技產業所需的教育和技能。無論如何，問題都在於配對，而不是工作機會不足，只要受過適當的教育，擁有適當的技能，抱持適當的動機和品行操守，就能找到工作。

對於那些願意棄社會上數百萬人於不顧的人來說，這個論述相當方便，但這並不是事實。事實上，無論人民有多麼聰明或勤奮，聯準會都認為，讓每個願意工作的人都有工作，會造成太大的風險。有些人認為這是操縱遊戲的一種方式，造成長期以來有太多人失業。如果聯準會認為無加速通膨失業率為五％，那麼在遊戲中每一百個人只能有九十五張椅子可坐。

其他人則採取相反的看法。最近的證據顯示，失業率降低並未引發通貨膨脹，這些人認為，聯準會其實可以準備更多張椅子。無論是左派評論，像是「FedUp」這個組織，或右派團體，像保守派經濟學家史蒂芬・摩爾（Stephen Moore），都認為聯準會剎車踩過頭，在他們眼裡，問題不在於聯準會的工具，而在於其運用方式。他們特別認為，聯準會升息的速度太快了，因此讓原本會出現的工作機會胎死腹中，換句話說，他們認為聯準會可以透過降息，或至少更有耐心地讓更多的工作機會出現，來幫助失業者。

但是，就算有再多耐心，聯準會也無法保證每個想要工作的人都能找到工作。除了第二次世界大戰期間，美國從未接近真正的充分就業。一九三六年，凱因斯在他最著名的著作《就業、利息和貨幣的一般理論》（*The General Theory of Employment, Interest, and Money*）中闡明了原因，資本主義經濟長期以來總合需求（aggregate demand）不足，這代表整體支出（公共和民間）不足以誘使企業為每個想要工作的人提供就業機會。市場可能幾乎充分就業，甚至在戰時可能會達到充分就業，但和平時期的經濟卻無法全速運轉，市場上總是會有一些閒置（slack）的資源，包括勞動力的閒置，也就是失業。[16]

大部分經濟學家都願意任市場決定可以提供多少工作機會。國會如果要發揮任何作用，可能會投入一些資源，來幫助失業者獲得更多技能，使他們更能吸引潛在雇主。更多的教育、更好的勞動力培訓、民間企業就業補貼等，都被視為失業者擺脫貧困的途徑。現代貨幣理論則認為這些方案不夠有力，對解決長期失業和低度就業沒有多大作用，當工作機會長期匱乏之時，這些解決方案所能提供的，就只是大家輪流經歷失業。諾貝爾經濟學獎得主威廉・維克瑞（William Vickrey）說，當工作機會不足時，「試圖把失業者塞進工作中，不過是教他們在大風吹遊戲中，怎樣可以比較快找到椅子然後坐下。」[17]

事實是，我們讓中央銀行承擔了太多責任，不僅在美國，全世界都是。中央銀行無法改變稅收或直接將錢投入經濟中，因此，為了促進就業，它們所能做的最大努力，就是設法營造某些金融條件，以增加借貸和支出。較低的利率可能可以吸引新的借貸，讓失業率大幅下降，但是也可能完全沒有成效。凱因斯曾說：「繩子不能用推的讓它動（不能推弦）。」他的意思是聯準會可以降低貸款利率，但不能強迫任何人借貸。借錢使企業和個人承擔了債務，必須從未來的收入中償還，一間企業可能有充分的理由不願意在生意的某個階段增加債務。請記住，家庭和企業是貨幣使用者，而不是貨幣發行人，因此它們確實需要擔心未來要如何還錢。

在民間（次級房貸）債務的大量累積而爆發了金融危機後，很明顯的是，聯準會左支右絀，除了利率已經為零，聯準會也開始實施量化寬鬆的新策略。[18]那時，聯準會盡其所能不讓經濟崩盤。所以，可想見那時候的聯準會主席柏南奇的無能為力。他在國會被質詢時，仍被質疑為何聯準會下了重手，但似乎沒有幫助經濟復甦，在德州國會議員傑布・亨薩靈（Jeb Hensarling）的逼問下，柏南奇回答說：「我在此同意你的觀點好了：貨幣政策不是萬靈丹，並非無所不能。」[19]

並非無所不能？聯準會就只有貨幣政策。根據法規，國會授權聯準會掌管經濟運行，無論時局是好是壞，聯準會什麼都得做，然而這就是問題所在。貨幣政策的效力有限，只能透過讓消費者和企業負債來影響經濟，民間債務與公共部門的債務不同，當房地產市場跌破谷底時，大多數美國人只想減少借貸，而不是多借，數百萬名屋主被房貸淹沒，他們所欠的債務甚至超過了房屋的價值。長期借貸超過其收入的資金，民間這時只希望減輕債務，而不是增加債務。柏南奇沒有實際用到財政這個字，但仍然傳達了訊息，既然聯準會的政策力道不足，現在是時候讓其他政策工具（財政政策）重新參與其中了。

問題在於，二〇〇八年的金融風暴使預算陷入嚴重赤字，國會已經通過了一項七千八百七十億美元的振興方案，以因應經濟衰退。當柏南奇在二〇一一年再度請求紓困時，國會充耳不聞，那時，國會只全心想著自己的資產負債狀況。當聯準會意識到只能自求多福，柏南奇把全部籌碼寄望在開放式量化寬鬆政策，一些專家認為這擴大了社會的不平等和增加了金融市場的高風險投機行為。經過一段時間，失業率從九％下降到低於四％。

整整七年的時間，才讓勞動市場找回了金融危機後失去的所有工作。對於某些人來說，這證明了貨幣政策在經濟衰退後重新平衡經濟的能力；對於支持現代貨幣理論的經濟學家來說，這卻顯示現行主導總體經濟穩定方法的缺點。本來可以透過正確的財政政策迅速扭轉的金融危機，卻成為了第二次世界大戰後時間最長、最拖延也最耗損的經濟衰退。為了確保不再發生這種情況，現代貨幣理論建議擺脫目前對中央銀行實現充分就業和物價穩定雙重目標的依賴。

通貨膨脹和失業：現代貨幣理論的方法

支持現代貨幣理論的經濟學家認為支出存在著真正的限制，嘗試超過這些限制可能出現過度的通貨膨脹，但我們也同時認為，有更好的方法來因應這樣的通貨膨脹壓力。

我們可以做到這一點，又不會使數百萬人陷入永久失業，實際上，我們認為可以利用真正的充分就業來穩定物價。

現代貨幣理論認為，與其依靠無加速通膨失業率的概念來試圖弄清楚經濟何時接近其生產極限，我們應該多加思索何謂閒置。當前，決策者著眼於官方失業率（一種稱為U-3的統計指標），然後臆測該數字有多接近無形的無加速通膨失業率，聯準會也承認，他們常常低估了勞動市場的閒置人口，在經濟成長到極限之前就放慢經濟，這就像把錢留在桌上，明明本來可以受僱為社會付出的人，現在卻無法貢獻己力，就像一頓沒人吃的免費午餐。

當經濟低於其產能時，這表示我們生活在水準之下，聯邦預算可能會赤字，但是只要有未使用的產能，我們就是支出不足，這就像造了一台高性能汽車，但上路時像開高爾夫球車一樣龜速前進，浪費了車子的效能。當我們忍受大規模失業，我們就犧牲了那些想工作卻找不到工作的人，也犧牲了他們的時間和精力，和原本可以被製造出來的東西。數十年來，消除這種非自願失業，一直是凱因斯主義經濟學家關注的問題。

在一九四〇年代，一位充滿創見的經濟學家，對經濟在任何一個時間點，所能生產的總值和實際生產值之間的差異，提出了一個永久彌補這樣產出缺口的方法。這位經濟學家叫阿巴・勒納（Abba P. Lerner），他的想法是讓私部門盡可能自己接近充分就業，然後再倚賴財政政策，來彌補總支出中的任何不足。他認為，只要有足夠的總支出，決策者就可以藉由永久實施財政政策，讓經濟發揮全部潛能，進而維持經濟繁榮。貨幣政策可能會有所幫助，但勒納認為財政政策（稅收和政府支出的調整）才能掌控經濟方向盤，[20]他甚至比他之前的凱因斯更堅決地主張聯邦政府要調整預算，以盡一切所能來達到充分就業。預算結果無關緊要，只有實際的經濟成果才重要。

他把他的學說稱為功能性財政，因為他希望國會決策是根據實體經濟中的功效，而非根據是否影響預算。他的目標是要創造平衡的經濟，工作機會充裕，通貨膨脹率低，為了實現這些目標，或許會出現財政赤字、收支平衡或財政盈餘，但只要總體經濟保持平衡，這些結果都無礙於政策的實施。

功能性財政顛覆了傳統觀念，勒納不尋求增加稅收來彌補聯邦支出，而是要決策者反過來思考，如何控制稅收和支出，讓整體經濟保持平衡。這可能需要政府拿出更多美元，而不是從人民身上拿錢；政府可能需要持續這樣做，接受多年，甚至數十年的財政赤字，勒納認為這是負責任管理政府預算的方法，只要由此產生的任何赤字沒有加速通貨膨脹，赤字就不是超支。

圖二　重新定義預算平衡

這從根本上改變了什麼叫做負責任地運用聯邦預算，我們不應指責國會無法讓收支平衡，而應該接受任何能夠實現經濟平衡的預算結果。因此，如果如圖二所示，左邊的預算結果，得出了右邊所示的經濟平衡狀況，那麼財政政策就不需要進一步的調整，我們也應該認為這份預算沒有問題。

為了維持充分就業並不讓通貨膨脹遽升，勒納希望政府時時刻刻關注著經濟，如果發生了某件事情導致經濟失衡，勒納希望政府做出財政調整，無論是調整稅收或改變政府支出。如果能夠迅速制定並針對特定族群，減稅可以改善失業，也就是說，減稅措施必須針對那些最有可能將錢重新投入經濟的族群，為了行之有效，減稅措施最適合會將額外所得立即支出的人。川普的個人所得稅減稅政策之所以對促進整體經濟作用不大，就是因為在這政策下，高所得人士受益，有超過八十%的利益流向所得最高的一%群體；相較於中低收入戶若得到一筆新的資金，他們會花掉其中一大部分，有錢人就算口袋裡憑空多了更多的鈔票，也不會花那麼多錢。明確的減稅目標能奏效，但維持支出更直接的方式是政府自己支出更多，就像目標明確的減稅效果會比胡亂宣布的減稅好，目標明確的政府支出效果會比目標不明確的支出好。經濟學家喜歡具有加乘效果的支出項目，因為這意味著政府的支出帶動了各產業的連動支出，隨著美元一次又一次地轉手，每次都會產生額外的需求。為了確保政府支出能夠最大程度地促進經濟成長，勒納堅持任何支出的增加都不能伴隨著稅收的增加。他不希望政府採用類似隨收隨付的規則，而是希望政府避免增加稅收，除非有必要以此因應通貨膨脹壓力。[21] 如果通貨膨脹開始加劇，勒納認為國會可以提高稅收或刪減自身支出來因應，如果失業率突然飆升，他認為立法者應該減稅，或迅速地找到方法來投入大量資金。

對現代貨幣理論來說，勒納的見解很重要，但還不夠大膽。我們同意應該要依賴稅收和支出的調整（財政政策）來平衡經濟，而不是利率（貨幣政策）。我們也同意財政赤字本身既不是好事也不是壞事，重要的不是政府預算產生了盈餘還是赤字，而是政府是否利用預算取得良好的經濟成果。我們一致認為，稅收減少了消費能力，不應該僅僅為了讓財政看起來收支平衡就增加稅收，但是我們也認為，勒納的做法仍然會讓很多人失業。

即使五百三十五名國會議員明天一早醒來，全部同意按照勒納建議的方式執行財政政策，非自願的失業人口仍將是我們經濟的永久特徵，國會沒有辦法迅速改變政策（方向盤），以因應不斷變化的經濟狀況，並確保正在尋找工作的每個人都能找到工作，最好的情況是很接近充分就業，但總還是會有大量的人口失業。同時，僅僅依靠國會調整政府支出和稅收來對抗通貨膨脹是不夠的，為了輔助國會可自由支配的財政政策（方向盤），現代貨幣理論提倡聯邦就業保障，這將能創建一個無法受人為操控的自動穩定機制（automatic stabilizer），以促進充分就業和物價穩定。

想想沒鋪好的路，一開始能一路平順，直到遇到路上的坑洞或凸起物，或許你可以嘗試閃過，但某些時候總是會遇上，屆時，可能覺得很難開。如果你的車裝有良好的車用避震器，那麼可以減緩衝擊力，不會產生過分搖晃；但是，如果避震器效果不佳，那麼只好握緊方向盤！現代貨幣理論就是把聯邦就業保障，當成新型的避震器，來加強勒納的方向盤。

運作方式如下。

聯邦政府為正在求職但無法找到合適工作的任何人，給予一份含薪水（和福利）的工作。現代貨幣理論的幾位經濟學家建議，政府應以照護型經濟（care economy）為目標，來創造工作機會，[22] 概括而論，這表示聯邦政府應致力於資助旨在照護人民、社區和地球的工作，這有效地讓勞動市場上出現有政府訂定固定時薪、聘僱人員數量浮動的公職選擇工作。[23] 由於失業者的市場價格為零，也就是說，目前沒有企業爭聘這些人，政府可以自己設定薪資，為這些勞工創造市場。一旦這樣做，就不會有非自願失業，任何尋求有給薪工作的人，都可以保證獲得附有聯邦政府規定報酬的工作。

就業保障可以追溯至小羅斯福總統，他希望政府能保證就業是每個人的經濟權，這也是馬丁・路德・金恩（Dr. Martin Luther King）、他的妻子科麗塔・史考特・金恩和阿薩・菲力普・藍道夫牧師（Rev. A. Philip Randolph）領導的民權運動中的重要一環。對經濟舉足輕重的學者海曼・明斯基（Hyman Minsky）也把這個計畫作為其反貧困工作的關鍵。需要注意的是，就業保障並不需要決策者嘗試使用無加速通膨失業率之類的方法，來判斷勞動市場的閒置程度，政府只是公告薪資，然後僱用所有來求職的人，如果沒有人出現，那就意味著經濟已經出現充分就業，但如果有一千五百萬人出現，則表示有大量未使用的人力資源。實際上，這是唯一能夠確定經濟到底有沒有充分利用所有資源的方法。

為什麼資金必須來自山姆大叔？很簡單，因為他不會沒錢。貨幣使用者（例如州政府或地方政府）幾乎不可能承諾僱用所有想找工作的人，想像一下，如果底特律市長宣布要提供工作給想要工作，但在該地區找不到工作的任何人，將會發生什麼事？申請者會多到爆炸。即使在相對良好的經濟中，也會出現成千上萬的求職人口，給地方政府的預算帶來巨大的壓力。現在再想，如果經濟陷入衰退，而底特律的稅收急劇下降，但同時來求職的人數增加了一倍，會發生什麼事情。請記得，州政府和地方政府確實依靠稅收來支付帳單，在經濟衰退期間，它們不能簡單地承諾增加支出，這恰好是就業保障計畫承受最大壓力的時候（也是最關鍵的時候）。

回想上一章，莫斯勒只要求用他的名片納稅，就讓他的孩子承擔家務，從這個層面上看來，稅收（至少是成立之初）就是促使人民求職的東西。現代貨幣理論認為，既然政府徵收的稅款使人民必須尋找賺取其貨幣的方式，因此政府有責任確保市場上有賺取其貨幣的機會。

有了就業保障，經濟就可以度過艱難的時期，同時不讓數百萬人失業。艱難的時期是不可避免的，資本主義經濟還未能找到消除商業週期的方法，經濟成長後創造了就業機會，但最終因為某一些事件，陷入了衰退，我們能夠且應該使用靈活的政策來試著控制商業週期。當然，誰都想一路順暢，毫無顛簸，但是，沒有哪個國家知道如何避免各種潛在危害。在過去六十年中，美國在一九六〇到一九六一年間、一九六九到一九七〇年間、一九七三到一九七五年間、一九八〇年、一九八一到一九八二年間、一九九〇到一九九一年間、二〇〇一年和二〇〇七到二〇〇九年間遭逢經濟衰退。經濟更迭，再自然也不過，成長之後的衰退，預告了下一輪的成長。

就業保障的主要好處是保護經濟，使其度過無可避免的週期變化，當經濟疲軟時，就業保障讓數百萬人不會失業，從一種有給薪的就業形式過渡到另一種，就算可能失去在民營零售商的分裝工作，也可以馬上從事有用的公共服務。由於就業保障，勞工可以過渡到替代性就業，而不是變成失業人口，所以，這個計畫讓經濟不至於重摔，透過提供薪資和保留（或提高）技能，直到經濟恢復並且勞工漸漸回到原本的職務。同時，一旦有了就業保障，聘僱勞工時，支出自動發生，因此我們不必依賴國會裁量的支出來恢復經濟。[24]

聯邦政府保證資金來源，建立廣泛參數來決定計畫應支持的工作類型，並扮演監督的角色以落實法令遵循和當責，其他所有計畫細節則由地方負責，使決策可以盡可能貼近直接受益於此計畫的人民和社區，這個計畫的主要特點是擔任了整個經濟的強大自動穩定機制。

現代貨幣理論藉由消滅解決非自願失業這個問題。我們認為，最有效能達到充分就業的辦法，就是直接實行針對失業人口的政策，現代貨幣理論並不要將支出用於基礎建設，希望工作慢慢出現在失業者周遭，我們提倡的是巴德學院（Bard College）經濟學家帕弗里娜・徹內娃（Pavlina Tcherneva）所說的一種自下而上的方法。[25]這個方法將勞工視為勞工，無論他們身在何處，給予他們適合自身能力與滿足社區需求的工作，我們並不是要創造既有的工作機會，我們要的不是一個讓人就業的計畫，只是隨便給失業者一根鐮子，叫他們做事，給他們薪水合情合理。我們要的是一種共同治理的系統，可以增加公共利益，並強化社區實力，正如維克瑞所說，這些公共服務工作能夠「將失業的勞動力轉化成改善的公共福利和設施。」[26]最終，這個計畫為人們提供對社區而言有用的工作，並提供酬勞，包括薪資與福利。

如果經濟像二〇〇八年一樣崩盤，聯邦就業保障就可以幫助成千上萬的人，不讓他們陷入失業。[27]民營企業會裁員，但公部門馬上可以就公共服務提供新的工作機會。由於聯邦政府已承諾為這些新工作提供資金，因此經濟下修的幅度會因財政赤字擴大而縮小，這項計畫自動發生，無須等待國會商討是否要通過任何財政振興法案來挽救經濟。由於這項計畫撐起收入，因此經濟會比沒有就業保障時更快穩定，經濟下滑的趨勢不那麼嚴重，復甦很快就會到來，而且由於這是一項永久計畫，無論時局好壞都支撐著經濟。

由於就業保障不間斷地施行，因此保證了整體經濟順暢，有助於穩定通貨膨脹。如果沒有它，當企業因客戶流失而需要解僱勞工時，收益會急劇下降，導致庫存開始積壓，企業只好尋找迅速降低價格以清算未售出商品的方法，最終，經濟開始復甦，企業可以提高價格以重新獲得一貫的利潤，經濟波動愈大，相應的物價波動就愈大。藉由穩定消費者的收入，就業保障讓消費者不需要過度調整支出，也就不會導致太過極端的物價波動。

就業保障還因為固定了一個在經濟中關鍵的價格——支付給勞工的薪資——所以可以穩定通貨膨脹。有了薪資下限（wage floor），政府設定了最低工資，例如每小時十五美元，這變成其他所有行業跟著定價的報酬率。目前，最低工資為零，我知道，聯邦最低工資為每小時七・二五美元，但如經濟學家明斯基所觀察，失業人士獲得的最低工資為零，必須受僱才能至少賺取聯邦最低工資，而數百萬失業的美國人沒有辦法得到這筆錢。要建立一個普遍的最低工資標準，必須長期有人以正值的價格競標勞力，就業保障確定了開標的價格，讓保障就業時獲得的薪資成為整個經濟中實質的最低工資，一旦有這個基準，任何其他形式的就業都有望提供高於基本工資的溢價。[28]在利率上，我們已經這樣做了，聯準會設定了隔夜拆款利率（overnight rate），而這個利率成為貸款、信用卡、汽車貸款利率等訂定的標準，當聯準會提高短期利率時，其他利率通常也會上升。[29]藉由固定勞力的價格，就業保障為整個經濟的各種工資和價格提供了更大的穩定。

最後，就業保障維持充足的從業人員數量，企業在擴大生產規模時可以輕鬆地從中聘僱，這有效對抗通貨膨脹壓力。從對雇主的調查中我們知道，最缺乏吸引力的求職者是長期失業的人，雇主只是不希望僱用到沒有近期工作紀錄的人，[30]多多少少，他們想知道自己聘到什麼樣的員工。僱用失業者有巨大風險：無法得知長期失業者是否留有良好的工作習慣、是否能與他人良好地互動等；打字員或手工藝者可能因為失業，技能不再熟練；僱用一個長時間沒有工作的人，就像擲骰子。為了避免不確定，公司經常從別的公司挖角，利用高薪資誘使員工離開目前的職位，如果每位雇主都這樣做，那我們之前所想像的大風吹遊戲，只是有椅子的人會不斷地換到薪水更高的椅子，而那些沒有椅子坐的人，只好一直處於遊戲之外。這樣的薪資競標會導致通貨膨脹，但當企業可以選擇從受僱的公共服務人員中聘用新人，就可以緩解這樣的狀況。有了就業保障，雇主有更多的聘僱選擇，就業保障不僅有益於雇主和那些本來可能失業的人，也對社會全體有所助益。

因為就業保障是自動穩定機制，所以會影響聯邦預算：當經濟疲軟時，支出增加；當經濟成長時，支出減少，這樣確保了赤字的逆週期變化，以避免在該預算類別的超支。當然，國會仍保有對預算其他部分的裁量控制，作為貨幣發行人，山姆大叔握著錢包，他隨時可以決定在基礎設施、教育或國防上花更多錢。如果有他想要購買的商品和服務，我們沒有人標得贏山姆大叔，財務上，他沒有限制，作為貨幣發行人，他可以花費自己沒有的錢，因此他也不會破產，這就是現代貨幣理論揭露的事實。

◆

《蜘蛛人》漫畫家史丹李（Stan Lee）教我們：「能力愈強，責任愈大。」恩齊參議員對過度支出表示擔憂是正確的，但是他沒有發現真正的危險，對我們共同福祉的威脅不是預算赤字，而是過度的通貨膨脹。

那麼，我們如何利用主權貨幣，來為人民提供潛在利益，同時又防止過度支出的風險呢？或許，你會爭辯說，我們已經採取了保障措施，債務上限、參議院預算協商程序規定和隨收隨付等或許看起來像是對過度支出的有效限制，但其實不是。這不是因為國會很容易規避規則，這是因為根據目前的預算程序，國會在想要增加支出時，不必考慮通貨膨脹的風險，要記得，國會要聯準會負責穩定市場物價，因此，國會議員只關心新的開支是否會增加赤字，而不是通貨膨脹，他們問錯了問題。

事實上，現代貨幣理論認為，國會迴避了任何行使財政權力的政府應負的重大責任。要了解原因，請考慮以下的例子，假設經濟已經接近最高速限，大多數的勞工和企業已經生產出最多的商品和服務，現在，假設國會希望花費二兆美元來升級並現代化美國殘破的基礎設施（機場、醫院、公路、橋梁、汙水處理設備等），[31]因為國會中沒有人用貨幣發行人的角度來思考，他們認為需要擔心的是支出是否會增加赤字。為了避免增加赤字，假設他們同時提出一項徵稅計畫，對淨資產超過五千萬美元的美國人加收少量的稅，來籌集二兆美元，然後，當該法案上呈國會預算辦公室時，可能會獲得高分，因為該法案不會在幾年後增加赤字。國會預算辦公室同意後，國會議員可以自由進行投票授權支出，然而，接下來發生的事情可能是一場災難。

當運輸部要外包工作時，很快就會發現沒有足夠的失業資源可供政府僱用，那是因為加稅只是針對一小部分的人（約七萬五千人），那群人本來就不會花掉太多（或根本不會用到）繳出去的錢。這樣的論點不應被視為反對對富人徵稅，這是反對稅務政策的任意決策，絕對有必要對富人徵稅，我們需要這樣做，但是，我們需要有策略地做。我們要知道富人稅的目的不是支付政府支出，而是幫助社會重新平衡財富和所得分配，當今財富集中的極端現象既威脅著我們的民主，也威脅經濟的運作。想想，美國首富傑夫・貝佐斯（**Jeff Bezos**）的淨資產預估為一千一百億美元，在二%的財產被徵稅後，貝佐斯會少買多少車、游泳池、網球場或豪華假期？答案是並不會少多少，只對他一小部分的資產增加課稅，並不會影響他的大部分支出，追根究底，比起花錢，他存了更多，像他這樣的億萬富翁以金融資產、房地產、藝術品和稀有硬幣的形式保存財富。徵收富人稅可能讓基礎設施法案看起來對政府財政是負責任的行為，但如果政府是希望在沒有太多可支配閒置資源的經濟中增加支出，則是一個糟糕的政策。

如果經濟嚴重蕭條，狀況不會如此，因為會有大量的「財政空間」，企業大量閒置，也有大量的待業勞工可供聘僱。但是隨著我們接近充分就業，這些實質資源變得愈來愈少，一旦經濟用盡實質的生產能力，政府要找到建築工人、建築師、工程師、鋼鐵，混凝土、壓路機、起重機等，就只能以高薪誘之，讓他們放棄目前的工作，這樣高薪利誘造成通貨膨脹的壓力。為了避免這種風險，稅收需要抵銷當前的支出，以釋放政府試圖僱用的實質資源，問題在於，由於前述的特殊稅收只針對一小部分超級富豪，因此無法開放許多（甚至根本無法開放任何）財政空間。

如果你從其他方面考量，這個計畫並不全然的壞！只是這不是緩解通貨膨脹風險的有效方法，當經濟接近其最高速限時，這一點尤其重要。

這就是為什麼現代貨幣理論建議更改聯邦預算流程，新的預算流程應該將通貨膨脹的風險納入決策考量，立法者需要停下來思考，在批准任何新的支出之前，是否已採取必要的措施來防範通貨膨脹的風險。現代貨幣理論在這方面讓我們更加安全，要對抗通貨膨脹，防守就是進攻，我們不想讓過多的支出引起通貨膨脹，然後在通貨膨脹發生後才嘗試解決問題，[32]我們希望像國會預算辦公室這樣的機構能防範未然，在國會資助任何新法案之前，評估其潛在通貨膨脹風險。現代貨幣理論的核心是用實際的（通貨膨脹）限制代替人為的（收益）限制。[33]

山姆大叔在現實生活中沒有任何收支上的限制，他先花錢，然後再徵稅。現代貨幣理論要我們思考的不是如何為支出找到財源，而是要問應減少多少美元，這挑戰了隨收隨付的概念。現代貨幣理論認為不應該一直相信不可以增加赤字，而是探討任何提議的支出，是否需要可以抵銷通貨膨脹風險的配套措施。

回到二兆美元的基礎設施提案，現代貨幣理論首先會問國會，在沒有抵銷通貨膨脹風險的配套措施下，授權二兆美元的新支出是否安全，仔細分析經濟現有（和預期）的閒置資源可以幫助立法者做出決定。如果國會預算辦公室和其他獨立分析師得出的結論，認為通貨膨脹率有可能推高至期望值之上，那麼立法者就可以開始編選各項提案，來確定減輕風險的最有效方法。可能需要抵銷三分之一、二分之一或四分之三的支出，也有可能全部支出都不需要抵銷，也有可能經濟太接近充分就業，以至於隨收隨付才是正確的政策。關鍵是，國會的預算流程應該反過來，不是一開始就認為每一筆新支出都需要完全抵銷。這可以讓我們不需要承受莫名的增稅和麻煩的通貨膨脹，也可以確保任何新支出都受到檢視。對抗通貨膨脹的最好方法是防範未然。

某種意義上來說，我們很幸運。國會一直承諾大筆支出，但並未評估過通貨膨脹的風險，國防預算已增加了數千億美元，減稅措施也增加了數兆美元的財政赤字，但在大多數情況下，我們毫髮無傷，至少在通貨膨脹方面，那是因為通常有足夠的閒置資源來吸收更大的赤字。儘管過剩產能對無視通貨膨脹風險的國會像是一種保險，但放任閒置資源不管也付出了代價，因為沒有好好利用全部資源，我們原本可以享受，也可以擁有的社會榮景，都被剝奪了，現代貨幣理論要改變這一點。

現代貨幣理論希望能操控並管理公共收支的權力，來建立一個能夠充分發揮潛力的經濟。如果蜘蛛人拒絕用自己的力量來保護人民、服務大眾，沒人會把他看作是超級英雄。能力愈強，責任愈大，政府財政的權力屬於我們所有人，雖然這個權力由民選的國會議員行使，但需要為每個人服務。過度支出是權力的濫用，如果明明可以做更多事情，來提高人類的生活品質，又不會有通貨膨脹的風險，可是行使權力者卻毫無作為，則也是誤用了權力。

第三章

國家（其實沒有）負債

—迷思3—無論如何，我們都被債務追著跑。

—現　實—國債不構成任何財務負擔。

當我在二〇一五年一月來到華盛頓特區時，我是美國參議院預算委員會中唯一一位以貨幣發行人的角度來看待世界的人。我知道聯邦政府不像一個家庭或私人企業，我知道山姆大叔永遠不會用完錢，我知道過度支出的懲罰是通貨膨脹，而不是破產，但我也知道只有我這樣想。

對於赤字，其他人分成了兩派：鷹派和鴿派。鷹派是強硬派，大部分是——但並不完全是——共和黨員，財政赤字對他們來說是國家財政管理不當的證據，預算應保持平衡，就這麼簡單，任何支出和稅收之間的差距都足以讓他們火大，他們對即將來臨的債務危機發出警告，並要政府雷厲風行以控制財政赤字。稱呼他們為鷹派，是因為他們表現出來的決心（至少他們的用字遣詞是如此），要平衡預算並使國家債務歸零。鷹派嘲弄他們的鴿派對手，指責對方過於樂觀看待不斷增加的國家債務所構成的威脅，鷹派大多怪罪福利制度：社會安全保險、醫療保險和醫療補助。鴿派則認為，為富人減稅和用罄國庫的戰爭才是拉高政府債務的原因。

儘管政治評論員和華府內部人士把這兩派人馬看作勢不兩立，但我卻認為他們半斤八兩，雙方都認為長期的財政前景是一個必須解決的問題，主要的分歧點在於是誰（和什麼）使我們陷入困境，以及我們應該多快採取行動來修復損害。大多數共和黨員希望刪減福利制度，而大多數民主黨員則希望增稅，看似兩條不同的路徑，但其實殊途同歸。

當我加入預算委員會時，我愛唱反調的名聲已在業界遠播。當消息傳出我將前往華府擔任民主黨的幕僚時，記者火速刊登了幾篇文章，標題不外乎是「桑德斯僱用了赤字貓頭鷹（Deficit Owl）」。我在二〇一〇年創了這個稱呼，以突顯現代貨幣理論經濟學家不像其他鳥類對赤字這麼戒慎恐懼，我認為貓頭鷹是很適合現代貨幣理論的吉祥物，因為人們將貓頭鷹與智慧聯想在一起，而且因為貓頭鷹能夠將頭旋轉近三百六十度，因此可以從不同的角度來看待赤字。

委員會多數參議員從未聽說過現代貨幣理論，甚至連僱用我的桑德斯參議員，一開始看到媒體對他挑的人這麼關注也感到驚訝。當我第一次與委員會成員會面，維吉尼亞州參議員提姆・凱恩（Tim Kaine）告訴我，他自堪薩斯城星報（Kansas City Star）已經讀到我即將走馬上任的消息。沒有人沒有禮貌，但是我可以感覺，對於赤字議題出現了另一種鳥類，大家有些退卻。

城裡的菜鳥並不好當，我知道我的觀點與其他人的觀點截然不同，我雖然為民主黨服務，但黨內有幾位參議員以其財政保守主義聞名，其中三人甚至被惡名昭彰的打擊國債陣線（Fix the Debt）尊稱為「財政英雄」。[1]

這項工作在很多方面都讓人沮喪，在財政問題上，我和團隊內其他人士的觀點不同，我找了各種方法來幫助委員會，又不想加深他們對國家財務狀況的迷思和誤解，我精心寫了談話要點，並草擬了評論，供委員會資深成員宣讀。有時候，沒說出口的與說出來的話一樣重要，因此，我默默地想要改變大家的想法，有時是要同事在新聞稿或專欄文章中刪掉一兩句話，我內心仍然是一名老師，所以我沒有辦法完全壓抑自己想讓別人換個方式思考的衝動，而且，錯誤的思考導致錯誤的政策，錯誤的政策又影響到我們全部人。

有時候，我會和委員會成員（或他們的幕僚）玩個小遊戲，遊戲結果卻令我大開眼界，我大概玩了幾十次有吧，但總是得到難以置信的反應。首先，我會要他們想像一下，如果有一支魔杖，只需輕輕一揮就能消除全部國家債務，我問：「你會揮舞魔杖嗎？」每個人都毫不猶豫地希望債務消失，在他們堅定地把債務一掃而空之後，我又問了一個看似不同的問題：「假設魔杖有能力讓美國公債從世界消失，你會揮舞魔杖嗎？」這個問題困惑了所有人，他們皺著眉頭沉思，最終，每個人都決定不使用魔杖。

我覺得這非常有趣！這些人專門處理聯邦預算，但似乎沒有一個人抓住這個問題的訣竅。他們對國債又愛又恨，他們喜歡美國公債，只要把公債想成是私人持有的金融資產即可，但是當公債是聯邦政府的義務時，他們就討厭同樣的有價證券。不幸的是，如果不消除構成國債的商品——美國公債——就無法消除國債，兩者其實是相同的。

最後，我都會告訴對方，其實我問了同一個問題：這就像問人喜歡華氏七十七度還是攝氏二十五度一樣。答案公布後，有時很尷尬，有一些人告訴我，他們其實知道魔杖一揮會連帶讓整個美國公債市場消失，但他們還是想這樣做，因為債務總是嚇壞了選民。

太大了

選民當然會害怕！他們怎麼可能不怕呢？除非完全無視所有的政治討論，否則工作間總是會聽到關於財政赤字和國債歇斯底里般的報導，報紙頭條用大大的字體，宣布創紀錄的債務和迫在眉睫的災難；紐約市西四十三街的國債鐘（debt clock）聳立在行人道上，即時傳遞令人生畏的數字；政治漫畫家把聯邦債務畫成飢餓的霸王龍吃遍城市街道，或者是即將爆炸卻仍不斷膨脹的汽球；書店裡充斥著書名既聳動又令人憂心的書籍，像是《終局》、《赤字風暴》和《財政治療》；即時新聞在社交媒體上不斷地告訴全世界國會預算辦公室最新的可怕預測；廣播節目播放著前國務卿希拉蕊（Hillary Clinton）的警告：「我們不斷攀升的債務構成了國安威脅。」即使是一般市民，例如將破產山姆大叔的貼紙貼在她車子保險桿上的那位，也變成噩耗的信差。

我們竟然沒有全都躲進防空洞裡，等待末日的降臨，畢竟世界末日不遠了。

但實際上，我們平安無事。西四十三街的國債鐘顯示的是歷史紀錄，聯邦政府從以前到現在讓人們的口袋裡增加了多少美元，而沒有減去（徵稅）美元。這些美元以美國公債的形式保存，如果你有幸擁有一些，那麼恭喜！這是你財富的一部分，儘管其他人可能稱其為國債鐘，但實際上它是美元儲蓄時鐘，雖然在國會誰都不會這樣稱呼。你可以想像為什麼，想一想，如果國會議員返回自己的選區，告訴一群驚慌失措的選民：不斷膨脹的國債，只是一個什麼都沒包的大漢堡，事情會如何？當其他所有聲音傳達完全相反的訊息時，先知的話大家聽不見。有時候正如馬克‧吐溫說的，「愚弄人要比讓他們知道自己被愚弄了還要容易。」

即使他們自己的想法沒有瓦解，也有理由為什麼國會議員不希望我們其他人看到債務的真實面貌，美國公債不過就是我們第一章討論過的黃色附息美元。他們的心可能沒有壞到故意愚弄我們，但是他們有他們的理由，對於某些政治人物來說，把債務一詞附加到一個很大的數字上，效果十足，大數字恐慌症或許不是醫學上公認的症狀，但許多政治人物似乎認為這種焦慮真的存在。

我記得有一次我和預算委員會成員開會時非常震驚，國會預算辦公室剛剛發布了二〇一五年到二〇二五年的預算報告，參議員正仔細檢視報告內容。[2] 國會預算辦公室預計財政赤字將達到一・一兆美元，聯邦債務總額將在二〇二五年達到二十七・三兆美元，預算委員會主席恩齊認為這個數字非常驚人，但也還不夠驚人。他擔心數字用小數點而不是逗號標示，不能引起人民正確的情緒反應，為了讓數字看起來非常戲劇化，他建議國會預算辦公室以較長的形式寫出數字：1,100,000,000,000 和 27,300,000,000,000。

回想一下，恩齊參議員在涉足政治之前曾經營過一家鞋業，作為商人，他一定知道行銷的重要：更舒適的款式、更廣泛的選擇、更時尚的設計，用正確的訊息來吸引顧客，對於維持客群至關重要，好的行銷活動撩起顧客的情緒，讓人們從街上走進店裡。想一下，恩齊基本上是在想，怎樣來發布政府財務訊息可以引起選民的情緒反應，一旦像恩齊這樣的政治人物成功地讓大家對「債務」這種東西的龐大規模感到擔憂，他們就可以透過很多方式把這樣的恐懼當成武器來用。

藉由告訴選民，我們必須對這些又大又恐怖的數字採取一些行動，政治人物可以推動刪減諸如社會安全保險和醫療保險之類受人民歡迎的法案。[3]要讓造成人民痛苦的裁減獲得支持，最好的方法就是維持輿論對國家財政的憤怒，社會福利讓全民受益，大眾廣為支持，但當政治人物用「別無選擇」來說服我們，似乎只好退讓。畢竟，我們必須採取行動以「清償債務」，以免為時已晚。

現代貨幣理論告訴我們，我們不需要解決債務，我們需要修正的是我們的想法。不是為了不去刪減支持著數百萬美國人的制度而已，還要讓大家了解，如果我們不那麼害怕，我們更能理性地討論想要實現的全部目標。債務不是我們不能擁有美好事物的原因，錯誤的思維才是禍首。為了修正我們的想法，我們需要克服的不僅僅是對於大量債務的厭惡，我們需要打破每一個有害的、阻礙我們思考的迷思。

中國、希臘和伯納德．馬多夫（Bernie Madoff）

我覺得在保險桿上貼貼紙的那位女士擔心的可能不只是美國公債（即國家債務）的市場，她可能還有其他憂慮，也許她聽過歐巴馬在競選時抱怨說，美國正向中國借款，「增加了我們將不得不還清的國債。」西四十三街上的國債鐘不僅提供了未償債務總額的即時紀錄，也將總數除以美國人口，計算出「你」在國債中所承擔的份額；也許她是一位心懷內疚的母親，聽過威斯康辛州國會議員保羅・萊恩（Paul Ryan）為處理債務所做的呼籲，「讓我們的子孫後代免於負擔沉重的債務和稅賦」；也許她正想著我們的國家即將破產，我們都知道希臘發生了什麼事；也許她覺得我們偉大的國家前景堪憂。畢竟，歐巴馬認為國家債務是「不負責任」和「不愛國」的表現。

我是一位母親，我也很愛國，但這些我都不擔心，那是因為我也是現代貨幣理論的經濟學家，知道要如何從根本上不同的角度審視一切。我可以讀國會預算辦公室最新的報告，而不對預計增加的國債感到驚慌；我不會心心念念自己分攤到的國債，也從不會擔心美國會像希臘那樣；我不擔心中國有一天可能關掉水龍頭，讓美國沒有需要支付帳單的美元；哎呀，我甚至不認為我們應該把標售美國公債稱作舉債，或是把債券本身當作國債。命名不清讓大家都昏頭轉向，並引起人們不必要的悲傷，更糟的是，誤導的恐懼阻礙了更好的公共政策，這傷害了我們所有人，因此，讓我們嘗試修正我們的想法。

歐巴馬是在北達科塔州法戈（Fargo）的一場競選活動中，告訴一小群人，美國依賴著「中國銀行的一張信用卡」，他的用字選擇很重要，因為這涉及了我們兩個根本焦慮。一方面，人們擔心依靠借錢來支付帳單，從個人經驗，我們知道承擔過多的債務可能會導致財務困難，一旦借錢購買房屋、汽車甚至日常雜貨，就必須為將來的還款煩惱。不久之後，房款、汽車貸款或信用卡帳單就會到來，你要拿得出錢來償還，聽到我們的國家正在累積數兆美元的信用卡債務，這足以讓任何人擔心，得知我們欠外國（甚至是對手）錢，只會更加焦慮。

並不是說我們對於誰是我們的國際貿易夥伴不用擔心，我們在第五章（「在貿易中『獲勝』」）會看到，有合理的理由值得我們關注這個問題。但是，依靠中國支付我們的帳單並不是其中的原因，為了釐清問題，讓我們退後一步，思考一下中國（和其他外國）打從一開始為什麼會持有美國公債。[4] 截至二〇一九年五月，中國怎麼會有一・一一兆美元的美國公債呢？山姆大叔是不是手拿著星光燦爛的帽子前往北京，要向中國政府貸款？才不是這樣。

一開始，中國決定將其生產的產品出售給中國以外包括美國在內的買家，美國其實也這樣做，但是美國的出口少於從其他國家的進口。二〇一八年，美國向中國出口了一千二百億美元的美國產品，而中國向美國出口了五千四百億美元的產品，兩者之間的差額使中國獲得了四千二百億美元的貿易順差（反過來說，美國與中國的貿易逆差為四千二百億美元）。美國人用美元購買了這些商品，然後將這些款項記入中國在聯準會的銀行帳戶中，像其他任何美元持有人一樣，中國可以選擇使用這些美元，也可以使用它們來購買其他東西。山姆大叔不會為中國在聯準會的支票帳戶（checking account）上的美元支付利息，因此中國通常更喜歡將其轉移到聯準會類似儲蓄帳戶（savings account）的地方，透過購買美國公債可以做到這一點。「向中國借款」其實只是會計調整，即聯準會從中國的準備金帳戶中減去了數字（支付），然後在其有價證券帳戶中添加了數字（儲蓄）。中國仍然持有美元，但現在持有的是黃色美元而不是綠色美元。要還中國錢，聯準會只需沖銷會計分錄（accounting entries），在其有價證券帳戶中減去該數字，並在其準備金帳戶中加上該數字，全部的過程只需使用紐約聯邦準備銀行的鍵盤即可完成。

歐巴馬忽略的是美元並非源自中國這個事實，美元來自美國，我們沒有真正向中國借錢，而是提供中國美元，然後允許這些美元轉換成美國公債。事實上，問題在於我們用來描述實際情況的詞語，這個世界上，沒有國家用的信用卡，諸如舉債之類的詞也容易誤導，稱呼國庫券為國債也是如此，因為並沒有實質的債務義務。莫斯勒喜歡說，「我們只欠中國一張銀行對帳單。」你可以說，這對中國（以及其他對美國具有貿易順差的國家）來說，是一筆壞交易。畢竟，這代表他們的勞工用自己的時間和精力來生產沒有為中國自己的人民保留的商品和服務。對美國擁有貿易順差，中國允許美國拿走自己的東西，以換取一條會計分錄，記錄美國拿走了多少產值。但是，我們會在第五章看到，中國有多種方式從與美國的貿易中受益。

儘管中國是美國公債的最大外國持有人，但在撰寫本書時，中國所持有的美國公債總額還不到全部的七％，有人仍然擔心這讓中國對美國有了巨大的影響力，因為中國可能會決定出售其所持有的債券，進而壓低美國政府債券的價格，同時推升這些債券的殖利率（yield，即利率）。擔心的點在於如果中國拒絕繼續購買美國公債，山姆大叔可能就無法以負擔得起的利息舉債。這種想法有幾個問題，一方面，中國無法避免持有美元資產又不消除對美國的貿易順差，這不是中國想要做的事，因為如果減少對美國的出口，中國經濟成長將趨緩，假設中國想保持貿易順差不變，最終就一定會持有美元資產。如金融評論員和前投資銀行家愛德華・哈里森（Edward Harrison）所說，「中國唯一的問題是要購買哪種美元資產（綠色美元或黃色美元），而不是它是否能不要美元。」[5]就算中國決定減少它持有的美國公債（黃色美元），也不會使山姆大叔現金不足。請記住，美國是貨幣發行人，這代表永遠不會用完美元。此外，如頗受歡迎的電視評論員、《搞懂美元》（*Making Sense of the Dollar*，暫譯）一書的作者馬克・錢德勒（Marc Chandler）

所言，中國從二〇一六年六月至二〇一六年十一月將其美國公債持有量減少了十五％，但十年期美國公債殖利率「幾乎沒有變化」。[6]

即使美國沒有發生這種情況，一個國家是有可能無法以負擔得起的利息舉債，這就是二〇一〇年希臘所發生的事情。但這是因為希臘在二〇〇一年放棄了使用德拉克馬，轉而使用歐元，所以喪失了其貨幣主權。採用歐元改變了一切，希臘政府現有的所有債務都改以歐元計價，這是希臘政府無法發行的貨幣。從那時候開始，任何向希臘政府購買債券的人都承擔著一種新的風險：違約（default），向希臘提供貸款就像現在向美國各州（像喬治亞州或伊利諾州）提供貸款一樣。就像我們在第一章中了解到的，各個州是貨幣使用者，而不是貨幣發行人，它們真的依賴稅收和借款來支付帳單。當然，他們可以標售債券來籌措資金，但是金融市場對於可能無法還款的人放貸，通常要求溢價來對應增加的風險，這是希臘（以及愛爾蘭、葡萄牙、義大利和西班牙）學到的慘痛教訓。

隨著二〇〇八年金融危機席捲歐洲，希臘經濟出現了嚴重的經濟衰退，工作機會以驚人的速度消失，稅收下降了。同時，希臘政府為了支撐衰弱的經濟增加支出，稅收減少和支出增加兩相結合之下，希臘的預算赤字在二〇〇九年占其GDP的十五％以上。根據歐元的規則，成員國政府應防止預算赤字超過一國國內生產毛額的三％。但是，經濟下滑如此嚴重，以致希臘預算赤字大大超過了三%的上限，為了彌補這些赤字，希臘不得不借錢。問題在於，在歐元之下，希臘政府不再擁有可以代其清算所有款項的國家中央銀行，為了為支出提供資金，政府確實需要提前「找到錢」。（TAB）S模型不適用於像美國這樣發行自己貨幣的政府，但確實要用在像希臘這樣的國家，希臘切斷了中央銀行與政府之間的聯繫時，已成為貨幣使用者，希臘很快就發現，問題在於借方不願意購買希臘政府發行的債券，除非他們可以獲得可觀的溢價，因為希臘明顯有身為貨幣使用者而難以償還貸款的風險。從二〇〇九年到二〇一二年，希臘十年期政府債券的利率從不到六%升至三十五%以上。

把希臘和美國或英國等貨幣發行國相比，美、英兩國的財政赤字從二〇〇七年到二〇〇九年，增加了三倍以上。二〇〇九年，這兩個國家的赤字從不到GDP的三%飆升到大約十%，然而，在同一時期，十年期政府債券的平均利率都下降，在美國從三・三%降至一・八%，在英國從五%降至三・六%。這是因為這兩個國家都有自己的中央銀行，代表政府作為壟斷的貨幣發行人，這樣的保障使投資人安心，他們知道中央銀行對短期利率完全掌控，對長期債券的利率也有十足的影響力。[7] 希臘在採用歐元時就放棄了這種保障，每個人也都知道國家可能真的把錢花光，這就是為什麼它無法擋下「債券義勇軍」（bond vigilantes）。債券義勇軍一詞是指金融市場（或更準確地說，是金融市場中的投資者）的力量，讓像政府債券之類的金融資產價格急劇起伏，進而使利率意外波動。最終，歐洲中央銀行的確阻止了債券義勇軍，但代價是對希臘人民實行嚴苛的撙節政策（austerity）。[8]

到了二〇一〇年，包括希臘在內的許多歐洲國家，都陷入了全面的債務危機。惠譽集團（Fitch Group）、穆迪（Moody's）和標準普爾（Standard & Poor's）調降了希臘政府債券的信用評等，舉債成本失控，隨著危機加劇，希臘政府幾乎就要違約。美國政治人物看到席捲歐元區的危機，開始要國會採取行動，減少國內赤字，警告像希臘一樣的債務危機可能很快就會襲擊美國。[9] 精明的投資者，例如巴菲特（Warren Buffett，億萬富翁投資人、波克夏・海瑟威〔Berkshire Hathaway〕多元控股公司的總裁），清楚知道事情會如何發展。巴菲特說，「只要我們繼續發行本國貨幣，美國就不會發生任何形式的債務危機。」[10] 巴菲特也知道希臘發生債務危機的原因是「希臘失去了印鈔票的能力，如果他們能繼續印製德拉克馬，他們會有其他問題，但不會有債務問題。」[11]

難道沒有任何限制嗎？牛頓說：「有起必有落」，債務不可能一直上升，如果政府從不付款，那麼就必須繼續為其債券尋找新的買家，[12] 這似乎是有風險的。柴契爾曾打趣地說，問題在「你最終用光了別人的錢」，在某些人看來，尋找新的投資者來購買永無止境的政府債務，看起來像是詐欺，[13]就像惡名昭彰的伯納德・馬多夫賣的那種，但其實不是。

馬多夫欺騙投資人，而美國財政部並不是這樣，艾倫・葛林斯潘（Alan Greenspan）在美國全國廣播公司（NBC）的《與媒體見面》（*Meet the Press*）節目中說，投資美國公債的人，「不會有違約的可能」。[14]在這裡，我們應該區分自願違約和非自願違約，葛林斯潘指的是後者，他的觀點是美國不可能像希臘那樣，想要向債券持有人按期付息，但缺乏指示中央銀行結清付款的權力。國會可能會做一些蠢事，例如拒絕提高債務上限，這可能會引發自願違約，但美國被債權人強迫違約的風險為零，那是因為聯邦政府總能履行義務，將黃色美元變回綠色美元，只要更改聯準會資產負債表上的相關數字，同時，也不會有用完「其他人的錢」的風險。回想一下，柴契爾弄反了，她的模式將英國政府視為一個家庭，除了徵稅或舉債來支付帳單外別無其他選擇。

現代貨幣理論翻轉了這個想法，顯示更合適的實際排序是S（TAB），政府先支出，使美元可用於繳稅或購買政府債券。舉個例子，假設S（支出）等於一百美元，這意味著政府將一百美元投入到經濟中，現在假設政府向我們徵稅九十美元，這意味著政府的赤字讓我們剩下十美元。這時，政府標售等額的有價證券（即「舉債」）來協調任何赤字支出，重要的是，購買債券所需的十美元是由政府自己的赤字支出提供的。從這層意義上來看，貨幣發行人的支出是自負盈虧，貨幣發行人不是因為需要美元，所以發行債券。債券允許儲蓄（綠色美元）的持有者將其交易為美國公債（黃色美元），這樣做是為了支持利率，而不是為政府提供資金。

由於我們的立法者還不知道現代貨幣理論的見解，他們將債券配息視為聯邦政府日益沉重的財務負擔，這是個錯誤。實際上，支付政府債券利息並不比處理任何其他付款困難，為了支付利息，聯準會只需把款項給相應的銀行帳戶。目前，國會把聯邦預算視為零和遊戲，議員把利息支出的成長看成不斷增加的電費帳單，能花在其他地方的錢就變少了。因此，當國會預算辦公室表示聯邦政府「在二〇四六年，利息支出會多於用在國防和所有國內法案上所有可自由支配的預算」時，許多議員開始恐慌。[15] 他們認為這讓剩下的錢變少，迫使他們減少在其他優先事項上的支出，但這不是真的，國會預算是國會自己設限。為了避免刪減人們重視的計畫，國會可以簡單地授權更大的預算，來資助其優先事項，國會有的不是一盆子固定的錢。但是，經濟中只有一定的空間可以安全地吸收更高的支出，這才是國會需要擔心的限制。

我們在第二章看到，所謂的限制是經濟可以吸收額外支出而同時不會加速通貨膨脹的能力。以利息支付的每一分美元都成為債券持有人的所得，如果這些收益支出太大，則總支出可能使經濟超過其速限。現代貨幣理論認為，利息所得的成長可以作為一種潛在的財政振興手段，聯邦政府是利息的淨支付者，它所支付的所有利息都由政府債券持有人收取，這些利息所得中，至少有一部分被拿去買新產出的商品和服務，轉手又重新投入了經濟。如果高比例的利息所得重新投入了經濟，則有可能推高了總支出，加劇通貨膨脹壓力，不過，副總統拜登（Joe Biden）的前首席經濟學家傑瑞德・伯恩斯坦（Jared Bernstein）指出，政府的利息支付似乎不太可能在短期內讓景氣過熱，部分原因是「現在我們的公共債務中約有四十%由外國人持有。」這意味著「有愈來愈多的利息流向國外。」[16]就算債券持有人沒有支出足夠的利息所得造成一般物價上漲的通貨膨脹（如CPI），他們仍可能運用利息所得，推高商品、房地產、股票等價格，進而造成資產物價上漲的通貨膨脹。

債券利息的確可能造成通貨膨脹，並涉及分配問題，但政府支付債券持有人利息並不會對聯邦政府造成財務上的困難。有人認為政府根本不應該支付利息，他們認為美國公債是一種奢侈品，只有那些已經很有錢的人才會買，藉由把綠色美元變成黃色美元，政府最終讓有錢人增加了他們的財富，可能也就因此而擴大了貧富差距，這是一種檢視政府公債的看法。當然，美國公債也是安全資產，有助於分散風險，因此，許多擁有退休金或其他種類退休計畫的勞工階級，公債給予他們投資的資金另一層保護。所以，先不管分配上的問題，山姆大叔總是可以處理利息的支付。

我們明天就可以還清債務

二〇一六年四月，《時代》雜誌的封面是美國的國家債務。封面寫著：「親愛的讀者，你欠了四萬二千九百九十八・一二美元。」底下接著描述：「每位美國人，無論男女老少，都要付這麼多，才能消除十三・九兆美元的美國國家債務。」[17]我不知道你的狀況如何，但我沒有四萬三千美元，我也沒有偷偷存錢，以免有一天被要求寫一張大支票給山姆大叔，來支付我名下的國家債務，這永遠不會發生。認為我們每個人需要承擔部分國家債務的想法相當荒謬，這是家庭預算哲學的延伸，錯誤地以為政府最終需要依賴納稅人來付清款項。我希望現在已經夠清楚，這樣的邏輯並不適用於貨幣發行人，因為事實是所有國家債務都可以在明天還清，我們每個人都不必花任何一毛錢。

大多數經濟學家都不這麼認為。有人會說，更快的經濟成長將幫助我們解決「債務問題」，因為真正重要的是債務與經濟規模的比率（債務與GDP的比率），分子（債務）增加，但是如果分母（經濟）的成長快於債務，則比率下降，對於許多經濟學家來說，這是解決問題的正確方法，訣竅是讓債務比率永遠不會超標。在某些時候，數值一定會降下來，否則債務從數學上來看是不具持續性的。幾十年下來，傳統想法認為美國負債處於不具持續性的路徑上，因為用於評估債務軌跡的模型都顯示，在未知的將來，該比率會持續上升。[18]

現在世界上一些最有影響力的經濟學家告訴我們，債務或許是具持續性的，至少就目前來說。這些主流經濟學家並沒有像現代貨幣理論經濟學家得出改變思考模式的結論，但其中有一些人言論已經軟化，緩解大家對債務危機即將到來的憂慮。例如，二〇一九年一月，世界著名經濟學家、國際貨幣基金組織（International Monetary Fund，簡稱IMF）前任首席經濟學家奧利維爾・布朗沙（Olivier Blanchard）把國家負債作為其在美國經濟協會年會上的演說重點。[19]布朗沙指出，包括美國在內的許多國家，債務的發展軌跡，似乎都還在具持續性的範圍內，至少在短期看來是這樣。這是因為布朗沙認為未來的狀況與最近相似，也就是說，他希望債務的利息（r）保持在經濟成長率（g）

以下，該條件（r<g）確保債務比率不會變得無窮大。如果他是對的，那麼根據他的模型，美國近期不會經歷債務危機，但是布朗沙並沒有排除未來危機的可能性，對他來說，當某一天金融市場將利率推升至高於經濟成長率（r>g），經濟就可能發生危機。那一天降臨時，除非預算已經轉為盈餘，否則我們就回到不具持續性的債務軌跡。在此之前，我們還是可以寬心，甚至可以安全地增加財政赤字的規模。由於布朗沙的論點與國家債務的主流敘述（媒體與政治圈內）背道而馳，因此馬上受到媒體的廣泛關注，在演講後幾天，《市場觀察》（*MarketWatch*）刊登了一篇標題為「著名經濟學家指出，鉅額國家債務『並沒有那麼糟糕』」的文章。[20]此後不久，《華爾街日報》刊出：「還在擔心負債嗎？經濟學家說，現在不需要。」[21]這是重要的發現，但我們應該指出，現代貨幣理論經濟學家史考特・福維勒（Scott Fullwiler）在十三年前就提出了類似的觀點。[22]

福維勒和布朗沙研究之間的不同在於：前者以現代貨幣理論的觀點研究了債務持續性的議題。[23]與布朗沙不同，福維勒認為以本國主權貨幣借款的政府，始終可以保持持續性的關鍵條件（r<g），它永遠不必接受市場利率。對福維勒而言，布朗沙「財政持續性的概念有缺陷，因為它假設國家債務支付的利率這個關鍵變量是由民間金融市場設定的。」[24]換句話說，布朗沙對具持續性有著較為謹慎的看法，他認為利率最終有可能上

漲，讓美國出現如希臘或阿根廷爆發的債務危機。但是美國與希臘（以歐元借款）或阿根廷（以美元計價的債務違約）不同，美國不會失去對利率的控制。正如福維勒所說，國債利息是「政治經濟的問題」，代表決策者總是可以不顧市場情緒。[25]或者，正如詹姆斯・高伯瑞（James Galbraith）幽默道，「是利率，笨蛋！」為了防止債務利息超過經濟成長率，高伯瑞只是建議中央銀行「將預期利率維持在低點」。[26]這個很重要的見解，讓現代貨幣理論以與傳統不同的觀點來討論債務持續性，在現代貨幣理論的理解下，重要的是通貨膨脹，而不是利率和成長率之間的關係。儘管如此，美國（和其他貨幣主權國家）很容易滿足傳統具持續性的標準。

看看日本，日本的債務占GDP的比例為二四〇％，是已開發國家中最高的。截至二〇一九年九月，日本的國債達到了創紀錄的一千三百三十三・五兆日元，[27]超過了一千兆元！想想，參議員恩齊如果面對這樣的債務會多驚恐，這麼多零！如果上《時代》雜誌的封面，標題寫著「你欠了一千五百萬日圓」。但是，日本與美國一樣，至少在債務持續性方面還不錯，因為日本是一個發行自己貨幣的政府，擁有中央銀行，可以清償所有到期的付款義務。金融市場無法讓日本陷入債務危機，因為日本銀行可以對抗任何不利的利率變動，從本質上來說，日本銀行也可以僅使用中央銀行的電腦鍵盤就償還全部債務。

世界上大多數先進國家的中央銀行都只把焦點放在設定一種非常短期的利率，稱為隔夜拆款利率，他們嚴格固定該利率，然後允許長期利率反映市場對短期政策利率預期未來走勢的看法，這意味著支付政府長期債券的利率與央行設定的隔夜拆款利率有關。福維勒說：「這代表長期利率是基於『中央銀行』當前和預期接下來的行動。」[28]這使投資人對美國政府支付給美國公債或英國政府支付給金邊債券（gilts）的利率產生一定影響（在英國，政府公債被稱為金邊債券）。但很重要的是，政府始終可以剝奪市場對政府債券利率的任何影響，這正是聯準會在第二次世界大戰期間及之後所做的，也是日本央行今天所做的事情。[29]

在第二次世界大戰期間，為了控制利率，聯準會「致力維持短期國庫券（Treasury bills）利率，釘住低利率為〇・三七五％」，並「間接限制了債券的長期利率為二・五％」。[30]就算赤字激增，國家債務從一九四二年的七百九十億美元攀升至一九四五年戰爭結束時的二千六百億美元，聯邦政府只支付了二・五％的長期公債利息。為了將利率維持在二・五％，聯準會僅需購買大量美國公債，這需要聯準會做出開放性承諾，但要兌現這個承諾很容易，聯準會只需要將準備金（綠色美元）存入賣方帳戶即可購買債券

（黃色美元）。即使在戰後，聯準會仍繼續代表政府釘住長期利率，直到一九五一年，在一項名為《財政部—聯邦準備系統協定》（*the Treasury-Federal Reserve Accord*）的協議中，聯準會協作財政政策才正式結束，聯準會得以獨立操作其貨幣政策。[31]

其他央行逐漸明顯走向協調財政和貨幣政策。[32] 三年多來，日本央行一直在執行一項被稱為殖利率曲線控制（yield curve control）的政策，除了固定短期利率外，日本央行還致力將十年期政府債券（稱為日本政府債券）的利率固定在接近零的水準。為了執行該政策，日本央行大量買進政府公債，在二〇一九年六月就買了六・九兆日元，[33] 由於積極地購買本國債券，日本央行目前持有約五十％的日本政府債券。因此，儘管日本經常被稱作世界上負債最嚴重的已開發國家，但其債務的一半基本上已由中央銀行償還（即還清），而且不是沒有可能百分之百償還。如此一來，在一夜之間，日本就可能成為世界上負債最少的已開發國家。

現代貨幣理論經濟學家對此深有體會，但是似乎沒有多少人意識到，像日本這樣的國家（或其他自行發行貨幣的主權國家）要償還全部的公共債務是多麼容易，明天就可以達成，且不必向納稅人收取一毛錢。

經濟學家艾瑞克・洛納根（Eric Lonergan）似乎是少數了解這一點的人，二〇一二年，他發表了一項思想實驗：「如果日本將百分之百的日本政府公債買斷，會發生什麼事？」[34]這其實就是在問：如果中央銀行償還全部國家債務會怎樣，該怎麼做呢？就和日本央行之前取得債券的方式相同，也就是將錢存入賣方的銀行帳戶。這是個思想實驗，因此洛納根想像日本央行會魔杖一揮來做到這一點。「讓我們假設日本央行明天用銀行準備金（貨幣）買了全部日本政府債券，還清了國家債務。」呼，債務不見了，接著，洛納根問：「這會給通貨膨脹、經濟成長和貨幣帶來什麼改變嗎？」他認為，「買下百分之百的日本政府公債，一切都不會有所改變！」

在某些人看來，這似乎很荒謬，[35]日本央行如何在不加劇通貨膨脹的情況下，憑空生出五百兆日圓？大多數經濟學家都接受某種版本的貨幣數量學說（QTM），死忠擁護這個理論的人，像傅利曼的門徒，可能會大喊「辛巴威！」「威瑪！」「委內瑞拉！」[36]這是因為貨幣數量學說告訴我們「通貨膨脹在任何時間、任何地點都是因為發行過多貨幣的關係。」[37]憑空生出五百兆日幣現金來購買政府債券，馬上讓人想到了惡性通貨膨脹。但是，在金融市場工作的洛納根，有不同的想法，他正確地觀察到，將日本政府公債換成現金不會對民間的資本淨值產生任何影響，現在，投資人不再持有政府債券，而是「持有等值的現金」。雖然資本淨值不受影響，但購買日本政府公債確實會對所得產生影響，那是因為債券附息，而現金不是，當日本央行用現金代替債券時，人民將損失了本應收到的任何利息，因此，政府償清債務會使民間的利息所得減少。考慮到這一點，洛納根問：「如此一來，如果利息收入減少，財產不變，物價下跌，日本家庭還會衝出去買東西嗎？」簡單的答案是：他們不會，更可能的結果是由於政府的債務全部移轉到中央銀行的資產負債表上，物價反而下跌，而不是上漲。對於立即拿走民間所有附息的政府債券，我會三思，但日本政府當然可以這樣做，美國政府也可以做到這一點。[38]

沒有債務的人生？

試想一下，再也不用聽到國會議員因為債務上限提高而戲劇性攻防，甚至造成政府停擺；再也不會有人認為山姆大叔揮霍無度，不但刷爆信用卡，還向中國借錢；再也不用擔心失去進入債券市場的機會，並像希臘一樣被迫違約；再也沒有經濟學家會爭論利率是否夠低，讓債務具持續性；最重要的是，你再也不必想說要怎麼償還名下的國家債務，我們可以馬上撕下保險桿上的那張貼紙。

歷史上，美國的確曾經有過一次零債務，[39]這發生在一八三五年，安德魯・傑克森（Andrew Jackson）擔任總統時，這是美國歷史上唯一一次全額償還公共債務。那是早在聯準會成立之前的事，所以並不是中央銀行吸收了債務，[40]還清債務的方式很老套：扭轉財政赤字，把錢還給債券持有人，但結局不太好。

全部債務花了十多年才還清，之所以可以還債，是因為政府在一八二三年至一八三六年間，出現了財政盈餘，由於政府在這些年徵收的稅款超過了支出，因此政府沒有發行新債，隨著債券到期，政府還清了債務。[41]到了一八三五年，美國已經沒有負債，但也即將步入歷史上最嚴重的經濟衰退之一，事後看來，事情為什麼如此發展其實顯而易見。

財政盈餘把資金從經濟中吸走，財政赤字則相反，只要不要過度龐大，政府赤字支持著人民所得、銷售和利潤以維持良好的經濟，[42]赤字並非必須，但如果太久沒有赤字，最終經濟會陷入撞牆期。[43]創作頗豐的匹茲堡大學公共暨國際事務學系教授弗雷德里克・塞耶（Frederick Thayer）於一九九六年寫道：「美國經歷了六次嚴重的經濟蕭條，每一次都出現在持續的預算平衡時期後。」[44]表一詳細列出了他的發現。

歷史紀錄很清楚，政府每一次大幅償還國債，經濟就陷入蕭條。這難道是一個驚人

表一　美國史上的財政盈餘與減債

債務逐漸償還的年分	債務減少的百分比	經濟蕭條開始的年分
1817–1821	29	1819
1823–1836	100	1837
1852–1857	59	1857
1867–1873	27	1873
1880–1893	57	1893
1920–1930	36	1928

的巧合嗎？塞耶並不同意，他認為，政治人物之所以會有要讓預算產生盈餘的「經濟迷思」，是因為他們錯誤地相信「償還債務在道義上和在財政上都是負責的行為」。[45]從現代貨幣理論的見解中可以看出，政府盈餘其實是將赤字轉移到非政府部門，[46]問題在於貨幣使用者無法無限期承受這些赤字，最終，民間無法應付自己累積的債務，發生這種情況時，支出急劇下降，經濟陷入蕭條。

塞耶的著作發表後，在柯林頓擔任總統期間，美國經歷了另一段財政持續盈餘的短暫時期（一九九八年至二〇〇一年），許多民主黨人士仍然將那段過去看作無上的成就。沒有赤字，山姆大叔在睽違數十年後第一次重返盈餘，盈餘從一九九八年開始，到一九九九年，白宮已經準備好在世紀末（像一九九九年那樣）狂歡。[47]次年，白宮經濟學家開始研究名為「債務後生活」的報告，準備釋出美國有望在二〇一二年之前償還全部國家債務的消息，慶祝一番。

起初，還清債務似乎值得全國大遊行，白宮正準備在總統年度經濟報告中透露這一個消息，但是之後所有人都退縮了，報告中的相關章節被藏了起來。我們會知道，是因為全國公共廣播電台的 Planet Money「獲得了一份政府祕密報告，概述美國政府可能還清全部債務後的潛藏危機。」[48] 所以，白宮沒有大聲放送，反而掩蓋了消息。為什麼？因為白宮擔心消除整個美國公債市場的深遠影響，這就又回歸到許多官員與國家負債之間的愛恨情仇，一方面，白宮本來希望消除國家債務，另一方面，白宮又不能冒險讓全部的美國公債消失。

決策者最擔心的是聯準會失去了實施貨幣政策所依賴的關鍵工具：政府債務。當時，聯準會依靠政府債券來管理短期利率，當聯準會想提高利率時，會賣出一些美國公債，買方使用部分銀行準備金購買這些債券，刪除了足夠的準備金後，聯準會就可以提高利率；[49] 要降低利率，聯準會則採取相反的做法，購買國債並用新的準備金支付。如果沒有國債，聯準會將需要尋找其他方式來設定利率。[50]

最後，問題自己解決了。到了二〇〇二年，財政沒有盈餘，美國不再按期償還國家債務，更不用說償還全部的負債了，二〇〇一年之後，當時支持消費者支出的股票市場泡沫破裂，聯邦預算重新回到赤字狀態，二〇〇一年開始經濟衰退，雖然程度不大，但已經造成了損害。[51]我們會在下一章看到，柯林頓時期的財政盈餘讓民間的資產負債表變糟，放大了金融危機在二〇〇七年到來時所造成的損害。

金融危機改變了聯準會實施貨幣政策的方式。二〇〇八年十一月，聯準會啟動了第一輪稱為量化寬鬆的政策（共三輪），大規模購買債券。[52]聯準會的多重目標中，最希望其計畫能夠藉由降低長期利率來刺激美國經濟。第一輪量化寬鬆結束後，聯準會已經持有約四・五兆美元的債券，其中包括近三兆美元的美國公債。[53]除了使用量化寬鬆政策來降低長期利率，聯準會還改變了管理短期利率的方式。聯準會沒有買賣債券來增加或減少準備金，而是轉向了「更直接，更有效的利率支持方法」，[54]開始用準備金的餘額來支付利息。當前，聯準會只需要宣布即將支付新的利率，就可以隨時調整短期利率。

這意味著時代已經改變。美元不再與黃金掛鉤。美國發行自由浮動的法定貨幣，因此花錢之前無須徵稅或舉債。確實，如第一章所說，S（TAB）模型反映了經濟實際運作的方式。稅收並不是因為用來幫政府支付帳單所以重要；稅收的重要性在於防止政府支出造成通貨膨脹。同樣，債券標售也不是因為讓政府彌補財政赤字所以重要。債券之所以重要，是因為可以消耗過多的準備金，讓聯準會能夠達到利率目標。但是今天，由於聯準會用準備金的餘額來支付利息，所以不再依賴債券實現其利率目標。[55]

那麼為什麼還要保留債券？我們到底該喜還是憂？亞歷山大・漢米爾頓（Alexander Hamilton）認為，國家債務是「國寶」；歐巴馬卻說，國家債務是「不負責任」又「不愛國」的表現？我們到底該珍惜它，還是鄙棄它？

有一件事是肯定的。我們不能以糟糕的方式清償美國公債；一八三五年和柯林頓，都在無法永續的民間赤字上，建立財政盈餘。我們將在下一章看到，這會對我們的經濟造成負面影響。如果我們真的想讓國家債務消失，有很多無痛的方法來解決。最簡單的就是按照洛納根的方法，只需讓中央銀行以銀行準備金，來購買政府債券。這是將黃色美元變回綠色美元的無痛交易，用聯準會的鍵盤即可操作。另一種選擇是逐步停止債券的發行。與其出售債券以耗盡赤字支出所導致的準備金餘額，不如將準備金留在系統中。[56]這樣做也不會影響聯準會執行貨幣政策的能力，因為聯準會再也不需要政府債券來達到其短期利率目標。一段時間過後，所有未償還的債券到期，國家債務也就逐漸消失。[57]

還有另一種選擇，就是學著與之共處，為人們提供一種安全、附息的方式來持有美元，並且沒有固有的風險。[58]如果我們選擇與之共處，那麼我們要知道，所謂的國家債務不過是過往的足跡。國家債務告訴我們曾經，而不是預示未來，記錄了自一七八九年美國政府成立以來，經歷的眾多赤字，包括血腥的世界大戰、多次的經濟衰退，以及好幾千名民選國會議員的決定。[59]重要的不是債務的規模（或債務的持有人），而是我們是否可以自豪地回顧，政府債券之所以存在，是因為我們的民主採取了許多（主要是）積極的干預措施。

如果我們不打算取消債券，那麼我們必須找到一種與國家債務和平共處的方式，也許我們應該幫它換一個名字。國家債務與家庭債務完全不同，因此使用債務一詞只會導致困惑和不必要的焦慮，我們可以將其作為貨幣供給淨額的一部分。我不覺得黃色美元這個名字會流行，但是，不妨一試！莎士比亞的《羅密歐與朱麗葉》中，朱麗葉說了一句名言：「名字有什麼意義呢？」當她得知羅密歐姓蒙特鳩時，她沒有為此煩心。對她來說，「玫瑰換了名字仍然馨香。」俗語說，愛情是盲目的。但在政治舞台上，文字至關重要。現在該為這些附息美元取一個新的名字了。

第四章

他們的赤字是我們的盈餘

—迷思4—政府赤字排擠了私人投資，讓我們變得更窮。

—現　實—財政赤字增加了我們集體的財富和儲蓄。

很多時候，我們被簡單的赤字迷思搞得頭昏腦脹；身邊的人事物叫我們把聯邦政府想成一個家庭（第一章），那個家庭不計後果地過度支出（第二章），用國家信用卡積了一堆卡債（第三章）。這些迷思專門餵給大眾，政治人物掛在嘴邊一派響亮，所以在電視和政治演講中都能引起極大的共鳴，不需要有經濟學背景（或任何其他背景知識）也可以快速吸收訊息。其他迷思比較無法整組打包，快速地傳遞給大眾，它們大多出現在主流經濟學的術語中，主要受到學者和所謂的政策狂熱者的擁護，日常間，我們可能比較少聽到這些迷思，但這不代表它們就沒有危險性，一個經典的例子就是排擠效應（crowding out）。

最普遍的排擠效應迷思如下：因為財政赤字，政府需要舉債，這迫使山姆大叔與其他可能的借款人競爭。當每個人都在爭奪限量的可用儲蓄時，借貸成本就會上升。隨著利率的上升，某些借款人，尤其是民營企業，將無法為其投資籌集資金，這導致私人投資減少，進而讓日後的工廠、機器等數量減少，資本財存量減少的狀況下，勞動生產力降低，薪資無法成長，經濟失去動能，聽起來完全就是個噩耗！

這是一個複雜、牽扯許多理論假說的論述，如果你有聽過，比較可能是在美國公共事務有線電視網（C-SPAN，Cable-Satellite Public Affairs Network）上，而不是福斯新聞

（Fox News）或MSNBC（美國NBC新聞系列頻道的有線電視新聞頻道，譯注：相較於著重政治與公共事務討論的非營利C-SPAN，後兩者為大眾取向的知名一般新聞頻道）。即使我們當中那些非常關注政治的人，也可能一輩子都沒有聽人仔細闡明過排擠效應，但是在華盛頓特區，每個人都在談論。

在國會預算辦公室每年發布廣受大家期待的《長期預算展望》中，排擠效應是必定出場的陳腔濫調，隨便哪一年的版本，都可以找到一個章節概述了排擠效應的論點。二〇一九年的報告這樣描述了財政赤字可能帶來的風險：「長遠看來，預期的聯邦舉債將降低產值。當政府舉債時，是向個人和企業借款，他們的儲蓄本來可以投資在生產資本（productive capital）上，例如工廠和電腦。」[1]

政府預算狂熱分子、學者和華盛頓內部人士把這樣的論述當成一種信仰，用專業術語以及大量圖表和數據，讓論述看起來著實可信，令讀者以為「排擠是一種自動且一定會發生的事」，就像數學上經過嚴格測試的「如果」怎麼樣，「那麼就會」怎麼樣的陳述。如果赤字需要更多的舉債，那麼用於私人投資的儲蓄就會減少；如果儲蓄減少，那麼利率就會上升；如果利率上升，那麼私人投資就會減少；如果私人投資減少，那麼一段時間過後，經濟成長就會趨緩，整個過程像是推倒第一張骨牌，其餘的骨牌就會跟著倒下。

整個故事源於主導公共事務討論的一種主流經濟學。無論是自由派的代表人物，像是《紐約時報》的保羅・克魯曼（Paul Krugman），[2]或保守派的評論家，像是《華盛頓郵報》的喬治・威爾（George Will），[3]都曾引用過這種論述。如果你真的收看美國公共事務有線電視網（C-SPAN），你可能聽過哈佛出身的經濟學家傑森・富爾曼（Jason Furman），在國會面前作證時援引了這一觀點，富爾曼在歐巴馬政府時期在白宮擔任經濟顧問委員會的主席，在二〇〇七年一月三十一日，他出現在美國參議院預算委員會上，敦促國會議員「阻斷赤字」。他將預算前景描述為「壓低國民儲蓄」的「重大財政挑戰」，他警告說，事件的連鎖反應「雖緩慢漸進，但凶狠且無可避免」，最終將損害我們經濟體的健全。[4]

排擠效應把政府赤字看作是阻礙社會進步的壞人，儲蓄被認為是一種美德，因為大家相信儲蓄可以提供燃料，來資助讓社會變得更富裕的各種民間投資，赤字被認為會吸走一些燃料，讓經濟不再繁榮。因此，人們認為財政赤字和私人投資之間存在著緊張的對峙，政府舉債必然會讓儲蓄減少，私人企業的需求於是無法滿足。[5]這是主流經濟學的傳統觀點，看起來簡單且引人注目，但最好把它看作是相信骨牌效應的迷思。

兩個水桶

當富爾曼在二〇〇七年要議員「阻斷赤字流動」時，他預期的財政赤字為一九八〇億美元，約占GDP的一・五%，他鼓勵國會恢復隨收隨付，以防止赤字進一步攀升。他也抱怨「個人儲蓄率是自一九三九年以來的最低點。」他認為，赤字正在「減少國民儲蓄」。他完全把事情前後顛倒。

要了解原因，請想像兩個水桶，一個屬於山姆大叔，另一個則屬於我們其他人，也就是山姆大叔以外的全體。這是一種思考任何經濟體中，美元如何在兩個部門間來回流動的簡單方法，一邊是政府部門，另一邊則是非政府部門。

我從倡導部門收支架構（sector balance framework）的英國經濟學家溫恩・郭德里（Wynne Godley）那裡學到這樣思考的方法。在一九九七年，我剛剛獲得了為期一年的研究獎助，讓我前往列維經濟研究院（Levy Economics Institute，一個位於紐約哈德遜河谷的智庫）研究，我在那裡遇見了郭德里，我當時還在讀研究所，但是我有幸和他的辦公室相鄰，我們常一聊就是好幾個小時。

郭德里語氣柔和，但情感真摯。他吹奏雙簧管（通常在他的辦公室裡），並受過成為職業音樂家的訓練，他一生大部分時間都住在英國，在擔任皇家歌劇院總監（一九七六年到一九八七年）之前，他曾在ＢＢＣ威爾斯交響樂團擔任雙簧管首席。他的另一項專長是經濟學，在英國財政部長期工作後，他轉任到劍橋大學，在那裡他成為應用經濟學系主任，他曾是輔佐英國財政大臣的「七位智者」之一，在英國經濟圈中是一位備受推崇的人物，他似乎總是能夠預見經濟的發展方向，《倫敦時報》稱他為「當代最有見地的總體經濟預測家，儘管常常背離主流。」[6]他去世三年後，《紐約時報》刊登了一篇標題為「經濟學家溫恩・郭德里：建立危機模型的經濟學家」的文章，向他致敬。[7]

郭德里移居紐約兩年後，我有幸來到了列維經濟研究院。他身材高瘦，一頭細白的頭髮，在他為論文草稿找尋最好的字句時，總是任意往後一撥。郭德里和我一樣研究總體經濟學，但他對經濟的思考方式似乎完全原創，他建立了自己的總體經濟模型，用來分析美國經濟。有一天早上，他請我坐下，以他的模型模擬政府支出增加的影響，他說：「你知道嗎，每筆支出都必須來自某個地方，然後付到某個地方。」

郭德里著迷於建立任何細節都不遺漏的模型，他的模型裡，充滿行列，構成巨大矩陣，以連接經濟中的各變數。他告訴我，這是他可以考慮系統中每筆財務款項的唯一方法，每次經濟體中某人付款時，都必須由某人收取，這就是他說一切都必須來自某處，然後付到某處的意思。他建立了一些非常複雜的模型，但他似乎認為最有用的模型是被他稱為「世界一次方程式」的模型，這和我在研究所學到的任何模型都不一樣，郭德里的模型並非架構在猜測上，內部也沒藏有任何行為假設。事實上，這不能算是一種經濟模型，而只是一個簡單的會計方程式，在所有情況下皆可適用。

我們不需要複雜的矩陣來了解郭德里最簡單的模型，它只包含兩個部分：政府的財政平衡和我們的，既然遊戲中只有兩名玩家，山姆大叔和我們其他所有人，因此可以推斷政府支付的每筆款項都只有一個地方可以去；同理，政府收到的任何款項只會來自同一個地方。這是一種簡單但有效的方法來思考政府財政收支（也就是政府的盈餘或赤字）如何影響我們，而且，這個方法顯示為什麼從第一張骨牌開始，排擠效應就搞錯了。

算式如下：

政府財政餘額＋非政府財政餘額＝零

因為這不是理論，所以並不依賴現實世界中不存在的任何假設，這是一個鐵定的會計方程式，始終提供準確的事實陳述，可以把它看作是牛頓第三運動定律的某種衍生解釋，該運動定律指出「在任何運動中，都有作用力與反作用力」。在郭德里的模型中，我們可以看到，在經濟某一部分中存在的每一分赤字，在另一部分中都存在對等的盈餘，不可能有其他可能。如果經濟某部分所支付的美元多於所得到的美元，那麼另一部分肯定會獲得同樣多的美元，在每個減號（－）的另一側都有一個對等的加號（＋），將相同的方程式換句話說，郭德里認為：

政府的赤字＝非政府的盈餘

這是非常強大的創見，給了過於簡單的排擠效應致命一擊，要了解原因，讓我們用更簡單的語言來解釋郭德里的模型。我們只需要兩個水桶，我們的目標是觀察排擠效應聲稱的政府赤字會不會吃掉我們部分的儲蓄。首先，讓我們看看財政支出如何在我們經濟的兩個部分之間移轉，假設政府為總統車隊花一百美元購買了一批新車，這些車輛由經濟中非政府部門的勞工和企業生產，政府花費的每一塊美元都必須去某個地方，也只有一個地方可以去：非政府部門的桶子裡，我們同時假設我們其餘所有人的集體稅賦為

圖三　當政府出現財政赤字

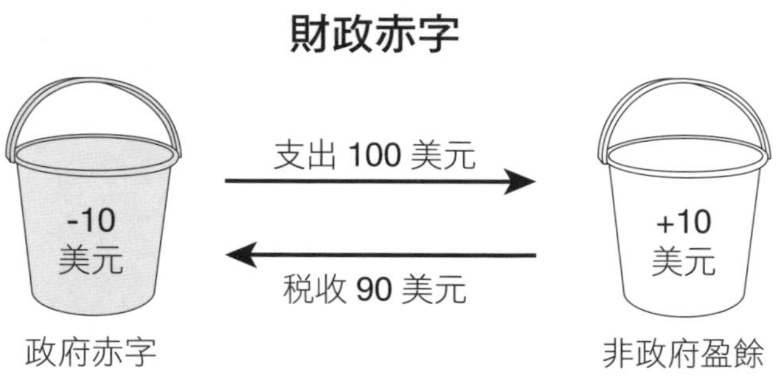

九十美元。

如果車隊支出是山姆大叔支付的唯一款項，而這筆稅款是他唯一的收入，那麼國會預算辦公室將報告政府出現財政赤字，並且將在年度預算報告中記錄負十美元。但等等！這不是全部發生的事情，政府的財政赤字，反映在經濟中非政府部門相等但相反的財政盈餘，山姆大叔的赤字是我們的盈餘！看看錢的流向：一百美元存入我們的水桶，九十美元以繳稅的方式退還給政府，我們的水桶裡還剩下十美元，每筆財政赤字都是非政府部門水桶的財務貢獻。

郭德里堅持細節，他說他的模型具存量和流量的一致性（stock-flow consistent），這是用比較花俏的方式來解釋，隨著時間，流入我們桶中的所有財務貢獻，最終都會儲存成我們一定會累積的美元資產；換句話說，每次資金流出都必須成為資金流入，並且隨著時間過去，這些流量必須累積成相應的金融資產存量。要理解這一點，請想想你的浴缸，打開水龍頭時，水會流入浴缸，拿開塞子時，水會流出浴缸。如果水流出的速度與流入的速度一樣快，則浴缸將永遠不會存下任何的水，但如果加水的速度快於排水的速度，水位會上升，浴缸會漸漸變滿。這就是圖三中發生的情況，政府讓一百美元流入我們的水桶，然後拿走了九十美元，富爾曼埋怨的赤字反而讓我們的水桶充滿了美元。財政赤字不會耗盡我們的儲蓄；反而增加了！

如果山姆大叔繼續以這種速度支出，並增加赤字，他每年向我們的桶中投入十美元，幾年過後，這些美元累積下來，變成我們的金融財富，以這種速度，從現在開始的十年後，我們最終將有一百美元的儲蓄。等一下我們會談到舉債，但是首先讓我們考慮一下，如果國會聽從富爾曼的建議，消除預算赤字，並按隨收隨付執行預算，將會發生什麼，如下頁圖四所示。

藉由讓支出與稅收保持一致，可怕的赤字消失了，但出現了什麼？非政府部門失去了財務盈餘，雖然這也可能是個很好的結果。請記得，現代貨幣理論要我們關注經濟成果，而不是預算成果，因此，如果平衡的預算能夠為我們的經濟提供良好的總體條件

圖四　當政府預算平衡

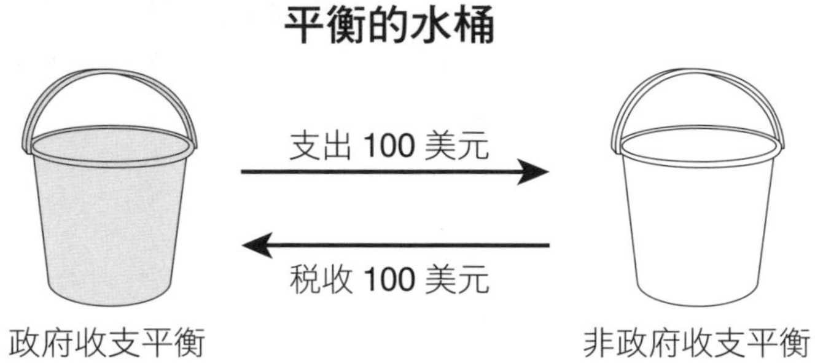

（充分就業和物價穩定），那麼就毫無理由抱怨政府平衡了帳目，但在大多數情況下，我們的經濟需要財政赤字的支持才能保持平衡，重點是要防止赤字變得太過龐大或太小。

如同在第二章看到的，支出過多或稅收不足都會導致問題，想像一個極端的情況：政府允許我們把政府投入的每一分美元，都留在我們的水桶中，政府從不徵稅，這就像塞住浴缸的排水孔，讓每一滴支出都積存在我們的水桶中，不久之後，浴缸會裝滿水，我們的經濟會過熱，由於水桶中太多水，通貨膨脹馬上出現。適當規模的赤字提供經濟恰到好處的支持，讓經濟穩定成長又不加劇通貨膨脹。

赤字可能太大，但也可能太小。我們最後再用一次兩個水桶來檢視大受歡迎的柯林頓盈

圖五　當政府出現財政盈餘

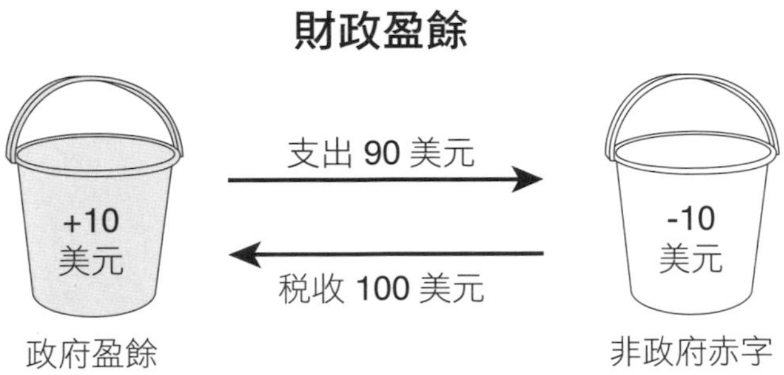

餘（一九九八年到二〇〇一年間），一九九八年以前，政府一直存在赤字，突然間情況逆轉，資金不再從山姆大叔的水桶流向我們的水桶，而是反方向發展，如圖五所示，山姆大叔為正，而我們為負，我們可以用簡單的數字來說明。為了讓山姆大叔產生盈餘，在一九九八年，政府必須向我們徵收一百美元的稅金，但只支出九十美元到我們的水桶裡，山姆大叔唯一能徵收比現在支出更多錢的方法，就是拿回部分他前幾年提供給我們的資金。

我們再次消除了政府資產負債表上令人恐懼的赤字，山姆大叔現在確實出現了盈餘，但是，請暫時還不要打開香檳。還記得嗎，每筆盈餘的另一面，都是同等規模的赤字，這意味著政府的盈餘變成了我們的赤字！柯林頓的盈餘迫使我們犧牲了我們存在水桶中的部分美元。排擠效應的說法前後顛倒，耗盡我們儲蓄的是財政盈餘，而不是財政赤字。

為什麼很少有經濟學家會指出這一點呢？國會預算辦公室發布年度預算展望時，只說了一半的故事，預算辦公室報告了政府當前的（和預計的）財政收支狀況，但不願指出這些數字對另一個水桶來說是什麼意義。這讓政治人物和學者權威有了可以恐嚇民眾的數據（龐大到令人震驚的赤字數字），但對於這些赤字如何必然影響我們的財務平衡，報告中毫無解釋。國會預算辦公室只從他們的位置看待財政赤字，以單方面的資訊轟炸大眾，例如，二〇一九年七月，《紐約郵報》編輯群在社論專欄刊登了一篇標題為「受上兆美元赤字所困的未來」的專文，[8]在前一年，《華爾街日報》也有一篇類似標題的文章：「為什麼上兆美元的赤字可能成為新常態」。問題在於沒有人願意向讀者說明事件的全貌，政府的財政展望被視為全部，當然情況並非如此。

為了改進公共論述，我們需要像赤字貓頭鷹一樣思考，我們在第三章中提及鷹派和鴿派花太多時間在談論赤字本身，而沒有幫助公眾了解赤字對我們其他人的意義，要查看全貌，必須能夠從另一個角度來看款項流動的過程。這就是為什麼赤字貓頭鷹是一隻能洞悉預算的鳥，貓頭鷹的活動範圍很廣：它的頭可以三百六十度旋轉，看到別人看不到的東西，需要看到全貌時，是個極度好用的傢伙。

郭德里是隻赤字貓頭鷹，這就是為什麼在一九九八年，當政府預算開始出現盈餘時，他能發現其他人無法發現的問題，在民主黨和絕大多數經濟學家為柯林頓的盈餘歡呼的時候，郭德里敲響了警鐘。[9] 因為他的模型沒有漏掉任何東西，所以他能夠看到政府的盈餘正在吸走我們部分的儲蓄，當總統的經濟顧問委員會忙著草擬惡名昭彰的「債務後生活」報告，[10] 郭德里發表的論文聚焦在幾乎所有人都忽略的民間赤字，幾乎只有他預測到柯林頓的盈餘會破壞復甦，並最終使聯邦預算回到赤字。[11] 這是因為政府的財政盈餘將金融財富從我們其他人手中奪走，減少我們的消費能力，讓我們無法繼續支持我們的經濟發展。

郭德里的方法顯示，從純粹的財務角度來看，每筆財政赤字對某人都是有益的，那是因為政府赤字總是與非政府部門中的財務盈餘相匹配（一分錢等於另外一分錢），從總體經濟（全貌）看來，山姆大叔的赤字始終是我們的盈餘。當他花在我們水桶裡的錢多於他要求的稅金時，我們就可以將這些錢累積起來，作為我們金融財富的一部分，但我們究竟是誰？

從三萬英呎的高空往下看，我們知道的是這些錢流入了一個巨大的水桶，包括每位不叫山姆大叔的人，你我都在其中，像波音公司和卡特彼勒公司（Caterpillar，譯注：美國工具機大廠）這樣的公司也都在我們身邊，我們的貿易夥伴（中國、墨西哥、日本等）也在那裡。甘迺迪總統喜歡說「漲潮抬起了所有船隻」，他的意思是當我們的經濟好轉時，我們所有人都會受惠。郭德里的模型顯示，美國的政府財政赤字將永遠抬起這艘集體的、非美國政府的（金融）船，但漂浮在那個大水桶中的所有個體小船呢？

財政赤字有能力抬起數百萬艘小船，但山姆大叔赤字帶來的好處往往並未在整個經濟中廣泛共享，不符比例的減稅造福了大企業和社會上最富有的少數人，財富集中到他們的水桶裡，而數百萬的家庭卻載浮載沉。如果目標是實現全體的共同繁榮，那麼我們需要可以更公平分配資源的財政赤字，例如，對醫療保健、教育和公共基礎設施進行投資，不僅讓從事這些工作的醫療專業人員、教師和建築工人獲益，也能讓患者、學生和駕駛得到更好的公共服務；[12] 而當財政赤字幫助中低收入戶時，這些美元也不會積蓄在岸邊的銀行帳戶中，他們會把錢重新投入經濟，幫忙和他們一樣的家庭，讓彼此的船都不會沉沒。

關鍵在於並非每個赤字都能產生廣泛的公共利益。赤字可以行善，也可以為惡，可以使一小部分的人口富足，將有錢有勢者的遊艇升高到新的高度，然後將數百萬的小船拋在腦後；可以資助不公不義的戰爭，破壞世界的穩定，並造成數百萬人喪生；但赤字也可以被用來維持生命，並打造為多數人而不僅僅是少數人服務的公正經濟。赤字沒有辦法做到的事，是吃掉我們的集體儲蓄。[13]

利率是可以改變的政策

排擠效應源於我們第一章介紹的（TAB）S模型，該模型將山姆大叔視為貨幣使用者，必須藉由徵稅或舉債來為其支出提供資金，如果希望支出（S）超過預期的稅收（T），那麼他必須藉由舉債（B）來彌補短缺（即赤字）。傳統經濟學家（鷹派和鴿派）認為，如果政府用舉債來彌補赤字，那麼就會用掉一些本來可供私人公司和其他借款人使用的儲蓄，接著，如果儲蓄減少，那麼隨著借款人可借的資金不斷減少，利率就會上升，使得借款成本上升。

我們已經看到赤字支出增加了我們集體的儲蓄，但如果山姆大叔的赤字是由舉債產生的？這會吃掉我們的儲蓄並迫使利率升高嗎？答案是不會。

金融排擠效應要我們想像供人借用的儲蓄只有固定的量，先想像在世界某個角落，有一座美元堆起來的高山，現在想像一下，這些錢是由儲戶存放的，這些儲戶有錢但不願花光，儲戶將這些資金提供給借款人，但借款人要付出一定的代價，儲戶從他們借出的錢中賺取利息，而借款人則向儲戶支付使用這些資金的利息，這是一個簡單的供需關係，利率在資金需求和可用的供給之間取得平衡。在沒有政府赤字的情況下，所有需求都來自民間借款人，這些可貸資金仍存有競爭，但企業僅與其他私部門者競爭這一部分可用的資金。[14]在沒有山姆大叔參與競爭的情況下，所有儲蓄都用於籌集私人投資，但如果政府預算陷入赤字，山姆大叔會需要其中一部分的現金，結果，可用於私人投資的資金供給減少，借貸成本上升了，會造成有些企業無法融資。這實際上並不是政府的赤字，而是因借貸產生的赤字，被認為會推升利率並產生排擠效應。

這叫做可貸資金理論（loanable funds）。現代貨幣理論拒絕這樣的說法，並不認為借貸受限於少量的金融資源，現代貨幣理論經濟學家福維勒說，「傳統分析完全不符合現代金融體系的實際運作」。[15]為了弄清楚原因，讓我們仔細研究一下聯邦政府根據其赤字支出來標售債券時的實際情況，既然現代貨幣理論知道聯邦政府的預算不會像家庭那樣運作，因此我們不同意（TAB）S模型，而改用貨幣發行人的S（TAB）模型，此模型顯示政府不受收入限制（像家庭一樣），因此它可以先行支出，然後再來徵稅或

圖六　當政府出現財政赤字

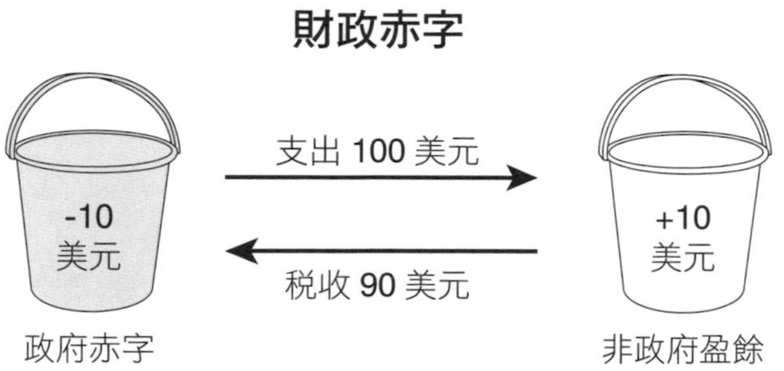

舉債。假設國會批准一百美元的新支出。當政府開始付款時，這些錢就會流入非政府部門，讓我們再次假設我們需要繳交九十美元的稅。

如圖六所示，政府赤字將十美元存入了非政府部門，如果這一切都發生了，那麼這些美元將僅僅是數位貨幣或實質貨幣的形式，也就是綠色美元（回想一下我們在第一章中談到的綠色美元，綠色美元以銀行準備金、紙鈔或硬幣的形式存在）。如果政府只是讓我們持有綠色美元，政府就可以容許財政赤字存在，而不發行政府債券，也就不會（不幸地）持續增加我們所謂的國家債務，但這不是目前運作的方式。根據目前的安排，只要有財政赤字，政府就會出售美國公債，這通常被稱為舉債，但如我們在第三章中了解的那樣，這並不恰當。那是因為政府自己的赤字提供了購買債券所需的美元，為了將其十美元的赤字與發行的債券相匹配，政府只需從我們的水桶中取出綠色美元十元，然後替換成黃色美元（美國公債）十元，如圖七所示，政府從非政府部門中移走了綠色美元，並用附息的政府債券代替。

整個過程結束後，山姆大叔支出到我們的水桶中（S）一百美元，徵收九十美元的稅（T），並將剩餘的十美元變成所謂的美國政府債券（B），也就是黃色美元，這些債券現在已成為國內外儲戶所擁有財富的一部分。郭德里的模型顯示，政府赤字總是讓非政府部門持有的金融資產淨額，有一美元兌一美元的增長，[16]這不是一個理論，也不是個人意見，這只是存量和流量一致的會計，一個冰冷的現實狀況。

因此，即使政府舉債，財政赤字也不會減少美元儲蓄，如果這不會發生，那麼也不會有所謂美元儲蓄減少而導致借貸成本的上升，很顯然地，這和傳統的排擠效應說的不同：排擠效應聲稱政府支出和私人投資會競奪有限的儲蓄。

所以，可貸資金理論與現實並不相符，因為聯邦政府不是貨幣使用者。當我們拒絕這種幼稚的看法時，我們會看到像美國這樣的國家既不依賴舉債來為自己籌集資金，在出售債券時也不會受到私人投資者的擺布。[17]山姆大叔不是個拿著帽子、到處尋找資金才會有錢花的乞丐，他是個實力雄厚的貨幣發行人！他可以選擇舉債（也可以不要），

圖七　政府「舉債」

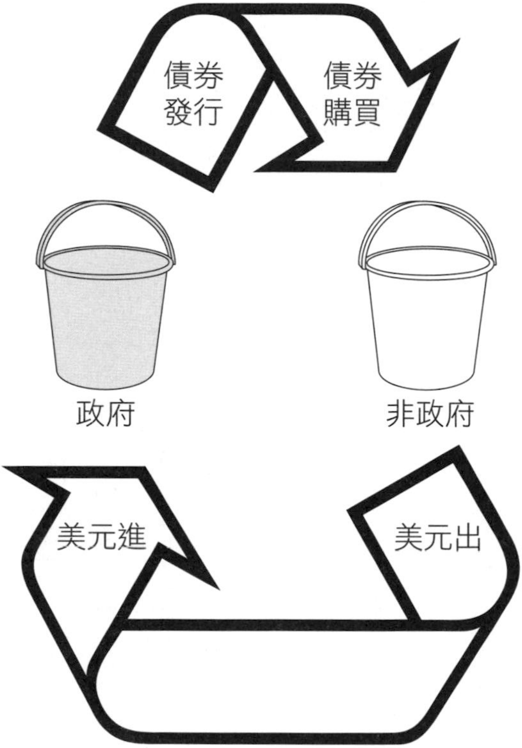

國會也始終可以決定對發行的任何債券支付多少利率。並非所有國家都是這樣，但擁有貨幣主權的國家就是如此。[18]

這個區別非常重要，因為傳統的敘述中仍有一個事實，就是預算赤字會迫使利率升高，但我們這樣說時必須要很小心。透過關注貨幣制度和赤字融資的實際機制，現代貨幣理論幫助我們不至於草率定論，最重要的是，一個國家是在什麼貨幣體制下運作。與希臘、委內瑞拉或阿根廷不同，擁有貨幣主權的國家不受金融市場的支配，要了解原因，讓我們仔細看看像美國這樣的貨幣主權國家，出現財政赤字時會發生什麼。

現代貨幣理論顯示，美國政府藉由將準備金存入私人銀行來進行支出，而私人銀行的準備金又存入了接受政府付款的銀行帳戶，如果你存入山姆大叔給的一千美元支票，你的銀行在聯準會的存款帳戶會獲得一千美元，你自己的個人銀行帳戶也會獲得一千美元。如果你付錢給聯邦政府，就是相反的過程，例如，如果你寫了一張五百美元的支票來繳納聯邦所得稅，則你的銀行將從你當前餘額中減去這筆錢，而聯準會將從該行的銀行準備金中減去五百美元。當政府的支出超過稅收時，就會使銀行系統擁有大量的銀行準備金，換句話說，財政赤字增加了準備金餘額的總供給。

接下來發生的事完全取決於政策的響應，政府可能會像現在一樣選擇舉債，用美國公債代替新出現的準備金餘額，這樣做可以使政府在不改變銀行系統準備金數量的情況下，實現財政赤字。從現代貨幣理論的角度看來，發行債券的目的不是「資助」已經發生的政府支出，而是防止大量的準備金將隔夜利率壓低至聯準會的目標利率以下，[19]發行債券完全出於自我意願，國會總是可以選擇以不同的方式行事。[20]

由於擁有貨幣主權，美國在舉債和管理利率方面有許多選擇，可以嚴格控管短期利率，讓金融市場對長期借貸成本有某種程度的影響，這就是今天美國的作法。或者，政府可以選擇控制長期借貸成本，美國在第二次世界大戰期間和之後就是這樣做，這也是今天日本銀行的處理方式。政府甚至可以完全捨棄美國公債，讓排擠效應完全站不住腳，也讓利率上升與政府舉債完全脫鉤。關鍵是，赤字不會產生固有的排擠效應風險，可貸資金理論完全錯誤，財政赤字（無論是有債券出售或無債券出售的情況下）並不代表利率一定會上升。

要了解原因，讓我們簡要看一下現在是如何運作。如今，無論什麼時候出現財政赤字，美國財政部都會發行所謂的無風險債券，從某種意義上來說，所謂的無風險，是因為只要債券以政府自己的會計單位計價，發行貨幣的政府就可以兌現承諾，償還債券持有人。日本可以隨時償還日圓，美國可以隨時支付美元，英國政府也始終可以履行以英鎊計價的任何付款義務，在這些國家（及其他國家）中，聯邦政府採用了自己的程序將政府債券交由私人買家。

美國依靠一種拍賣系統將債券出售給私人市場，每當聯邦政府預期出現財政赤字時，財政部就會提供與預期赤字等值的政府公債，財政部官員決定發行多少債券，市場參與者（即投資人）競標有限的供給。初始的交易發生在所謂的初級市場（primary market），在該市場中，某些類別的買家（稱為公債主要交易商）負責競標這些債券。公債主要交易商被定義為紐約聯邦準備銀行的交易對手，目前有二十四個，包括像富國銀行（Wells Fargo）、摩根士丹利（Morgan Stanley）、美國銀行（Bank of America）和花旗集團（Citigroup）這些熟悉的名字。在初級市場標售成功之後，美國公債可在次級市場上交易，在這裡，債券轉手到老人年金、避險基金、州政府和地方政府、保險公司、國外投資者以及其他人手上。政府債券的利率來自這種競爭性的招標過程，公債主要交易商在每次拍賣中，為全部供給的債券進行招標來「製造市場」。[21]

如果政府預計會出現二千億美元的財政赤字，財政部會以此金額發行債券，進行標售，[22]在每次拍賣之前，財政部官員會決定標售日期、標售規模、債券面值、到期日。[23]在二千億美元債券標售中的一部分，政府官員可能會發行一批十年期國庫券，每張面額為一千美元，標售開始時，每個公債主要交易商競標總量中的份額，其中一名交易商可能表明願意購買一定數量的債券，前提是這些債券每年可以有二十美元的利潤，另一名交易商可能出價十八美元，還有別的交易商可能出價每年二十二美元的利潤，每個出價都隱含著報酬率。在這個例子中，這些公債主要交易商分別尋求二%、一・八%和二・二%的報酬率。如果尋求二十美元的交易商在標售中勝出，聯準會將向他們收取適當數量的銀行準備金，並將國庫券存入他們的帳戶中，這些國庫券在接下來的十年間，每年支付二%的利息，[24]十年後，這批公債中的每張國庫券，都會產生二百美元的利息收入。[25]

主要交易商必須以合理的價格出價，但不必提交相同的出價，如果他們認為二%的價格太低，則可以提交較弱的出價來嘗試獲得更高的收益，但較弱的出價會降低贏得標售的可能。有一個古老的小技巧可以讓人了解債券收益率（利率）和債券價格之間的關係，需要用到你的大拇指，請豎起大拇指，代表投資者的大量需求。競標愈激烈，價格愈高，債券價格與債券收益率之間為反比關係，因此，如果債券價格上漲，表示利率下跌，當主要交易商願意以低利率購買時，政府不必花那麼多錢舉債，當交易商提交較弱的出價時，代表他們要求較高的報酬，如果大家普遍出價較弱，那麼財政部最終可能要支付比公告時預期的更多。

實際上，公債標售總是超額認購，這意味著出價總是有比要出售的債券還多。前美國財政部副部長法蘭克・紐曼（Frank Newman）告訴我：「對債券的需求總是比每次標售中新發行的有限供給多，標售時的獲勝者可以將資金投入到最安全、流動性最強的美元工具中；失敗的一方則不得不讓資金留在銀行裡，承擔銀行風險。」[26]由於是供不應求，因此相對較弱的報價，可能就會空手而歸；最強的競標者可以將其部分準備金換成美國公債。為了區分獲勝者與失敗者，政府將出價由高排到低，最強的出價（即最低的利率）始終會獲勝，下一批由出價次高的人獲得，依此類推，直到全部債券賣出為止。

這聽起來像是排擠效應想像的可貸資金理論的市場，但其實不是，公債主要交易商的初級市場是聯邦政府專門為新發行的政府債券而建立的真實市場，[27]換句話說，政府創建初級市場的唯一目的是讓美國公債接下來可以私下交易，作為其財務運作的一部分。山姆大叔沒有進入市場與借款人競爭，是二十四個相互競爭的公債主要交易商（貸方）彼此競奪標售債券，每次拍賣都涉及財政部和聯準會之間的協調。這代表即使是龐大、沒有預期到的財政赤字，也永遠不會構成任何融資問題，那是因為聯準會支持著公債主要交易商，基本上如果過程中出現任何麻煩，聯準會都將確保主要交易商擁有他們所需的全部資金，讓他們能夠在標售中進行合理的投標而獲利。有了這些安排，很明顯的是政府債券的利率是一種政策選擇，而不是貸方對聯邦政府施加的任何壓力。

那麼，赤字與利率之間究竟是什麼關係呢？一方面來說，有一個無可爭辯的答案，赤字使隔夜拆款利率下降。在一個沒有債券標售或中央銀行沒有採取其他防禦措施的世界裡，赤字會讓短期利率降至零，那是因為赤字支出讓銀行系統充滿了過多的準備金，而準備金供給的大幅增加將使聯邦基金利率降至零。[28]如果中央銀行不想接受零利率，那麼必須採取一些措施，讓利率升高至正利率，從歷史上來看（二〇〇八年以前），央行透過執行公開市場操作，標售美國公債以消耗準備金，直到利率升至聯準會宣告的目標。現今，聯準會直接宣布它要達到的利率目標，如果要調整利率，聯準會只是宣布一個新的目標，然後就直接將利率調升或調降，關鍵在於，如果聯準會不採取任何明確的干預措施，財政赤字自然會導致短期利率降至零。[29]

那其他利率呢？作為主要交易商，就像擁有下金蛋的鵝，因為在財政部的財務運作中，主要交易商占據了貨幣機制裡的特殊位置，所以保證獲利。任何主要交易商都不希望損害這個特權，為了保持良好的信譽，他們所要做的就是合理地出價，以便在每次標售中贏得他們的公債份額。合理是個關鍵詞，這代表交易商需要提交與當前利率非常接近的報價，而這個利率本身很大程度上受到聯準會政策上的約束，因此，儘管主要交易商正式出了價，表達期望的報酬率，但最終仍必須接受的利率很大程度上不在他們能控制的範圍內。如果環顧全球現狀，這一點變得更加明顯：大約三分之一的全球政府債券市場名義上以負利率交易，這是因為日本銀行、歐洲中央銀行、瑞典國家銀行、丹麥國家銀行和瑞士國家銀行都將短期利率設定為零以下。

政府向非政府投資人舉債，讓人（誤）以為政府依靠儲戶融資，而金融市場可以迫使政府按照私人貸方設定的條件借款，實際情況並非如此。發行貨幣的政府無須為了支出向任何人借錢，即使借了，也可以有實質的影響力決定到底要支付這些債券多少利息，主要交易商可以發出希望提高利率的信號，但如果聯準會想要低一點的利率，總是可以調降。在精明的投資圈中有一句行話：「不要和聯準會爭。」如果聯準會決心調降利率，那麼最好為低利率做好準備，如果投資人堅持要和中央銀行對賭，注定會有財務上的損失。其中，一個最引人注目的（壞）交易就是凱爾・巴斯的投資，巴斯確信日本政府債務已經無法維持，因此他賣空日本公債，當投資人做空政府債券時，他們賭債券價格會下降（價格下降），而收益率（利率上升）會上升，巴斯（還有其他和他一樣的人）因為這種交易策略而損失了巨額資金，做空日本國債被稱為寡婦製造交易，因為很少有投資人倖免於難。

雖然大多數經濟學家不這麼認為，但財政赤字和利率之間根本就沒有預先確定的關係，如果中央銀行承諾保持利率不變或調降利率，那麼財政赤字也無法像傳統排擠效應所想像的那樣，迫使利率上升，有一段小歷史可以證明這一點。

在一九四二年到一九四七年間，聯準會奉財政部指示，積極管理政府的舉債成本。即使在第二次世界大戰期間的支出，讓聯邦赤字在一九四三年超過GDP的二十五%，利率仍趨於低點，那是因為聯準會釘住短期國庫券利率為〇・三七五%，二十五年期債券的利率為二・五%。現代貨幣理論經濟學家藍道・雷伊說，「政府得以央行選擇執行的任何利率『舉債』（向公眾發行債券），對央行來說，釘住短期政府債券的利率相對容易，央行隨時都準備好以固定價格無限制地買回，這正是聯準會在一九五一年以前在美國所做的：為了替代超額的準備金，提供銀行附息的工具，但利率非常低。」[30]

一九五一年的《財政部—聯邦準備系統協定》終止聯準會代表美國財政部管理利率，但聯準會的權力並未因此被剝奪，我們的確看到當赤字飆升，聯準會仍保有調降利率的能力，這對任何在過去十年內有隨意觀察聯準會政策的人來說都顯而易見。在二〇〇八年美國經濟觸底後，預算赤字猛增，超過了GDP的十%，隨著赤字上升，聯準會將隔夜拆款利率降至零，並連續七年保持在零利率；此外，聯準會進行了三輪的量化寬鬆，購買了美國公債和不動產抵押貸款證券，讓聯準會也可以使長期利率下降。任何告訴你財政赤字一定會讓利率升高的人，都忘記第二次世界大戰的歷史，也忽略了最近的經歷，而且這些現象不僅僅只發生在美國。

自二〇一六年以來，日本央行一直明確鎖定其殖利率曲線，[31]這表示日本央行不僅在控制隔夜拆款利率（如聯準會在美國的做法），而且還實質上設定了長期利率，這種做法被稱為殖利率曲線控制，控制十年期政府債券的殖利率。如今，日本央行致力於將十年期利率保持在零左右，透過收購任何所需數量的債券，為了讓殖利率無法升到零以上。為了達到低利率，這有點類似量化寬鬆，但殖利率曲線控制是一種更強有力的操作，因為日本央行在任何時間收購的債券數量並不會提前確定，殖利率曲線控制是為了控制目標利率（價），而不是設定購買一定數量的債券（量）。日本央行的政策清楚顯示，即使政府借款增加，日本央行仍可以設定短期和長期利率，透過行使其作為主權貨幣發行人的權力，日本可以完全避免可貸資金理論中所想像的那種利率壓力。

並非每個國家都有這種權力，如福維勒的解釋「對經濟政策的影響對擁有貨幣主權的國家而言是種典範轉移（整體認知改變）。」簡而言之，在那些以本國主權貨幣舉債的國家裡，排擠效應並不通，[32]對於美國、日本、英國和其他貨幣主權國家，國債的利率是個政策可變數，作為貨幣發行人，它們不需要借自己的貨幣來消費，債券的發行與標售完全出於自願，任何政府選擇提供的債券的支付利率也都是一種政策選擇。[33]但對於缺乏貨幣主權的國家而言，情況並非如此。

像希臘和義大利，還有歐元區其他十七個成員國，為了使用歐元而放棄了主權貨幣。由於無法發行歐元，成員國政府必須透過出售債券來彌補財政赤字，這表示要找到願意放棄歐元以換取政府債券的投資人，問題在於，一旦這些國家答應以自己無法發行的貨幣償還債券持有人，向這些國家提供貸款就具有極大的風險。這在二〇〇八年金融危機之後，變得特別清楚，全球經濟衰退讓希臘和其他歐元區國家出現預算嚴重赤字，為了彌補赤字，每個國家都必須在市場上尋求資金，就如同排擠效應所想像的那樣，各國政府別無選擇，只能在非政府的金融市場上舉債，而且還需應允市場的需求以確保獲得所需的資金。投資人理所當然會擔心貸款給無法保證還款的政府，為了擔保他們承擔的額外風險，金融市場要求愈來愈高的利率，沒過多久，一場全面的債務危機就爆發了。在希臘這個債務危機的代表國家，十年期政府債券的利率從二〇〇八年九月的四・五％，飆升至二〇一二年二月的近三十％，最終，貨幣發行人，也就是歐洲中央銀行伸出援手，利率才急速下降。[34]

以自己無法發行的貨幣舉債，使歐元區國家承受了傳統排擠效應中所預見的那種利率壓力，當國家將本國貨幣採金本位制，或將其與其他貨幣掛鉤時，也就是固定匯率，也會發生類似的情況。例如，俄羅斯和阿根廷曾經承諾以固定匯率將其本國貨幣（分別為盧布和披索）兌換為美元，問題是，為了釘住匯率，政府必須放棄對利率的控制。

這是在俄羅斯發生的事情，你可以持有本國貨幣，也就是盧布，也可以要求中央銀行將盧布兌換成其他貨幣，你可以按固定匯率將盧布換成美元，或你也可以用盧布購買俄羅斯政府債券（GKO）。如佛斯塔特和莫斯勒所觀察到的，「可以將政府債券與換匯『轉換為美元』視為兩種彼此競爭的選項。」[35]只要大多數人願意持有盧布或俄羅斯政府債券，一切就相安無事，俄羅斯政府可以同時發行貨幣和債券。但是到了一九九八年，所有人突然都想要美元，造成一場混亂，隨著對俄羅斯政府債券需求的蒸發，債券價格暴跌，殖利率急速上升，如果希臘政府是無力防止舉債成本激增，固定匯率的國家則是犧牲了對利率的控制。從現代貨幣理論的角度來看，「這解釋了在固定匯率制度下，即使赤字會破壞固定匯率制度，但這些具有違約風險的政府需要支付高利率，這和像日本這樣的國家形成鮮明對比：在浮動匯率制度下，政府可以輕易地將利率保持為零。」[36]

結論很簡單：貨幣制度很重要，排擠效應只適用在現在已經不存在的世界，但傳統的經濟學理論仍將骨牌效應看作是赤字支出的必然結果，事實是其適用性有限。正如提摩西・夏普（Timothy Sharpe）所說，「金融上的排擠理論最初是在可兌換貨幣體系的背景下提出並進行分析的，即金本位制和布列敦森林體系固定匯率協定（一九四六年到一九七一年）。」所以需要考慮到不同的貨幣制度會改變一切。這就是夏普在廣泛的實證研究中發現的，他把符合現代貨幣理論模式的國家（即擁有貨幣主權的國家）與固定匯率或借入外幣的國家區分開來，他的結果與現代貨幣理論一致，他說：「實證後顯示，在沒有貨幣主權的經濟體中有排擠效應，但是在有貨幣主權的經濟體中則沒有。」換句話說，把排擠效應用在美國、日本、英國或澳洲等貨幣主權國家上是錯誤的。[37]

事實是政府赤字不會阻礙經濟進步，不會讓私部門更難以借貸或投資，在幾乎所有情況下，赤字反而讓借貸和投資變得更容易，那是因為山姆大叔的赤字為我們的水桶注入了資金。無論這些美元是因為減稅還是增加支出而出現，都讓我們之中的某些人擁有了更大的消費能力，支出是資本主義的命脈，沒有支出，企業將沒有客戶，沒有銷售收入，也沒有利潤來維持經營。獲得諾貝爾獎的經濟學家威廉・維克瑞說，目標準確的赤字「可以產生額外的可支配所得，增加工業產品的需求，並使私人投資更有利可圖。」[38]換句話說，精心設計的財政政策，包括財政赤字的增加，可以促進私人投資，這樣一來將帶動引進——而非排擠——私人投資的良性循環。

—第五章—

在貿易中「獲勝」

—迷思5—

貿易逆差代表美國輸了。

—現　實—

美國的貿易逆差其實是「東西」的順差。

我記得我和兒子布萊德利（他那時只有九歲）一起看了川普在共和黨初選的辯論，那是二〇一五年，川普大打貿易牌，抱怨像墨西哥、中國和日本這樣的國家剝奪了我們的利益，並誓言如果選民讓他入主白宮的話，要終結這樣的行徑，這成為川普競選活動的核心主軸：我們正在輸掉和外國人之間的貿易戰。在俄亥俄州克利夫蘭舉行的二〇一五年初選辯論中，川普大聲疾呼：「我們不再是贏家，我們貿易打不贏中國，打不贏日本，成千上萬的日本車一直進口到我們國家。」[1]這個訊息引起了數百萬美國人的共鳴，尤其是在俄亥俄州、密西根州、賓州、北卡羅萊納州和威斯康辛州，在這些地方，許多選民見證了整個產業如何從社區消失，以及由於進口競爭和不斷增加的貿易赤字而失去的高薪工作。

川普作為總統，仍沉迷於進出口之間的差距，也就是美國與世界其他地區的貿易逆差，對他來說，貿易逆差是美國在貿易中蒙受損失的初步證據，他一方面用貨幣來衡量損失，在推特上寫道：「美國多年來一直在虧損，每年貿易損失六百至八千億美元，和中國之間的貿易，我們損失了五千億美元。不好意思，我們不會再這樣下去了！」[2]他似乎相信，問題在於外國人把我們的錢都賺走了，當他查看實質貿易條件時，也就是美國人與外國人之間交易的實際商品，他再次覺得美國在貿易協議上吃了虧。川普在二〇一九年八月解釋說，為了換取日本向我們進口的數百萬輛汽車，「我們向他們輸出了小麥。小麥而已！這怎麼會是門好生意。」[3]那時，布萊德利（十三歲了）困惑地看著我，對我說：「我們拿了他們的汽車，而他們只拿走小麥，這樣怎麼會不好呢？就像我給伊恩兩張低值卡，然後換來他十張高值卡，這樣的交易我超級滿意！」

如果這樣說，是不是一個國家最大化其利益（進口）和最小化其成本（出口），就等於在貿易中「獲勝」？縱使這聽起來好像哪裡不對，美國大約七千億美元的貿易逆差其實是美國已經在貿易中獲勝的證據嗎？這樣對嗎？難道川普搞錯了嗎？難道美國不應該用關稅發動一場貿易戰，來減少從中國和其他地方進口到美國的商品數量，而是應該試圖讓貿易赤字更加龐大嗎？這樣，我們就真的成為無人能及的全球貿易冠軍？接下來，我們會看到這一切並不是非黑即白，也不是輸就是贏，國際貿易實際上複雜許多。

那麼，為什麼這麼多美國人覺得其他國家在交易時都「占了我們便宜」？因為工作，最大的工會聯合會領導人理查德・特魯姆卡（Richard Trumka）在川普就職前一週向川普說，不好的貿易協議讓數百萬美國人失去了有著不錯薪水的工作機會，他對川普說：「整個社區生活失去了目標和身分認同感，我們一定要解決這個問題。」[4]特魯姆卡發誓他會支持川普對北美自由貿易協定（NAFTA）和其他協議重啟談判，他說：「勞工期待著貿易的新方向。」

山姆大叔的致命傷

就像美國的許多勞工一樣，中國、日本和其他地方數百萬名勞工依靠他們的工作謀生，如果他們幫助生產的東西，需求突然枯竭，他們的工作可能就會消失，這就是為什麼我們經常聽到政治人物和工會要消費者愛用國貨，或要福特、蘋果等公司在美國製造更多產品，當美國人花錢購買在國外生產的東西時，這樣的需求支撐了世界其他地區的工作，而沒有維持國內的工作機會。

一九九四年，柯林頓簽署了《北美自由貿易協定》，開啟了「自由貿易」的新時代，但數百萬人的生活從此逐漸惡化。隨著製造業將廠區遷至墨西哥，並最終遷至北美以外，可以用更低的工資聘請工人的國家，數以百萬有著不錯薪水的工作機會消失了，中國在二〇〇一年全面加入世界貿易組織（WTO）後，對美國工人階級造成了類似的破壞。經濟政策研究院的經濟學家得出的結論是，從二〇〇一年到二〇一一年，中國對美國出口的需求支持了五十三萬八千份美國工作，但是中國對美國的進口讓超過三百二十萬名美國人失去了工作，也就是美國總共損失了約二百七十萬份工作，[5]最重要的是，就算這些流離失所的工人能夠找到新的工作，新工作的平均收入比以前低了二十二・六%。

這種由貿易導致的流離失所摧毀了整個區域，在這些地方，製造業是許多社區的經濟命脈，這也讓大量美國人陷入永久、非自願的失業，或不得不接受低薪服務工作的惡性循環。而整個事件的背景則是在十年前，公司合併就已經嚴重破壞了社區和城鎮，在接下來的十年中，由於中國加入WTO帶來的貿易衝擊，這些社區受到重創，在此期間，與北京擴大貿易先帶來了一些消費者利益，但後續也讓不敵中國競爭的產業所集中區域的勞動市場需要支出龐大的產業調整成本，多年之後，二〇〇八年的金融危機又造成一波工作消失。

二〇一六年，川普上任後，他對移民和貿易赤字大打恐慌牌，廣受這群一次又一次被經濟災難重擊的勞工所接納，所以許多工人傾全力支持川普的偏激論調：我們要在貿易上獲勝、把工作搬回來、讓美國再次偉大！

與此同時，民主黨像是完全沒聽見這樣的怒吼，希拉蕊的造勢棒球帽寫著藍色的標語：「美國已經很偉大了」。[6]希拉蕊也許覺得自己陷入了困境，因此她競選活動採取的策略很大一部分忽略了因美國貿易關係和貿易政策而被壓垮的選民，也不顧他們周遭深陷的艱困。民主黨高層沒有制定令人信服的選戰計畫來找回工作機會，並幫助陷入困境的社區，而只是放棄了許多工人階級的選民。舉例來說，參議院少數黨領袖查克・舒默（Chuck Schumer）指出：「在賓州西部我們失去的每一張工人票，從費城郊區溫和的共和黨那裡就可以補兩張回來，在俄亥俄州、伊利諾州和威斯康辛州也是這樣。」[7] 對於民主黨而言，這是一個失敗的策略。

川普在二〇一六年贏得大選後，繼續傳遞美國在貿易方面吃虧的訊息，甚至有一些明明是反對他的人，也跟著回應了這些觀點，例如桑德斯參議員的推文：「假裝中國不是我們的主要經濟競爭對手是錯誤的，當我們入主白宮時，我們會制定貿易政策來贏得這場競爭。」當然，桑德斯要（並且仍然如此）制定一個能保護工人和環境的貿易政策，然而，進步主義人士和保守派似乎有一樣的憂慮：擔心貿易赤字本身。

但事實是貿易赤字本身並不需要令人擔心，美國無須為了保護工作和重建社區而將貿易赤字變成零，只要聯邦政府隨時準備利用其財政能力來維持國內的充分就業，就沒有理由訴諸貿易戰。不是為了利用廉價勞力和逃避法規的企業，而且為了在《北美自由貿易協定》的「自由貿易」大旗下而顛沛流離的數百萬工人，我們可以設想一個更好的、新穎的世界貿易秩序，重新構想國際貿易還可以讓開發中國家和全球環境有更好的政策規劃。

三個水桶

我們可以在我們上一章用過的模型中，加入第三個水桶，來探討貿易不平衡。之前，山姆大叔有一個水桶，其他所有人都在另一個水桶中，只要山姆大叔花了美元，這些錢就只能去一個地方：進入到我們稱為非政府部門的集體水桶裡，這完全合理說明山姆大叔的赤字將大量資金投入「我們」的水桶。現在是時候仔細研究一下非政府部門的水桶了，由於本章是關於國際貿易，我們要來看看美元如何在美國經濟與世界其他地區之間流動。為此，我們需要將非政府部門的水桶分成兩個水桶，這樣就會得出一個三個水桶的模型，一個是代表美國政府的水桶，一個是屬於所有美國家庭和企業的水桶（即國內私部門或民間的水桶），以及一個屬於世界其他地區（即國外部門，foreign sector）的水桶。

和之前一樣，不可能所有水桶都同時處於盈餘（或赤字）狀態，如果一個水桶出

圖八　三部門的會計方程式

現了赤字，則至少另一個水桶就有了盈餘，郭德里告訴過我：「每筆支出都必須來自某個地方，然後付到某個地方。」對於從一個水桶流出的每一筆款項，相同大小的款項都必須進到至少另一個水桶裡。從會計上來看，這代表所有三個水桶之間的收支恰好打平，正負為零。圖八顯示了這樣的關係。

在現實世界中，美元每天都在這三個水桶間流動，如果美國政府從卡特彼勒公司買了一些推土機，並僱用一些美國工人建造一座橋梁，那麼當政府支付這些款項時，美元將流入美國私部門。美國工人和（大多數）美國企業也要繳納聯邦稅，所以山姆大叔從人民手中把一些美元拿走。

簡單起見，像之前一樣，我們假設山姆大

圖九　美國財務赤字和貿易赤字（雙重赤字）

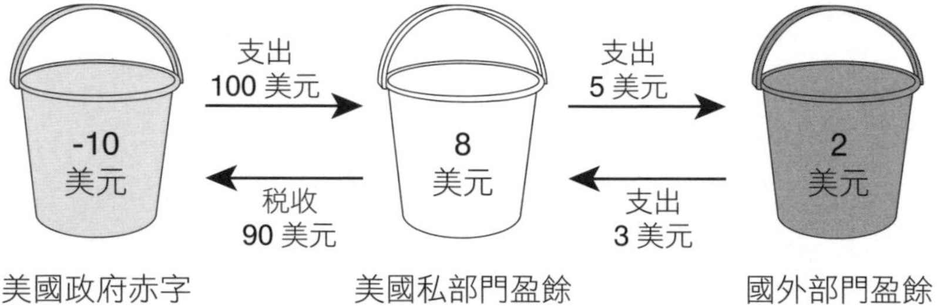

叔花了一百美元，並徵了九十美元的稅，所以私部門有十美元的盈餘，這些錢會在美國國內流轉，隨著美國人支付理髮、電影票和大學學費而不斷易手，當美國人從國外進口產品時，這些錢也會跑到別的水桶。假設美國人花費五美元從世界其他地方購買商品和服務，而外國人僅花費三美元從美國購買商品，由於進口大於出口，美國出現貿易逆差，當全部交易完成後，美國的貿易逆差將二美元轉移到了國外部門。圖九顯示了所有這些款項，美國政府的財政赤字（負十美元）等於其他兩個水桶的盈餘總和（八美元加二美元），只要美國經濟保持充分就業，這種結果就不會存在內在的問題。

圖十　美國財政赤字小於美國貿易赤字

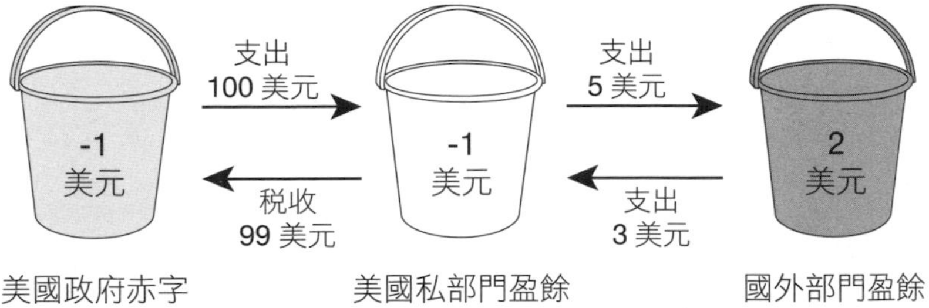

由於山姆大叔是美元的發行人，因此永遠不必擔心資金不足，他的水桶可以隨意製造美元，但是其他所有人都必須從某個地方獲取美元。同時，美國私部門通常希望可以收入多於支出，也就是有盈餘，這並不是說私部門不會陷入赤字，像一九九〇年代末期和二十一世紀初期那樣，私部門的赤字是會發生的。但如郭德里警告，這通常不會一直持續下去，因為這代表私部門承擔過多的債務。[8]（要記得，私部門不是貨幣發行人，因此無法像山姆大叔那樣承受赤字）。為了避免美國私部門陷入赤字，有人需要為該水桶提供足夠的美元，使其保持盈餘，現在，那個「人」是山姆大叔。這是因為美國持續存在貿易逆差（又稱「東西」順差），讓美元從私部門的水桶流向國外部門，只要情況仍然如此，就只有山姆大叔可以提供足夠的美元，讓私部門保持盈餘。為此，政府必須要讓預算赤字超過美國的貿易赤字，[9]上頁圖十顯示如果政府赤字小於貿易赤字會發生什麼事情。

在這個例子中，政府幾乎收支平衡，但不完全如此。山姆大叔的赤字很小，他為美國經濟中投注了一百美元，然後收了九十九美元的稅，[10]他的赤字僅讓美國私部門增加了一美元，但美國給世界其他地區共五美元，外國人卻只回送三美元，因此，美國出現貿易逆差，為世界其他地區生產的商品和服務花費了五美元，但從銷售往國外的商品中僅獲取三美元。綜觀所有這些款項，國外部門累積了二美元的盈餘，而政府和私部門最終都出現了一美元的赤字，如果政府赤字降至貿易赤字以下，就一定會出現私部門的赤字。

要怎麼讓私部門回復到盈餘狀態？一種方法是山姆大叔藉由增加支出或減少稅收，把更多錢放到私部門的水桶裡，一旦政府赤字大於貿易赤字，私部門的財務狀況就會恢復盈餘；另一種方法是設法縮小（或扭轉）貿易赤字，有多種方式可以試試，有時，國家會試圖讓本國貨幣貶值，使其商品在國際市場上更具競爭力。川普總統一再抨擊中國，指責中國政府操縱人民幣匯率以自美國生產者身上獲取利益，在二〇一九年十二月，川普也指責巴西和阿根廷「主導其國家貨幣的大幅貶值，這對我們的農民造成不利。」[11] 一些國家沒有貨幣貶值的選項，例如歐洲十九國建立了貨幣聯盟（經濟與貨幣聯盟，EMU），因此不可能彼此改變其貨幣價值（一歐元在整個歐元區還是等於一歐元），如果無法選擇外部（即貨幣）貶值，各國通常會尋求內部貶值的方法，藉此來「贏」得貿易。新自由主義術語稱為結構性改革（structural reform），這只是一個比較禮貌的說法，其實就是要降低勞力成本（薪資和退休金），進而降低生產成本來提高競爭力。從本質上講，這代表一個國家使用勞動力疲軟來代替弱勢貨幣，提到此策略，德國是歐洲的典型代表，德國政府在二〇〇〇年代初期致力於此策略後，改善了長期的貿易逆差，迎來龐大的貿易順差。[12]

川普政策背後的想法是利用關稅（即進口貨物稅）來減少美國的貿易逆差，川普認為，藉由讓某些外國商品更加昂貴，他實現了「美國優先」，促使美國消費者購買較少的進口商品，並花費更多的錢購買國內生產的商品，這代表美國私部門流入國外部門的資金減少。川普認為這是「勝利」，因為他的整個世界觀都受到現金流的影響，相信賺最多錢的人獲勝。現代貨幣理論知道保持健康財政平衡的重要性，但認為關稅很大程度上會產生反作用，這是因為現代貨幣理論認為進口是實質上有利的，這樣看來，川普的關稅其實是對美國有利之處課稅。有更好的方法可以維持私部門的財務平衡，我們接下來也會看到有更好的辦法可以保護美國的工作。

沒有充分就業就沒有公平的貿易

我們現在已經了解簡單的資金流動，就可以思考貿易對人民和經濟的影響，美國在很多時候對世界其他地區，不僅失去了美元，還失去了工作，就像我們上面討論過的，人們想到美國貿易逆差時所感到的焦慮多來自於痛苦，尤其是因為美國企業關閉本土門市，把工作機會移往海外而造成的失業痛苦。現代貨幣理論經濟學家帕弗里娜・徹內娃寫道，失業就像一種流行病：像病毒一樣，影響周遭其他人，不僅造成收入上的損失，也提高了死亡率和自殺率，造成身心的永久創傷。[13] 指責外籍勞工、匯率操縱國，甚至全球科技產業很簡單，但失業其實是美國的官方政策。

我認為，要反駁「他們搶走我們的工作！」這樣的論調，最好的回應就是「讓每個人都有工作！」現代貨幣理論解決非自願失業的方法就是聯邦就業保障，讓一份有好薪水、好福利的好工作變成每個人的法定權利，這可以解決一個因貿易而產生的壞處：由於外國競爭導致工作機會流失，常常整個社區都失業了，提供因外國競爭而失去工作的工人培訓和其他臨時形式的援助是不夠的，像貿易調整協助方案（Trade Adjustment Assistance）[14]之類的聯邦計畫很重要，但還需要更多方法。

這個方法就是聯邦就業保障，它不是萬靈丹，但至少直接處理失業問題（而不是為失業造成的影響提供補貼）。景氣波動的循環中，我們讓數千萬名美國人閒置無工作，還以為這在政治、經濟和社會上是有意義的。想想密蘇里州堪薩斯市（我在那裡教了十七年書）的哈雷戴維森製造工廠的關閉，三百五十個工作就這麼消失了，讓八百名工人震驚無比，[15]在此同時，糟糕的是有消息傳出股東分紅增加，且公司投入了數百萬美元要買回多達一千五百萬股的股票，如果有聯邦就業保障，就能減輕關廠的影響，至少可以讓失去工作的人在社區中繼續受聘，但不只如此而已。

聯邦就業保障不僅帶來商品、服務和收益等好處，還包括在職培訓和增進技能、濟貧、社區營造和社交網絡、社會和政經穩定，以及社會乘數（正面回饋和動力，形成社會經濟效益的良性循環）。有了這樣的計畫，政府可以減輕這些直接面臨喪失薪資優渥工作地區所遭受的區域性毀壞。

或許，要想像一個不允許千百萬人失業的經濟很難，但這是因為美國幾乎從未實現過真正的充分就業，我們除了在戰爭期間外，很少經歷過這樣的狀況。就業保障計畫最重要特徵之一，就是維持充分就業：立即將失業人口重新僱用到公共服務部門，提供他們收入和因貿易衝擊而流離失所所需的重新培訓。這樣一來，就業保障可做為因應「自由貿易」和「貿易戰」的核心，有了就業保障，自由貿易不再是充分就業的威脅，也不再需要貿易戰來防止失業。

貿易談判則可以聚焦在勞工基本權益和永續環境等議題上，接著美國可以利用其市場力量向全世界推廣適宜的工作條件和環境標準。[16] 現今，中國公司向美國家庭出售了許多對環境不友善的產品，此外，世界各地的勞工還忍受著不安全和不衛生的工作條件，來為美國提供充足的物資，如果我們優先整體考慮全球勞工權益、社區，甚至是整個地球，那麼我們需要一種新的國際貿易方式。

尤其現在全球面臨氣候危機，我們不應被貿易中哪些國家是「贏」或「輸」這樣武斷的二分法所迷惑，貿易的質至少與貿易的量一樣重要。我們的貿易為哪些目標服務，又為誰產生利益？就像財政政策一樣，貿易逆差令人毛骨悚然的大數字也不那麼值得關注，現代貨幣理論提醒我們，在貿易政策上，最重要的是實質的資源、實質的社會需求和實質的環境利益。

現在，我們需要多了解一些我們在世界各地的貿易夥伴，以及與其他國家相比美國的特殊權益。到目前為止，我們已經討論了全球貿易如何影響美國，以及現代貨幣理論如何藉由貿易流動讓我們的國家更加有生產力及人道，但像英國、法國、沙烏地阿拉伯、土耳其、委內瑞拉或所有其他的國家又是如何呢？

美元的特殊地位

自一九七〇年代以來，我們的貨幣體系運作方式發生了根本上的變化，這個轉變重新定義了我們該如何思考總體經濟以及發行自己貨幣的國家政府所扮演的角色；不幸的是，在貿易問題上，就像在許多其他的問題上，決策者仍然故步自封在一個過時的框架裡，使用過去的金本位制看待事物。

從十九世紀中葉到一九七〇年代初期終結了美元與黃金兌換的「尼克森震撼」（the Nixon "gold shock"）前，（某種形式的）金本位制度一直是各國規範國內經濟和貿易的貨幣體系，儘管當時該體系的限制逐漸寬鬆，但大原則是不變的：所有國家的貨幣當局實質上將其貨幣價值與黃金掛鉤，隨時準備買賣黃金（或美元）以滿足任何從貿易中產生的供給或需求的不平衡。為了進行這些干預措施，中央銀行（或同樣角色的機構）必須保持足夠的黃金（或美元）以固定匯率支持貨幣的流通。

金本位制只有在政府能夠將其貨幣以固定價格轉換為黃金時，才有可信度，擁有足夠的黃金至關重要，保持貿易順差是建立一個國家黃金準備最可靠的方法，貿易逆差則導致黃金流出，因為各國使用黃金來支付其進口。為了防止黃金準備的喪失，政府經常提高利率以吸引金條流回該國，這個想法的邏輯是較高的利率會充分減緩國內需求（代表更少的進口，因此更少的黃金流出該國），而利率上升所帶來更高的報酬率，也將鼓勵更多的黃金流入。但是提高利率以逆轉黃金流出通常表示政府沒有辦法保持較低的利率來支持其國內經濟，就算高利率成功保護了黃金準備，這個政策也常常造成毀滅性的後果，那是因為利率上升經常讓經濟放緩，在受到影響的國家中，許多人民不得不忍受國內的經濟衰退和無法根除的失業。因此，金本位制讓存在貿易逆差的經濟體陷入衰退，缺乏靈活性的制度使政府無法集中精力來實現充分就業。

金本位制度在第一次世界大戰和第二次世界大戰期間暫停，因為美國（和其他國家）需要政策空間以維持戰爭造成的巨額赤字（創造大量的綠色美元），此制度在兩次戰爭間重新實施，經濟大蕭條時給全球經濟帶來了巨大的壓力。如果我們今天仍然使用這種制度，那麼川普想要消除美國貿易赤字的願望會比較有意義。

第二次世界大戰後，新的國際貨幣體系誕生了，新體系把金本位換成新黃金兌換標準以恢復貨幣間的匯兌，並非如從前將貨幣釘住在固定的黃金價格上，而是建立了以美元為主的固定匯率制度，這反映美國在國際貿易的主導地位（以及同盟國贏得戰爭的事實）。這個稱為布列敦森林體系的協定要求將美元與黃金價格掛鉤，所有其他貨幣再與美元價值連結，當時採用的匯率為每盎司黃金價格三十五美元。

實際上，布列敦森林體系只比金本位制多踏出一小步而已，美元取代了黃金成為了貨幣鏈中的核心環節，各國政府現在可以按每盎司三十五美元的價格向美國財政部出售黃金，美國財政部必須接受這個兌價。一九七一年，由於越戰和其他原因，貿易赤字增加，各國開始擔心美國的黃金準備不足以按固定匯率支撐流通中的美元數量，為了緩解美元的壓力，尼克森總統宣布暫時停止美元和黃金之間的兌換，此舉震驚了全世界。一九七三年，尼克森宣布暫時的政策將永久實施，全球再度動盪，尼克森意識到美國需要更多政策空間，布列敦森林體系過度狹隘。

在宣布政策變動時，尼克森說：「我們必須創造更多更好的工作，我們不能讓生活花費上漲，我們必須保護美元不受國際貨幣投機客的攻擊。」[17] 為了實現前兩個目標，他提出了減稅和凍結九十天的物價和工資方案。至於第三個目標，尼克森指示暫停美元與黃金的兌換。

最終，全世界的社會動盪導致布列敦森林體系瓦解，其實，從一九六〇年代，當英國和其他國家因持續存在的貿易問題，長期處於高失業率的狀態，所以競相貶值以提高貿易競爭力時，布列敦森林體系就一直承受著一系列的壓力。尼克森在一九七一年的舉動可說是一場政變，結束了金本位制，從那時候開始，大多數主要貨幣不再採用固定匯率，改採用浮動匯率，讓像美國這樣發行貨幣的政府有了更大的政策空間，以維持充分就業。

儘管布列敦森林體系的固定匯率制度已瓦解，但金本位制的思想仍然主導我們關於貿易政策的論述，這就是為什麼這麼多政治人物仍然認為貿易逆差本身非常危險，金本位制度中，政府可能會用光黃金。

隨著金本位制和固定匯率的終結，這樣的想法不再有效，布列敦森林體系唯一留下的影響是美元仍在全球經濟中扮演著核心角色，當世界各地的企業和政府相互進行貿易時，很多時候契約上的計價貨幣仍是美元，即使進行買賣雙方的國家都不使用美元作為本國貨幣！像歐元這樣的其他主要貨幣也扮演著類似的角色，但是沒有任何一種貨幣能像美元一樣幾乎主導市場，幾乎九十%的貨幣交易都涉及美元。[18] 人們說美元是全球主要貨幣時，就是在描述這種狀況。[19] 日後，這會改變嗎？當然有可能，沒有什麼可以天長地久。現代貨幣理論經濟學家藍道・雷伊說，「美元並不會永遠占據主導的位置，但作為投資組合中最有人氣的資產，美元還是活力無窮。」[20]

貨幣主權的光譜

貨幣主權是了解現代貨幣理論的關鍵，政府需要高度的貨幣主權，以行使政策自主，也就是能夠執行其財政和貨幣政策，而不必擔心金融或外匯市場造成的痛苦反彈。許多國家擁有貨幣主權，但沒有充分利用，除了美國之外，英國、日本、加拿大和澳洲（僅舉幾個例子）等國家都享有高度的貨幣主權，這些國家都發行不可兌換法定貨幣，並且多不以非本國貨幣舉債。一般而言，這些國家擁有較大的貨幣主權，因此在管理自己的經濟上，擁有更大的政策自主性，這些國家不必為政府赤字或貿易赤字而煩惱，可以聚焦在自己的國內政策上，實現總體經濟目標（如充分就業和物價穩定），然而並非每個政府都享有如此高度的政策靈活性。

一些國家釘住匯率（例如百慕達、委內瑞拉、尼日），或放棄本國貨幣（例如歐元區十九國、厄瓜多、巴拿馬），或大量以外幣或美元舉債（例如烏克蘭、阿根廷、土耳其、巴西），以至於削弱了其貨幣主權，這些舉動都會損害一個國家的貨幣主權，並降低其政策靈活度。

大部分開發中的經濟體都處在貨幣主權較弱的一端，即使是那些能夠發行不可兌換法定貨幣的國家，通常也無法忽視財政和貿易的不平衡，這是因為大多數較貧窮的開發中國家依靠進口來滿足重要的社會需求（例如食物、石油、藥品、科技），這表示這些國家必須擔心如何獲得足夠的外幣（通常是美元）來支付進口商品的費用，許多國家最終以美元舉債，但卻無法償還這些債務，種種原因下，世界上許多國家陷入了無法依靠自己發行貨幣的能力為人民建設良好經濟的局面。開發中國家可能得到國際社會的援助，也可能從國際貨幣基金組織等機構獲得貸款，但這一切似乎都無法讓它們脫離需要依靠外國貨幣來維持生計的困境。

藉由保持貿易赤字，美國允許這些國家建立美元準備，這些美元讓許多開發中國家得以進口食物、藥品和其他賴以為生的重要進口商品，也幫助了許多負債國家賺取可償還國際貨幣基金組織和其他外國貸方的貨幣。所以，重點是美國的貿易逆差並非可有可無，世界上大部分地區都必須與美國保持貿易順差。

即使是已開發國家（例如南韓、台灣、日本）最終也要儲備美元，這些美元通常以美國公債的形式持有，當外國對美國產生貿易順差時，美國會將美元倒入這些國家的水桶中，就像其他持有綠色美元的人一樣，外國人也可以將其換為我們稱為美國公債的黃色美元。這讓國內一些人緊張，因為他們認為這是美國不振的跡象，在他們眼裡，美國似乎依賴著國外貸方來支付帳單（還記得歐巴馬說美國「辦了一張中國銀行的信用卡。」），但這並不是真實的狀況。實際上，如果仔細觀察美國公債的主要國際持有者，就會發現幾乎所有美國公債持有國對美國都是淨出口國（包括中國、日本、台灣、香港和世界主要原油生產國）。[21] 的確，美國政府為這些黃色美元支付了利息，但就像我們已經討論過的，像美國這樣的國家，債券發行始終只是其中一個選項，給予外國人購買美國公債的權利，只是給他們任何綠色美元持有人都可考慮使用的相同選擇。全世界的人都和你我一樣，喜歡把一些錢存在支票帳戶，然後把部分資金存入儲蓄帳戶，關鍵是我們並不像許多人擔心的那樣依賴外國人。

簡而言之，就像山姆大叔的預算赤字是因為美國企業和家庭希望有美元盈餘，美國的貿易赤字是因為世界其他地區希望能有美元盈餘。全球對美元的渴望很大程度上是我們數十年來一直保持貿易逆差的原因，在這方面，與世界其他地區相比，美國確實處於強勢地位，這有好有壞。

多虧了美元作為國際準備貨幣的獨特地位，山姆大叔除了自己的貨幣，什麼都不用借（他甚至不必借自己的貨幣！）這給美國帶來了一定的優勢，但這並不代表美國是唯一有權執行其國內政策的國家，任何具有高度貨幣主權的國家都有能力推行旨在使其經濟保持充分就業的國內政策。接下來，我們會看到即使是開發中國家，也可以增強其貨幣主權並開放足夠的政策空間，來追求國內的充分就業。

許多已開發經濟體享有高度的貨幣主權，他們有許多高附加價值的生產部門（我們將在下面重點介紹），對於那些渴望投資其經濟、購買股票、房地產等的投資人而言，這些國家充滿了機會，又由於需要用該國的貨幣投資這些國內資產，所以全球對此貨幣的需求就會很高（以經濟術語來說，他們擁有深厚的資本市場〔capital market〕）。現代貨幣理論認為，在國內，對美元的需求來自於聯邦納稅義務，而這種需求支撐了美元的價值；國際間，對投資資產的需求推動了對美元和其他主要貨幣的需求，穩定了這些貨幣的價值。像美國一樣，這些其他已開發國家也都採取浮動匯率，其貨幣的價值並未與其他任何事物綁在一起，如此一來，它們不須透過購買、出售或借用他們無法控制的貨幣來釘住匯率，這是這些國家享有很高的貨幣主權的另一個原因。

許多國家將其貨幣與美元掛鉤（例如沙烏地阿拉伯、黎巴嫩和約旦），或者更極端的是將美元作為官方貨幣（例如厄瓜多、巴拿馬和薩爾瓦多），進而降低了其貨幣主權，在這兩種情況下，都必須付出更大的努力來累積和儲蓄美元。[22] 釘住匯率可能在一段時間過後惡化貨幣主權，因為私部門愈來愈習慣用釘住的貨幣借款，同時，政府本身可能不得不累積美元債務，更進一步降低了貨幣主權。

加入貨幣聯盟，會降低貨幣主權，像法國、西班牙和義大利這樣的國家，儘管都是擁有深厚資本市場的已開發經濟體，卻不能像貨幣發行國那樣運作，這是因為這些國家都是歐元區的成員，使用的貨幣只能由歐洲中央銀行發行，這讓所有歐元區成員國都降為貨幣使用者，這一點對於理解希臘看似無止盡的債務危機非常重要。

最後，與美國相反，位於貨幣主權光譜另一端的國家是非洲、亞洲和拉丁美洲較貧窮的開發中國家，在本章結束前，我們需要詳細討論這些國家的情況，因為儘管貿易政策重創了美國工人階級，但美國並不是現代國際貿易秩序中最慘烈的受害者。

布列敦森林外的熊熊貿易大火

相較於已開發國家，開發中國家沒有多樣化和成熟的產業，孟加拉、越南或迦納等國家通常必須向世界其他地區輸出廉價的製造業勞動力或自然資源，例如石油、金屬或礦產，而這些出口產業主導著其經濟。開發中國家必須從較先進的經濟體進口高科技、高價值的商品，例如電腦、汽車、藥品或先進的製造業機器人，許多開發中國家也缺乏能力（或被告知它們沒有能力）生產足夠的糧食、能源和藥品以滿足國內需求，因此，這些國家依靠已開發國家為其提供糧食、能源和藥品，就如前所述，這些國家大多需要美元來支付這些關鍵的進口商品。

現代貨幣理論經濟學家法迪・卡布（Fadhel Kaboub）指出，這些國家因為處於全球供應鏈底部，帶來基本的經濟問題，其中許多和被殖民的背景息息相關。[23] 出口廉價勞動力和商品，同時進口昂貴的高價值商品，往往讓開發中國家長期處於貿易赤字狀態，經濟學家稱這問題在於，對於開發中國家的金融資產或房地產，沒有持續的大量需求，經濟學家稱這些國家缺乏深厚的資本市場。儘管投資人投資新興市場，需要開發中國家當地的貨幣以購買其金融資產，但他們並未進行長期投資，所以開發中國家沒有穩定獲得美元等貨幣的方法，只要世界其他地區拒絕接受開發中國家以自己的貨幣來支付重要商品的進口，這些國家就被迫借入美元或它們無法控制的其他外幣，這不僅破壞了它們的貨幣主權，而且還可能使開發中國家陷入一種循環：出售本國貨幣以獲得所需的外幣，結果貶低本國貨幣的價值，反而讓這些重要的進口商品變得更加昂貴。這很容易造成進口導向的通貨膨脹和政治動盪，如我們在阿根廷、委內瑞拉和卡布教授的故鄉突尼西亞所看到的那樣。[24]

由於開發中國家缺乏先進產業或深厚的資本市場，因此容易遭受各種不可預測的外部風險，舉例來說，西方投機客瞬間湧入美元匱乏的經濟體，瘋狂投資，當地貨幣因而增值；可是當投資人卻步，突然回收了資金，當地貨幣就會崩跌。[25]或者，全球對一個國家關鍵出口的需求突然消失，造成該國得搶著換持外國貨幣來為其進口提供資金。當美國的天然氣（油氣）產業興盛使石油價格暴跌時，委內瑞拉和俄羅斯就發生了這種狀況；當大豆價格暴跌時，換阿根廷面臨到這樣的問題，因為失去了重要的美元來源；在投資人恐慌和市場崩潰的情況下，開發中國家的貨幣跌至最低點，導致通貨膨脹和社會動盪。

當類似的外部事件發生時，即使理論上實行永續經濟政策的國家也可能陷入財務危機，被迫再次以外幣舉債或者尋求國際貨幣基金組織等貸方的資助，不然就只好違約。[26] 許多開發中國家因為貿易赤字和以美元（或其他外幣）計價的債務，當某些事件損害了它們賺取（或以可負擔的價格借入）外匯的機會，來為其進口提供資金並償還其外債時，就會遇上麻煩。具有較高貨幣主權的國家（美國、英國或澳洲）不會面臨這些相同的風險。

實際上，美元作為貨幣霸權的角色意味著美國控制美元利率時，對整個世界都會造成影響，聯準會的決定對開發中國家可能事關重大，但這些國家很少有捍衛自己的方法。例如，從一九七九年開始，前聯準會主席保羅・沃克（Paul Volcker）宣布一系列大幅升息，認為這樣才能解決席捲美國經濟的兩位數通貨膨脹率；升息後，對美國負債的拉丁美洲國家，和對前歐洲殖民國負債的撒哈拉沙漠以南的非洲國家，突然面臨更高的舉債成本，它們已經出口了許多低附加價值的加工品，但還是得依靠那些較富裕的國家才能進口各項重要物品；同時，由於美國利率上升，刺激了對美國投資資產的需求，進而讓美元升值，這給開發中國家帶來了雙重打擊，不僅看到其貨幣急速貶值，同時還有愈來愈多的外幣債務，造成舉債成本增加。最終，沃克的升息政策讓許多開發中國家陷入了危機，加劇了它們的經濟衰退，有一些國家至今尚未從中完全恢復。[27]

布列敦森林體系實施期間，全球也建立了許多國際組織，包括國際貨幣基金組織、世界銀行和關稅與貿易總協定（現為世界貿易組織），在布列敦森林體系內，這些組織致力於積極管理國家間的貿易條件，它們有多種工具，例如關稅和資本管制，目的是保持貿易流量穩定，也確保各國經濟至少在某種程度上彼此隔離。[28]

布列敦森林體系結束後，這些全球機構仍然存在，但隨著時間的流逝，運行理念發生了變化：自由貿易盛行下，關稅和資本管制以貿易自由化為名漸漸變得寬鬆。西方世界的菁英分子認為，需要讓開發中國家全面參與全球貿易，接受投資人資金的大量湧入或流出，才能讓這些國家的經濟體制變得健全。保護主義和政府干預成了不好的字詞，這個新框架的擁護者堅持自由貿易最終會讓每個參與的國家經濟達到充分就業，並營造和諧的貿易關係。

但是當然沒有這樣的好事情發生。國際貨幣基金組織、世界貿易組織和世界銀行通常由富裕國家的銀行家和外交官主導，並不致力於讓全世界都充分就業，反而，這些機構對遭遇危機的開發中國家，通常推薦老套的方案：大幅削減政府支出（即財政撙節）和嚴格的貨幣政策（非常高的利率）以提高其貨幣價值並吸引投資人回流。當然，這些機構還推薦更自由的貿易，他們經常建議開發中國家將其貨幣與歐元、人民幣或美元等強勢貨幣掛鉤，這樣的政策組合等於建議開發中國家放棄提高其貨幣主權。

無論原先想要達成什麼，這些計畫實際上都帶來了反效果：當國家犧牲了貨幣主權，但又無法獲得足夠的外匯來捍衛釘住的匯率時，會導致失控的惡性循環，政府、企業，甚至家庭沒有辦法將本國貨幣換成外國貨幣來支付債務。[29]接著，當本國貨幣急速貶值，生活必需品的進口成本飆漲，就產生了惡性通貨膨脹，同時貸方建議的撙節和緊縮的貨幣政策壓垮了國內經濟，加劇了失業和貧困，所有這些都是為了吸引另一批西方投資人來投資，可是這些人一來，這樣的循環又會重複一次。

還不只是這樣，一直以來，國際組織（如國際貨幣基金組織）都建議開發中國家，特別是那些在第二次世界大戰後脫離殖民勢力而獨立的國家，應集中精力生產可向富裕國家銷售的商品。[30]這個建議來自十九世紀英國經濟學家大衛・李嘉圖（David Ricardo）所稱的比較利益（comparative advantage），李嘉圖從根本上建議各國應該專門生產自己最擅長也最有效率的任何商品和服務，但許多具有影響力的經濟學家將比較利益的想法擴大，例如，他們認為開發中國家應將重點放在短期內最廉價的產品上，而不是發展會在一段時間後增強其貨幣主權的新興產業。

換句話說，國際上的西方世界菁英告訴窮國：除了專門生產固定產品外，不應該花時間精力在創造就業、能源獨立或任何其他目標上，結果這樣的論述讓開發中國家永遠「開發中」，永遠無法達成現代西方先進與多元的經濟。這些國家的歷程，與美國、日本和大多數強大的經濟體的歷史完全相反，現在先進的國家通常把重要商品留在國內生產，而不是仰賴國外進口，例如，作為一個資源豐沛的大國，中國就像美國一樣，已經簡單地藉由增加國內貿易而取得了長足的發展，但大家也知道，中國政府嚴格限制了金融、保險和房地產在工業化過程中的角色。[31]

掰掰貿易戰，歡迎貿易和平？

儘管現代貨幣理論當然不能解決所有問題，但可以成為一種有用的工具，讓我們（美國、先進的西方國家和開發中國家）脫離現在所處的困境。

要改革全球貿易秩序，美國要邁開大步，從許多方面來說，美國需要最大的變革，這並不代表貿易戰的輸贏，而只是認知到我希望在本章呈現出來的觀點：貿易與國家之間的競爭無關，貿易只是特定國家特定利益之間的權力關係。[32]的確，如果我們想要一個對日常人們、對地球都安全的世界，我們需要少關心貿易戰一些，多多設想所謂的貿易和平。

首先，我們必須停止把貿易順差看成「贏」，如果按照這個定義，並不可能每個國家都是贏家，因為一個國家的順差就是另一個國家的貿易逆差，擁有貿易赤字的國家，如果制定正確的政策，也不會承受實際的經濟損失。川普的貿易方式在全球工作機會有限的情況下，引發一路到底的零和衝突，我們已經看到川普的關稅政策並無法恢復美國的製造業，還提高了美國的消費物價，刺激中國進行報復，並導致全球經濟遲緩，這一切，都只是因為貿易赤字的迷思。

所以我們必須知道，美國政府可以提供國內私部門充分就業所需的所有美元，也可以提供世界其他地區建立準備和保護貿易流通所需的所有美元，與其以貨幣霸權的地位為私利擺弄全球資源，美國可以作為全球綠色新政的領航，善用全球資源，保持低利率和穩定匯率以促進全球經濟的平靜。

很顯然地，美國和其他具有高度貨幣主權的先進國家可以執行自己的就業保障計畫，但是中等收入國家和開發中國家呢？舉例來說，墨西哥能否實施就業保障並消除部分人的磨難？或許可以。在直接創造就業機會上，歷史顯示開發中國家面臨的障礙可能比各國菁英所估計的要少一些。

舉例來說，阿根廷常被認為是財務問題的典型代表，但在二〇〇一年面臨通貨膨脹危機時，阿根廷政府反倒採取國內導向經濟成長的政策。[33] 首先，它不再釘住匯率和囤積美元，政府反而選擇任其債券違約，轉而投資在自己的人民身上，阿根廷隨後制定一項大規模的直接創造就業計畫，以保證貧困戶主的工作。現代貨幣理論經濟學家藍道・雷伊和帕弗里娜・徹內娃的報告指出，《失業男女戶主計畫》（*Plan Jefes y Jefas de Hogar Desocupados*）為二百萬人創造了就業機會，約占勞動人口的十三％，這二百萬人中女人占大多數，他們把重點放在社區計畫，如園藝、社會中心改造、公共廚房營運或公共衛生課程。[34] 該計畫讓阿根廷解決了許多依賴外資而產生的問題，也或許提供了線索，告訴我們如何體現更繁榮、永續、和平的地球。

徹內娃認為，我們的終極目標是一個類似全球就業保障的東西，[35] 在我寫這本書時，國際勞工組織估計全球有近兩億的人口非自願失業，[36] 出口帶動的經濟成長被很多國家當成就業政策，但很少成功。此外，我們需要一項預防性的充分就業政策，這項安排首先就要讓大家避免把失業當成理所當然，就業應該是聯合國《世界人權宣言》裡的一項人權，而不是隨便在全球市場嚷嚷的口號。

美國無法為世界其他國家的政府實施國內政策，但我們主導全球貨幣的方式，可以讓全球充分就業更可能為每個人實現，當每個人的好工作都獲得保障，勞工可以參與以公共議題為核心的產業政策，以建立永續的基礎設施和更廣泛的公共服務。

回到我們的周遭：當你直接看到墨西哥與美國的生活品質差距有多大時，很難讓人同意川普的論述，認為墨西哥利用了與美國的貿易關係，[37]與中國和日本不同，墨西哥經常遵循美國和國際組織提出的大幅度新自由主義改革，例如，作為北美自由貿易協定的一部分，墨西哥降低了對美國和加拿大金融資本的壁壘，更重要的是，也歡迎美、加兩國農產品輸入。儘管許多美國企業把製造業的工作移往墨西哥，但美國農產品也大量輸入墨西哥（尤其是玉米），使數百萬墨西哥農工流離失所，這讓他們許多人越境到美國尋求工作。[38]

所以，我們需要從頭開始重新考慮充滿問題的自由貿易協定。

目前，這些協定有利於世界各地的有錢投資人，同時卻將勞工（更不用說生態環境）棄之不顧，當前許多貿易交易都包括投資人與地主國間爭端解決機制（ＩＳＤＳ），這些機制為企業提供了平行的司法體系，讓企業能夠控告民選政府對其底線造成威脅的政策（限制、法規或其他保護措施）——這個機制並不是在國內法院處理這些爭端，而是在被認為更有利於企業利益的國際機構進行私人仲裁。另外是國際智慧財產權法，其最大的功能就是讓企業可以向開發中國家收取高昂的價格和費用，然後才允許它們製造負擔得起的一般藥物，對於世界上最貧窮國家的愛滋病患者而言，《跨太平洋夥伴關係》等自由貿易協定中的專利條款就像是死刑一樣。

這種「自由貿易」協定讓全球貧富差距無法縮小，讓世界上的貧困地區投入化石燃料的開採，加速了氣候變遷；讓開發中國家別無選擇，只能從事出口帶動的經濟成長，以剝削的勞動條件為富裕和先進國家組裝廉價商品；最後，這種協定甚至犧牲貧窮國家來擴大富裕國家的貨幣主權。

藉由在自己簽署的交易協定中訂下標準，美國可以領導全世界改革這些貿易協議，可以要求貿易夥伴採取嚴格的生態環境標準，並要求提供強健的勞工保護，例如就業保障，來幫助貧窮國家實現糧食和能源自主；美國也可以堅持其貿易夥伴與其他國家共享綠色技術和知識產權，才能真正讓全世界共榮。重新改組的世界貿易組織也可以在貿易協定中強制執行此類規定，而不是像今天那樣維護大型跨國企業的現有特權。

同時，法迪・卡布認為南南貿易合作關係（South-South trade partnership）可以幫助開發中國家發展互補產業，讓它們擺脫目前在全球生產鏈中的地位。目前，這些國家需要進口高價值的商品，而只能出口廉價的中間財（intermediate goods），如果沒有這樣的貿易合作關係，我們需要一個可以將生產資源和技術知識從已開發國家轉移到開發中國家的系統，[39]如果世界上較貧困的地區可以藉此擁有建立（可再生）能源和（永續）糧食自主的能力，就可以不再依賴我們之前討論過的以進口獲取關鍵資源。

在理論和實踐上，缺乏糧食和能源自主是可以解決的問題，即使是大多為沙漠氣候的主要糧食進口國，可以透過投資較省水的水耕栽培和魚菜共生，採行永續農業計畫；沒有石油或天然氣蘊藏的國家，也可以藉由建設太陽能和風力發電廠，以及投資增進房屋和交通運輸的能源效率，進行再生能源計畫。在一定程度上，我們希望全球一起努力減緩氣候變遷帶來的影響，制定能幫助開發中國家減碳的政策，不僅減輕這些國家因購買化石燃料對美元的依賴，還加強了全球合作，降低威脅著地球存續的有害碳排放量。

如果大多數開發中國家仍然進口基本必需品，它們就會一直處在「開發中」的狀態，將人生寄望在富裕國家的貨幣，世界各地的企業仍只以增加股東分紅為目標，繼續狂熱地追逐短期利潤，開採稀少的自然資源，汙染寶貴的生態系並且無情地解僱絕望的人們，如果任其發展，這種情況被川普等人拿來煽動民粹情緒，指責「外國人」並加劇了世界各國之間的緊張局勢。

除了南南貿易合作協定外，開發中國家還需要重新規範跨境金融交易，它們可能無法執行布列敦森林協定期間經典的資本控制和依賴國際合作，但肯定可以比現在做得更好。外國投資人投資國內資產的方式和賣出時對匯率市場造成的壓力應受到限制，這可以緩解開發中國家美元準備的累積，並幫助它們明白靈活的匯率制度可以提供的好處。換句話說，監管國際資本流動不應被視為短期的「權宜之計」，而應是一項永久政策，以幫助各國實現愈來愈高的貨幣主權。

我們只有一個地球，當前的貿易體系無法完全因應全球貧困和失業的社經挑戰，同時，我們需要全球共同努力因應氣候變遷。貿易和平不僅僅是我們可以實現的目標，更是我們不能不達到的未來。

第六章

因為你「應得」！

—迷思6—

社會安全保險和醫療保險等福利制度，財政上沒有辦法一直支持，我們負擔不起。

—現　實—

只要聯邦政府願意付錢，總是有能力可以支持這些制度，重要的是我們經濟能長期生產人們所需的實質商品和服務。

好幾十年來，社會上廣傳，對於像社會安全保險、醫療保險和醫療補助等福利的成本，我們應該感到恐慌。大家說，這些成本增加得太快，正在消耗聯邦預算，而且不可能永續維持；大家說，除非我們做出重大改變，否則這些福利會讓經濟破產，摧毀整個政府。

對於大多數人來說，問題似乎顯而易見：遲早這些福利制度的成本將超過政府能負擔的範圍，有鑑於即將出現的財政短缺，許多人認為，唯一可行的解決方法是縮小這些制度的規模，並開始「量入為出」，其他人則說，我們需要增加收入來解決償付能力的問題。

這兩種說法都是錯的，這些是聯邦資助的制度，錢永遠都會在那裡。

赤字迷思扭曲了我們對所有政府支出的理解。然而，對於福利政策的了解，尤其糟糕，部分原因是因為早期政治人物為了保護這些措施所做的一些決定，小羅斯福建立社會安全保險時，他嘗試藉由制定一些有關支付方式的特殊規則，來保護這個制度，後來證明這是個錯誤，這讓政治重點被放在制度的資金來源，但其實我們應該要討論的是我們的價值觀、事情的優先順序，以及國家的實質生產量能。

在我們辯論這些制度所面臨的「金融危機」之前，讓我們就福利本身這個基本的問題開始：誰有權獲得這些福利？為什麼？

享有福利的是誰

福利是保證某些人利益的政府制度，包括老年人、殘障人士和窮人，美國參議院網站是這樣定義福利的：[1]

福利：一項聯邦計畫或法律規定，需要支付予符合法律規定資格標準的任何個人或政府部門，福利是聯邦政府一項具有約束力的義務，如果未履行義務，則符合條件的接受者將具有法律追訴權，社會安全保險和退伍軍人補償金與退休年金就是福利制度的例子。

換句話說，如果你符合條件，就有資格接受制度上的補助，因為你屬於制度服務的對象之一，就是這樣而已。你在法律上有權獲得這些利益，沒有人可以拒絕你，政府會自動把錢給你。

我們大多數人在生命中的某個階段都會受到福利制度的幫助，幾乎每位美國人在退休後都會自社會安全保險和醫療保險中受益，今天獲得這些福利的人可能是我們的祖父母、父母、鄰居或我們自己。

社會安全保險還提供殘疾保險，若我們在工作的這幾年間變得殘廢，也能得到保護，截至二〇一八年，近一千萬的殘障人士透過社會安全保險領取了殘障福利，[2]這其中包括美國癱瘓退伍軍人協會副執行主任蕭恩・卡索（Shaun Castle）。卡索之前為憲警，於值勤時脊椎受傷，導致他退伍後變得癱瘓。卡索表示，社會安全保險讓他不至於無家可歸，他在訪談[3]和國會證詞[4]中都說過他的感人故事，在等待軍人福利期間，是社會安全保險的殘疾保險（SSDI）讓他能維持生計。

社會安全保險也保障過世者的家屬，幾年前，我有一位朋友英年早逝，她是一名上班族，她的逝世給她的家庭帶來了經濟上的沉重負擔，她的丈夫成了單親爸爸，不得不想辦法自己撫養兩個孩子，這對每個人來說都糟糕透了，特別是孩子們。但因為社會安全保險每個月都會寄來一張支票，以彌補她部分收入損失，所以家庭經濟狀況至少獲得了幫助，這筆錢幫助她的丈夫照顧了孩子，直到他們年滿十八歲。

我們許多人也需要反貧困計畫的資助，在美國，二十歲至六十五歲的人口，有十分之六至少經歷了一年的貧困，[5]五分之一的兒童已經生活在貧困中。

領取這些應得的福利並不是道德上的失敗或軟弱的象徵，畢竟基本的財務安全不應只限於那些可以未雨綢繆的人。當然能把錢存起來很好，但數百萬人光是生活，錢就幾乎不夠用了，根本無法為未來儲蓄。每個人都應該知道他們在需要時會得到醫療服務，在年老或殘廢時能獲得財務保障，以及在失去工作或陷入困境時能得到幫助。

至少，這是福利應該運行的方式。但是，美國的這些制度（包括社會安全保險、醫療保險和醫療補助）以及像食物援助、居住優惠券和稅收抵免等反貧困計畫，已經遭受數十年的攻擊，其中一些攻擊是出於個人利益，因為有錢人和企業認為這些計畫導致稅賦增加，有一些反對者則是基於意識形態，他們認為富人本來就該富有，而貧困和低收入家庭本來就該沒錢，但這些制度重新分配了財富。

這樣辯論下去，內容愈來愈不堪，衰老、殘障和經濟困難等日常現實，並未阻止一些批評人士對領取社會福利的人進行人身攻擊，被歐巴馬任命為赤字委員會主席之一的參議員艾倫・辛普森（Alan Simpson），稱退休人士為「貪婪的老兄」，在某種程度上被認為似乎在煽動世代分裂，辛普森也稱支持社會安全保險的女權人士為「粉紅豹」，並告訴其中一位，社會安全保險就像「有三百一十萬顆胸部的奶牛」，他對提倡老年婦女權益的艾希莉・卡森（Ashley B. Carson）說：「當你好好工作時再打電話給我！」[6]

這樣的人身攻擊並非由辛普森開始，這些攻擊和福利本身一樣古老。一八八二年，在一本雜誌封面的諷刺漫畫中，退伍人員被畫成「餵不飽的好吃鬼」，好幾條手臂伸得長長的，搶著公共資金，整張圖充滿了對老人年金領取者的刻板印象。[7]到了二十一世紀，有一張漫畫的標題是「一九九一、二〇〇一和二〇一一年美國最大的威脅」，圖中，海珊、賓拉登和一位身上寫著「福利」的老婦人坐在一起。[8]

攻擊福利制度和從中受益的人，有時是出於對政府的不滿或敵意，但有時人們只是被誤導了，無論動機如何，在福利辯論中，錯誤的經濟思想占了很大的一部分。幸運的是，現代貨幣理論告訴我們，不必為了解決「金融危機」而拚命（而且不必要）地讓一群人與另一群人為敵，現代貨幣理論認為，從財務角度看待福利制度的可持續性是抓錯了重點，這些制度面臨的最大挑戰與政府能否負擔並無關係。

關於社會安全保險的大誤解

透過研究社會安全保險的歷史，我們可以看到赤字迷思產生的不良影響。社會安全保險是聯邦政府一個成功的政策，每年讓數百萬人擺脫貧困，也為其他數百萬人提供一定程度的經濟安全。社會安全保險幫助了老人和殘障人士，也是美國最大的兒童援助計畫，[9]由於社會安全保險對許多人來說提供了非常重要的救助，因此一直以來都獲得美國人民大力支持。[10]

那麼，為什麼這個廣受歡迎且成功施行的制度持續受到政治攻擊呢？要回答這個問題，我們需要回到一九三五年，社會安全保險誕生的那一年。

小羅斯福充滿野心的計畫遠超過我們今天所知道的社會安全保險，他把一九三五年的法案視為大計畫中的第一部分，整個計畫一旦完成，將為美國人提供財務保障，每個人「從生到死」都受到保護。[11]羅斯福把一九三五年簽署的《社會安全法》看做是「結構中的一塊基石，整體工程尚在進行，離完成還有一大段路」。[12]

社會安全保險這個名稱透露出小羅斯福的想法，他在一九四四年國情咨文中，用經濟權利的觀點來定義他宏大的願景，他的經濟權利包括他稱為「有用和有酬的工作」的權利，獲得足夠收入、適宜住所和醫療服務的權利，以及因年老、失業、事故或其他不幸而引起的經濟困難時能得到的保護。

小羅斯福說：「所有這些權利都代表了安全。」

自小羅斯福提出他的目標以來，通過了一些擴大法案，一九三五年的《社會安全法》鼓勵各州建立失業保險計畫；一九六五年，隨著老人和殘障人士的醫療保險以及低收入者醫療補助的通過，更宏大的醫療保健願景開始成形（到了一九七三年，六十五歲以下的殘障人士有資格享受醫療保險，進一步擴大了其範圍）。

小羅斯福知道社會安全保險會面臨社會某些群體的持續反對。他是對的。對他的反對者來說，小羅斯福是一個「社會主義者」，而社會安全保險只是又一次大政府對自由的攻擊。但是，在試圖為子孫後代保護這個制度時，小羅斯福犯了一個根本的錯誤，這個錯誤危害了整個制度，並加劇了赤字迷思，其後果超出了社會安全保險的範圍。

為了強化「社會安全保險是自給自足」的觀念，一九三五年的《社會安全法》將福利的支付與薪資稅（payroll tax）綁在一起，用來表示該制度將如何「找到財源」，勞動者上繳部分薪資，以後再領取福利，大多數人相信（並且仍然相信）薪資稅產生了用於支付福利的收益。

不久之後，創建了第一個社會安全保險信託基金，在任何給定年分中，「不需」用來支付福利的資金都被投資到美國公債中，並由信託基金進行保管，這讓大家更覺得是勞工的薪資稅，而不是整個聯邦政府，提供社會安全保險制度得以持續運轉的現金。

以這種方式資助社會安全保險，小羅斯福還有另一個理由，他希望人們看到他們正在為此付出代價，這樣就會覺得他們有資格享有這份最終會獲得的利益。如果你現在正在工作，那麼你一定會注意到每月薪水中扣除的薪資稅，在帳上顯示預扣聯邦保險稅（FICA）。小羅斯福認為，讓大家都能看到自己的貢獻，我們每個人就會強烈地認為自己理應得到這些福利，而「任何該死的政治人物都無法刪掉我的社會安全保險。」[13]

小羅斯福還做了其他一些事情讓整個制度在政治上更加脆弱，一九三九年，在建立信託基金的《社會安全法修正案》中，他還為保險基金設置了董事會，董事會需要預測未來七十五年的收支情況，來評估該制度的財務償付能力。要做到這一點，需要對各種事情做出很多假設，來決定未來幾年社會安全保險基金能收入多少，又需支出多少，董事會必須回答以下問題：在七十五年後，還有多少人在工作？這期間又有多少人工作？經濟將以多快的速度成長？薪資將增加多少？當我們接近二十二世紀時，人們平均壽命多長？有多少人將成為殘障人士？通貨膨脹率會如何？會有多少新生兒出生？

當然，這些問題沒人能確定，所以董事會的專家盡其所能做出最好的預測，根據他們二〇一九年的報告，他們猜測到了二〇三五年，社會安全保險的主要信託基金將用盡，即餘額將變成零，[14]勞工仍將向社會安全保險付款，但董事會預估薪資稅將不足以支付全部福利，如果事情真的發生，聯邦法律規定政府必須相應刪減開支，那將使福利減少二十二%。

小羅斯福認為，只要每個人都能「看到」用來支付福利的錢還在，他的政治對手就很難攻擊這個制度，問題就在這裡，今天每個人都能看到錢不在那裡。存入信託基金的盈餘預扣款將使制度繼續保持一段時間，但最終，基金帳戶會變空（除非有所變化），這會引發福利的刪減，並不是因為政府付不起，而是因為國會制定了一條法律，規定如果信託基金的餘額低於零，將不支付全部的補助。

美國聯邦預算問責委員會（CRFB）的資深副總裁馬克．戈德溫（Marc Goldwein），在一篇專欄文章中用了一些反社會安全保險常用的詞彙，首先，戈德溫聲稱該制度正面臨「危機」，並走向「災難」，為什麼？他說，因為「根據現行法律，我們甚至不能對一般新退休人士保證全部的福利金，更不用說現在或將來的勞工了。」[15]

戈德溫沒有提及的是國會可以用一次表決來改變現行法律，而「危機」將永遠消失，畢竟一開始國會就是按照小羅斯福的要求，建立了社會安全保險制度。現代貨幣理論表示，像美國這樣發行貨幣的政府從來不受到財政限制，只要付款義務以自己的貨幣單位（美元）計價，聯邦政府始終可以負擔得起支持這些制度的費用，政府缺乏的不是金融上的支付能力，而是支付的法律權限。

那麼，為什麼不改變法律呢？也許是因為這個想法從未被認真討論過，捍衛社會安全保險的人士並沒有挑戰籌資本身，而是傾向小羅斯福的想法，認為保護制度最好的方法，就是讓大家看到信託基金有辦法籌措到錢，讓董事會的報告顯示制度在七十五年的預測期間資金充足。[16]

但就算社會安全保險在未來的七十五年有充足的資金，仍然很容易受到一些批評家的攻擊。經濟學家勞倫斯・科特里科夫因為要立法者用更長的時間來評估整個制度的財政可持續性而惡名昭彰，要多久？科特里科夫希望我們盡人類所能（甚至超越人類！）嘗試預測在無限的將來，社會安全保險會收入多少，然後需要支付多少。要這樣預測實在荒謬，但是許多議員竟然已經認為科特里科夫有理，邀請他來眾議院和參議院委員會的聽證會上作證，科特里科夫暢所欲言，向國會議員表示，社會安全保險的無底洞（即在無限期內的未來缺口）總計達四十三兆美元，[17]這樣評估，社會安全保險不僅有麻煩，而且根本已經無止盡的破產！

社會安全保險的資金設置曾導致福利的刪減，在一九八〇年代初期，由於預期的短缺，國會以多種方式削減了福利金，國會延遲了調增生活費用的年度生效日期，略微降低了整體補助，並向高所得者收取的補助課稅，最重要的是，退休年齡從六十五歲逐步提高到六十七歲。

退休年齡提高後，人們不僅工作更長的時間，他們的福利也被刪減，因為退休期間沒有收到那麼多的補助，而那些通常因不能工作而提前退休的人得到的補貼較少，因為福利公式反映了較低的總支付。實際上，國會將退休年齡提高了僅僅兩年，對早於六十五歲退休的人們也就是刪減了三十％的總福利，[18] 這項調整還影響到在正式退休年齡之後開始領取福利的人們。

但是，社會安全保險的資金結構不僅容易受到保守派共和黨員的攻擊，也讓許多民主黨人士提議刪減自己政黨的代表政績。有一些報導指出，柯林頓曾在一九九七年試圖與當時的眾議院議長紐特・金瑞契（Newt Gingrich）達成妥協，以刪減社會安全保險和醫療保險，但彈劾案的調查阻止了該協議的進行。[19]

艾爾・高爾（Al Gore）在二〇〇〇年競選總統時，曾提出一個保險箱的想法，來說明他要如何讓社會安全保險免受將來的刪減，當時聯邦預算處於盈餘狀態，高爾認為政府應該將這些盈餘美元鎖在信託基金中，這樣社會安全保險的財務狀況才會更好，他在與小布希（George W. Bush）的大選第一次辯論中，高爾一次又一次地重複了這個想法。

無論多好心，保險箱的隱喻又是另一個被誤導的經濟觀念，這種想法是把山姆大叔想成只擁有有限的美元，將其中一些鎖在信託基金中，在某種程度上會讓政府更容易負擔將來需要支付的福利，高爾的保險箱比喻在政治上適得其反。小布希嘲笑了這樣的說法，告訴選民說，社會安全保險的信託基金不過是「裝滿借據的櫃子」，只是一場騙局。擔任總統時，小布希計畫提出社會安全保險私有化的提議，幸運的是，他並未成功。[20]

高爾其實立意良善，但是想像一下，如果他只是說：「社會安全保險非常安全，無須進行重大改革，聯邦政府可以信守承諾，因為政府永遠不會用完錢。」這將會有多好。不幸的是，還沒有政治人物能向美國人民提供這樣的保證。

二〇一三年，歐巴馬提出了自己的福利削減方案，即所謂的連鎖型消費者物價指數，這是把一個簡單的想法用花俏術語包裝：讓社會安全保險福利增加的速度比通貨膨脹緩慢，所以福利的實際價值會隨著時間變小。如經濟與政策研究中心解釋：「對於六十五歲退休的一般勞工，這表示到七十五歲時每年將減少約六百五十美元，到八十五歲時每年將減少約一千一百三十美元。」[21]

連鎖型消費者物價指數會讓最年長的退休人員（往往是最貧窮的退休人員）的福利減少近十%，[22]比較公平一些的方法是使用 CPI-E 之類的指數（E 代表「老年人」），將老人及殘障人士所需的生活開支比例加重，例如醫療保健和交通費用，[23]參照 CPI-E

可以幫助生活困苦的老人，而不是減少他們的福利。

有人也建議像一九八〇年代那樣再次提高退休年齡，提高到七十歲或甚至以上，退休年齡每增加一年，福利就會減少六％至七％，[24]但是提高退休年齡也會加劇社會不平等的現象。[25]

有時立法者認為社會安全保險需要身家調查，以減少或刪除高所得人士的福利，乍看之下，這似乎合理。政府為什麼要為比爾・蓋茲或歐普拉這樣的人支付社會安全保險的福利？這些人一輩子都不用煩惱！有兩個答案。首先，小羅斯福將社會安全保險建立為一項全民制度，這讓整個制度在近一個世紀以來獲得公眾的廣泛支持。身家調查會把社會安全保險變成專門援助某群「特別需要的」人的福利制度，進而降低其支持度。另一個問題是身家調查和前述各式各樣的變動（如連鎖型消費者物價指數、增加退休年齡等），都把會計問題和財務問題混為一談，把足夠的錢留在會計帳上可以延長社會安全制度支付福利的法律權限，但並無助於增強政府的財務支付能力，上屆國會把沒有必要的重擔施加在社會安全保險制度上，接下來數十年，會讓社會安全保險（以及部分的醫療保險）更容易受到攻擊。

信託基金的設立反而讓人不清楚制度是否能永續發展，我們可以比較社會安全保險信託基金（有兩個）和專為醫療保險設立的信託基金（也有兩個）的處理方式。每年，社會安全保險和醫療保險的董事會分別發布一份年度報告，審查社會安全保險的信託基金（老年和遺屬保險「OASI」和殘疾保險「DI」）和醫療保險信託基金（補充醫療保險「SMI」和醫院保險「HI」）當前和預計的財務狀況。多年來，報告的總結都是：「在目前預定的福利和金源下，社會安全保險和醫療保險都面臨長期的資金短缺。」[26] 尤其，老年和遺屬保險、殘疾保險和醫院保險信託基金都被認為是「處在危機之中」。

根據二〇一九年的報告，老年和遺屬保險信託基金將在二〇三四年耗盡，殘疾保險基金將在二〇五二年用完，醫院保險基金會在二〇二六年耗盡，除非有所改變，否則這些制度將不再被授權支付全額福利金。但有一個沒有問題的信託基金：補充醫療保險（又稱 Medicare B 和 D 部分），為什麼這一個基金財務狀況健康，而其他的基金預料會被用罄？答案很簡單：如果信託基金用盡了，補充醫療保險擁有支付全部福利金的法律權力，其他基金並沒有。「關於補充醫療保險，董事會認為，由於現行法律提供了財源，因此 B 部分和 D 部分在無限期的未來都將獲得充足的資金。」[27] 這讓補充醫療保險在財務上保持健全，直到永遠！

就這麼簡單。由於政府不承諾付款，因此社會安全保險和醫療保險的醫院保險被認為在財政上無法永續，但醫療保險B和D部分則維持財務健全，因為國會已給予了法律授權，無論發生什麼，政府都可以付得出錢來。

實際上，國會可以更改現行法律，其他保險基金便能適用相同的規定，國會還沒有這樣做是一種政治考量，而不是一種經濟選擇，但大多數報紙或大多數專家都不曾談到這一點，我們一直聽到的都是社會安全保險制度即將破產。

持續地散播恐懼對年輕人造成了傷害，我在大學任教，每年我問學生，有多少人認為他們退休後能領到社會安全保險，每年舉手的人愈來愈少，這與泛美研究院（Transamerica Institute）的一項調查結果一致，該調查發現「八十%的千禧世代（一九八一年到一九九六年間出生）表示，他們擔心他們用不到社會安全保險。」[28]

這令人非常難過，因為絕對沒有理由社會安全保險不能為我們的子孫後代提供保障，更不幸的是，正當國家面臨日益嚴重的退休危機之際，對社會安全保險的攻擊也在發生，而此時的社會安全保險比以往任何時候都更加重要。

人們曾把退休比喻為一張三腳椅，椅子的三條腿應該是工作的退休金、個人儲蓄和社會安全保險的福利金，不幸的是，對於數百萬名美國人來說，其中兩條腿已經被鋸掉了，個人儲蓄因全美勞工的薪資停滯而受到影響，雇主也正在刪減退休金。

《華盛頓郵報》報導麥道公司（McDonnell Douglas）關閉了在土爾沙（Tulsa, Oklahoma）的工廠，一群工人因此失去了工作和退休金，[29] 這並不是個意外：當工人控告公司時，法院文件顯示麥道之所以選擇關閉土爾沙廠，是因為許多員工正臨近退休年齡，那時他們將可以領取全部的退休金。

藉由關閉工廠，麥道只須向這些員工支付全部退休金的一小部分，最後，員工勝訴，但所獲得的賠償（平均三萬美元）遠遠少於其退休金的價值。結果呢？許多人工作了一生，不但無法享受退休生活，還被迫繼續工作，為了維持生計，一個七十九歲的退休人員，每天在沃爾瑪招呼客人，每天站八小時，另一個人（七十三歲）值夜班裝載卡車，一名七十四歲的人擔任十字路口警衛，而一名七十六歲的前員工開始買賣垃圾，以賺取額外的現金來貼補家用。

儘管他們的遭遇比較極端，但這些員工並不孤單，全國各地的企業都透過減少退老金來削減成本，這就是為什麼這麼多美國老人遇到麻煩的原因之一。一項研究指出，四十%的中產階級美國人退休後將面臨生活品質降低，即不再是中產階級，且八百五十萬人有陷入貧困或接近貧困的危險。[30] 對於許多退休人士而言，社會安全保險是唯一不讓自己窮困過活的依靠。

雇主已經大幅削減了確定給付制（defined benefit pension plans），該制度保證了退休後每月的固定給付金額，取而代之的是現在許多雇主提供確定提撥制（defined-contribution plans），例如401（k）退休福利計畫，為退休設立了專用儲蓄帳戶。一九七五年，民營企業十分之九的員工享有確定給付制，這通常是勞資談判的結果，到了二〇〇五年，工會沒有了談判籌碼，這一個數字也降至三分之一。[31]

儘管比完全沒有退休計畫好，但401（k）退休福利計畫中的錢必須支持一個人所有的退休時間，這些計畫很少提供退休人士可從確定給付制中獲得的每月收入，這個轉變傷害了低收入勞工，經濟政策研究院的一份報告指出，「收入較高的勞工（繳費能力較高）比較有可能選擇確定提撥制。」[32]

這一份報告也發現，「從確定給付制變成確定提撥制，加劇了種族和族裔之間的差距」，也對單身人士和女性構成了「特殊挑戰」，並擴大了有大學學位和沒有大學學位的勞工之間的差距。

其他數百萬在職的美國人根本沒有退休計畫，根據經濟政治研究院報告所得到的結論：「對於許多群體（低收入、非裔、西班牙裔、未受過大學教育和未婚的美國人），一般工作年齡的家庭或個人在退休帳戶中根本沒有任何積蓄，而那些有儲蓄的人，退休帳戶中的存款中位數也是非常低。」

退休危機與更普遍的薪資停滯危機，還有與教育、醫療保健以及其他基本需求的成本上升有關，這樣看來，退休後的三腳椅看起來愈來愈像一堆無用的長棍。

並非只有當前的勞工會受到社會安全保險刪減的影響。現今，社會安全保險幫助一千五百萬名美國老人和一百萬名兒童擺脫貧困，[33]但他們其中許多人仍處於貧困邊緣。二〇一八年平均退休福利為每月一千四百零九・五一美元，女性平均領到的比這個數字少了二十%，那年聯邦貧困標準是每年個人生活費在一萬二千一百四十美元以下。

在這種情況下，我們應該尋找增加福利金的方法，而不是刪減它們，如果我們這樣做，這些制度將不會把錢花光，是政治在社會安全保險議題上形成了限制，而非經濟。

其他福利措施也相當危險

我花了很多篇幅談論社會安全保險，因為其財務結構說明了赤字迷思如何導致不良的決策，並破壞了社會目標，但關於社會安全保險財務狀況的辯論，也加深了其他福利制度的錯誤理解，尤其，大家堅信這些制度愈來愈花錢。

的確，福利制度在現今的聯邦支出中占了很大的比例，但這並不是史上第一次，十九世紀美國內戰之後，聯邦政府向殘障、貧困、老年聯邦退伍軍人及其家人提供年金，到了一九一〇年，有二十八%六十五歲以上的男性和超過三十萬名遺孀獲得了聯邦福利，[34]在一八八〇年至一九一〇年的三十年中，聯邦政府將四分之一以上的預算用於福利，這項早期的福利制度實施了很長一段時間，截至二〇一七年，一位內戰老兵的女兒仍在領取她的補貼！[35]

在經濟大蕭條時期，隨著社會安全保險制度的建立和為了解決普遍失業和貧困問題的方案，聯邦的福利支出再度增加，那時也有危言聳聽的人，參議員丹尼爾・黑斯汀（Daniel Hastings）表示，社會安全保險「可能會終結一個大國的進步，並讓人民過得像歐洲人一樣。」[36]現在讀來特別諷刺，因為西歐國家的社會安全網還比較強大。

一九六五年成立聯邦醫療保險時，正值戰後經濟繁榮時期，辯論的焦點不是政府支出，而是集中在雷根等人掀起的對社會主義的恐懼。[37]共和黨參議員和總統候選人貝利・高華德（Barry Goldwater）等反對者還嘲笑醫療保險過分慷慨，[38]高華德說：「既然我們為退休人士提供了醫療服務，為什麼不給他們食物籃呢？社會住宅呢？度假勝地呢？然後為吸煙的人配給香菸，給喝酒的人啤酒喝？」

當然，高華德是在說反話；相較之下，其他人提出了比較合理的關切，《紐約時報》的一位記者問：「老人會在醫院門口大排長龍嗎？沒有病房可以安置他們，能照顧他們的醫生、護士和技術人員也不夠。」[39]事實證明，醫院門口沒有一大堆老人，但是檢視我們的經濟是否有能力提供真正的福利（如醫生、護士、醫院病床），以充分滿足政府制度所產生的需求，一直以來的確很重要。

隨著財政辯論向右傾，醫療保險的反對者愈來愈常將焦點轉移到整個制度的開銷，在二〇一二年，有一整頁報紙專欄提供了許多這樣的論點，一位投資銀行家寫道：「如果我們不降低醫療保險成本，它會耗盡聯邦預算，二〇〇八年到〇九年的金融危機會再次出現。」[40]

老布希的前顧問蓋爾・威倫斯基（Gail Wilensky）聲稱醫療保險以「目前的形式並無法長久」，她補充說：「隨著嬰兒潮世代變老」，以及「歷史最低人均消費的任何增加，都需要結合以下幾種措施：刪減福利、變更資格條件、增加分攤成本、增稅或減少醫療院所及醫護人員的補助。」[41]

金融專欄作家菲利普・穆勒（Philip Moeller）寫道：「儘管不會出現重大的短期變化，醫療保險和社會安全保險未來的財務堪憂，如果不進行認真的改革，根據在星期一發布的年度報告，會占據愈來愈多的政府支出。」[42]

保守派曼哈頓學院的戴安娜・富希格特羅斯（Diana Furchtgott-Roth）斷言：「醫療保險顯然是無法永續。」她的結論是：「就目前而言，醫療保險無法兌現對未來老人的承諾，那些選前說要解決赤字問題，並提出替代方案來討論的政治人物，現在選上了，解決醫療保險就是他們的工作。」[43]

所有這些論點都搞錯了方向，因為全部都從赤字迷思出發，只要我們有人力和設施來提供衛生保健以滿足全民的需求，醫療保險就可以在唯一重要的條件下（美國的實質生產資源）長久運作下去。

福利制度也因所謂的扶養比（dependency ratio）而受到攻擊，扶養比把當前工作的人數與領取福利的人數相比較。對於醫療保險和社會安全保險，關注的問題在於年齡扶養比，《華爾街日報》[44]上的一篇文章提供了一個典型的例子：

一九八〇年，每一百名十八至六十四歲的美國人，就有十九位年齡在六十五歲或以上的美國人，但從那以後，這種情況發生了迅速的變化，根據星期四公布各郡人口年齡和種族的最新人口普查數據顯示，在二〇一七年，每一百名工作人口，就有二十五名六十五歲及以上的美國人。

這些關於年齡扶養比的變化，常常都被形容是既令人震驚又意料之外（但其實並非如此）。它們甚至被用來爭論說，當前的制度等於老人對年輕人的背叛，就像一位保守派作家在《華爾街日報》說的：「在我們眼前是世代間的不公不義。」[45]

按照這種邏輯，老人是自私地允許政府以有限的美元為他們提供福利，他們應該犧牲自己的利益，以利子孫後代有福利享用，如我們所見，這是對政府支出錯誤的思考，這使我們做出對老人、對所有人都有害的決策。

伴隨著這種批評，常常是美國人愈活愈久這種說法，不幸的是，事實並非如此。有些人的壽命較長，但疾管中心（Centers for Disease Control）在二〇一八年的一份報告顯示，美國整體預期壽命已連續第三年下降，[46]所謂因毒品、酗酒或自殺造成的「絕望之死」（deaths of despair），在這下降的數字中扮演重要角色，其他因素包括流感死亡人數增加，或因慢性下呼吸道疾病和中風導致的死亡人數增加。

壽命的真正問題和公平性有關，預期壽命與所得密切相關，而這統計數據令人震驚。《美國醫學協會期刊》上的一項研究發現，美國最富裕的男人可以比最貧窮的男人多活十五年，而最富裕的女人可以比最貧窮的女人多活十年。[47]

批評社會福利的人可能會搞錯事實，但他們非常擅長政治言論，攻擊盛行制度時，詞彙選擇就變得很重要，這也難怪他們自稱為福利改革，而不是削減福利或取消福利。

甚至「福利」一詞本身也具有豐富的政治含義，《紐約客》的亨德里克・赫茲伯格（Hendrik Hertzberg）指出，決策者最初將這些制度描述為「賺得的應享福利」（earned entitlements），隨著時間過去，這個詞消失了。然後赫茲伯格說，在一九七〇年代中期，「這個詞重新在兩位著名的保守派學者羅伯特・尼貝特（Robert Nisbet）和羅伯特・諾齊克（Robert Nozick）的作品中冒出來，但『賺得』（earned）不見了。」[48]

這是聰明的一步，他們放棄了對大多數人來說正向的「賺得」一詞，並強調了「應享權利」，在一九七〇年代，應享權利聽起來有負面含義，就像我們描述被寵壞或有特權的人的行事風格（acts entitled）。作家理查德・埃斯科（Richard Eskow）觀察，這個詞甚至出現在《精神疾病診斷和統計手冊》（DSM）中，用來描述自戀型人格障礙的症狀：[49]「認為自己應受尊崇，即不合理地期待得到特殊對待或旁人自動符合自己的期望。」

赫茲伯格指出，雷根最初在演講中用的是像社會安全網之類的中性詞彙，但很快就跟隨尼貝特和諾齊克開始使用應享權利一詞，金融媒體很快就開始仿效雷根，這個詞暗批領取福利的人，但有時候批評一點也不客氣，雷根用惡毒和種族歧視的福利女王刻板形象攻擊了領用福利的人。（大多數領取福利的人都是白人，但這並不重要。）

歐巴馬成立了國家財政責任與改革委員會（National Commission on Fiscal Responsibility and Reform，赤字委員會），並任命艾倫・辛普森為其中一位主席，另一位主席是北卡羅萊納州的一位民主黨選戰操盤手和投資銀行家，叫艾爾斯金・波爾斯（Erskine Bowles）。辛普森負責公眾宣傳，低調的波爾斯則運用他擔任柯林頓白宮辦公室副主任時累積的寶貴人脈。

然而，沒有人比彼得・彼得森（Peter G. Peterson）動員了更多反社會福利制度的勢力，彼得森於二〇一八年去世，但他在此領域的所作所為——更重要的是，他的錢——讓他死後仍影響甚鉅。彼得森的名字從未在公眾中廣為人知，但這位在預算上屬於鷹派的億萬富翁，投入了將近十億美元[50]到公關活動中，以破壞大眾對社會福利制度的支持。

彼得森曾是 Bell & Howell 公司的執行長，尼克森的商務部長，雷曼兄弟的負責人，後來成為黑石集團（Blackstone Group）投資基金和避險基金的聯合創辦人。他資助各式各樣的智囊團、會議和公關活動，並花費很多時間和金錢來培養兩黨的領導人，他的年度財政高峰會上有共和黨也有民主黨人士（柯林頓多年來一直是受人歡迎的講者），由主要電視新聞人擔任司儀和主持人（高薪聘請）。

彼得森與他所支持的政治人物、專家和政策顧問，花了數十年時間試圖說服美國人民：政府的支出，特別是在福利政策上，正讓經濟陷入困境，他們當中較激進的人，如保羅・萊恩，主張將社會安全保險完全私有化，他們認為社會安全保險用光了錢，最好將我們所有的退休金都放在華爾街的籃子裡。不管他們是不了解政府財政的運作方式，還是要讓我們把更多資金匯入華爾街的邪惡計畫，這些人都利用赤字迷思危害了數百萬美國人的財務安全。

當歐巴馬與赤字委員會決定將重點放在減少國家債務時，他似乎誤解了還在為金融危機焦頭爛額的公眾情緒，該委員會確實為彼得森的想法提供了平台，在非常規的安排中，它也依靠彼得森提供資金和資源，《華盛頓郵報》在二〇一〇年四月的報導指出：（赤字委員會）執行董事布魯斯・里德（Bruce Reed，從民主黨領導委員會借調）表示，該委員會將與其他組織結盟，包括彼得森基金會（Peter G. Peterson Foundation），基金會將在星期三舉辦一場財政高峰會，主講人為前總統柯林頓。另外在六月，委員會成員計畫參與由非營利組織 America Speaks 所舉辦包括二十個城市的電子市政會議，商討預算。[51]

America Speaks在同一時期從彼得森基金會獲得了超過四百萬美元，[52]彼得森基金會還支付兩名赤字委員的幕僚薪水[53]（根據《華盛頓郵報》指出，一個自由派組織也向赤字委員會提供了一名幕僚，但發現其理念不被接受，所以得出結論認為「委員會已經脫離常軌。」）

由於委員會的成員無法達成共識，因此兩位主席立即按照彼得森批准的方針擬定自己的計畫，此計畫馬上獲得彼得森的讚賞，[54]並在美國聯邦預算問責委員會的幫助下進行宣傳[55]（美國聯邦預算問責委員會是由彼得森資助的眾多團體之一）。

彼得森的各個組織與歐巴馬的赤字委員會的友好關係，反映了彼得森對政府體制的長期影響，在二〇一二舉辦的財政高峰會就是一個例子。當時歐巴馬政府正嘗試與眾議院議長約翰・貝納（John Boehner）就預算談判「大交易」的可能，當年的演講嘉賓包括貝納和歐巴馬的財政部長提摩西・蓋特納（Tim Geithner），剛好是談判的兩個主要負責人，以及柯林頓、保羅・萊恩和艾倫・辛普森。[56]

當辛普森在職位上醜化成千上萬的美國人，其他共和黨員則誇大社會安全保險殘疾保險中的詐欺行為，[57]這也是另一種妖魔化。令人玩味的是，要求計算超額支付的參議院共和黨員並沒有要求計算少付的款項。

與參議院共和黨議員講的相反，殘疾保險既不慷慨，也沒有到處都是詐欺，要獲得社會安全保險殘障福利金極其困難且耗時，被拒絕後要上訴更是困難，二〇一八年平均聽證會的等待時間為五百三十五天，在許多城市超過七百天，到該年底有八十萬一千四百二十八人在等待聽證會。二〇一六年有八千六百九十九人在等待他們從未得到的聽證會期間死亡。[58]

這樣妖魔化的目的是要人們為獲得福利金而感到羞恥，並讓其他人為此而憤慨，在二〇〇〇年代初期，我為堪薩斯州威奇托市的工會成員演講，談論社會安全保險，那時我深刻感受這些攻擊的不公不義，一位看起來像重機騎士的先生在演講後向我走來，盡他所能地握了握我的手，因為經過多年的體力活，他幾乎無法舉起手或握緊手了，他謝謝我的演說，並表示他期待他即將到來的退休生活。

那個男人，以及其他像他這樣的工人，在一生辛勞後，想要退休並領取福利，不應該受到侮辱。

領取福利者是雷根和其他共和黨人士尖酸言語攻擊的目標，但這是一位民主黨籍的總統——柯林頓——簽署了一九九六年福利改革法案，該法案是希望幫助人們重回職場，但法案真正的作為是迫使人們退出援助名單，這使許多家庭陷入貧困，國家貧困中心（National Poverty Center）的一項研究指出，「極端貧困在一九九六年至二〇一一年之間愈來愈普遍」，[59] 這很大程度上是柯林頓「改革」的結果。

有充分的證據顯示，許多福利改革的前提根本就不存在，對窮人也不公平，例如，現金補貼會讓人不想工作、鼓勵大家未婚生子等。《紐約時報》的愛德華多・波特（Eduardo Porter）[60] 引用了一項研究，表示即使在一九九六年刪減福利之前，「十分之四的美國人只有一到兩年領取福利，領取五年或更長時間的人只有約三分之一。」波特還引用了一九九五年的一項研究，該研究顯示，即使在失業母親的福利被取消之前，「福利金並沒有讓單親媽媽增加。」他補充說，「接下來的二十年，也顯示刪去福利並不會減少單親媽媽的人數。」

持續不斷的攻擊並未成功地減弱大眾對福利制度的支持，但是卻破壞了人們對其長期財務可行性的信心，反福利的群眾對自己的勇氣沾沾自喜，但攻擊老年人、殘障人士和窮人的福利制度一點也不勇敢，尤其這些人其實背後有著大額公關贊助和億萬富翁資助的智囊團。

我們應該如何談論福利制度

到目前為止，我希望你已經知道，我們一直在思考和談論福利制度的方式是完全錯誤的，儘管我在本章的重點是美國，但這種錯誤的思考模式也傷害了世界各地的許多人，這導致了重要社會計畫的刪減，例如英國的國民保健署（NHS）和日本資金嚴重不足的老人年金，[61]在這些國家和其他國家，赤字迷思剝奪了人們改善公共服務的能力，因為政府深信它們沒有錢來維持照顧人民的制度，這不僅會讓那些原本可以透過這些制度改善生活的人被迫面對磨難，也傷害了我們所有人。我們的社會安全網加強了我們每個人之間的社會聯繫，並有助於支撐整個經濟，只要想一下所有雜貨店收銀員、卡車司機、商店老闆，以及其他人的工作，至少有一部分仰賴於大家在全國各地的社區中花費所領到福利金的情況。

這就是為什麼圍繞這些制度的話題總是搞錯方向的一個原因，聯邦政府不應「像坐在餐桌邊的家庭」那樣管理預算，我們不需要犧牲小我，接受財政限制，束緊腰帶（你是否注意到有人雖然說犧牲小我，但犧牲的總是別人？）

那麼，我們應該如何談論福利制度呢？很重要的是我們面臨三個不同的議題，但在討論像社會安全保險和醫療保險之類的制度時，必須將它們分開，這些議題包括：(一)政府財務上的支付能力、(二)支付福利金的法律權限、(三)我們經濟提供實質制度利益的生產量能。

我們已經了解現代貨幣理論強調政府作為貨幣發行人的角色，對於像美國、英國和日本這樣的國家，政府財務上的支付能力絕對不會受到質疑，這是個好消息，因為這表示政府永遠都能支付醫療費用，或為退休人士或殘障人士支付福利金，人民也就不須被迫接受嚴苛的撙節政策，但這並不代表這些政府負擔得起這些支出就可以毫無限制。為更加慷慨的福利制度提供資金可能會使經濟超出其實質資源的限制(即充分就業)，加劇通貨膨脹，這對所有人都有害，這才是應該傳遞給大眾的關鍵資訊，但在我們當代的辯論中，幾乎完全沒有人提及。

有一次我聽到一個很有影響力的人試圖向國會議員解釋這一點，我永遠不會忘記在眾議院那個精彩的片刻。一開始，前眾議院議長保羅・萊恩提出了一個問題，萊恩自稱是赤字鷹派，在國會花很多時間想要將社會安全保險私有化，他一再敦促其他議員與他同一陣線，讓一個有保障的退休制度轉變為私有化的個人退休帳戶，然後讓華爾街的基金管理人負責勞工的退休收入，多年以來，萊恩到處演講，接受電視訪問，像經驗豐富的推銷員一樣，推銷他的私有化計畫，他大讚計畫中個人選擇和自由的優點，聲稱我們迫切需要採取行動，以免當前的體系在無法長久的財政負擔下崩潰。

二〇〇五年的某天，萊恩決定在一位國會特別見證人面前推廣他的計畫，在就社會安全保險面臨所謂的「金融危機」提出他的立場後，萊恩詢問見證人是否同意這樣的評估，當見證人開始回答問題時，萊恩的臉色變了，這不是萊恩想要的答案，證人的回答倒是將福利制度兩個最重要的議題區分開來：政府財務上的支付能力和我們經濟實現承諾實質利益的生產量能。

這位證人是艾倫．葛林斯潘，許多讀者都知道，葛林斯潘在一九八七年至二〇〇六年期間擔任聯準會主席，葛林斯潘由雷根任命，根本不是你我認為的進步派人士，向聯準會主席提出福利制度的相關問題似乎是安全的一招，萊恩幾乎可以肯定，同樣相信自由主義的葛林斯潘會同意社會安全保險的財務狀況無法長久，換成個人退休帳戶系統才是良方，因此萊恩故意向葛林斯潘丟了一顆慢速球，希望他能一棒打成全壘打。

萊恩說，「擁有個人退休帳戶，讓未來的退休人士得到的福利能更加安全。」接著，萊恩向葛林斯潘提出了一個冗長、句子莫名疊加的問題：

你是否認為個人退休帳戶作為償付能力系統組成的一部分確實有助於提高償付能力，因為當你擁有個人退休帳戶政策時，如果它附帶福利抵銷，那麼你認為個人退休帳戶可以幫助我們實現系統的償付能力，並使未來的退休人士福利更加安全嗎？[62]

簡而言之，萊恩問葛林斯潘是否同意社會安全保險制度已陷入財務困境，而轉移到由華爾街管理的私人退休帳戶系統，將有助於解決這場危機。

面對來球，葛林斯潘沒有揮棒，值得我們稱讚，他反而俯身向麥克風，說了讓萊恩震驚的事實：真相。葛林斯潘首先駁斥了萊恩問題背後的全部前提，他說：「我不會說付多少拿多少的福利制度是不安全的，某種意義上來說，沒有什麼可以阻止聯邦政府創造它想要的錢，然後將其付給某人。」[63]

讓我們再重複一次最後一句話：「沒有什麼可以阻止聯邦政府創造它想要的錢，然後將其付給某人。」

這是正確的回應，這毀了萊恩關於政府財務支付能力的整個前提，山姆大叔可以隨時付款！這就是葛林斯潘的觀點。因為就聯邦政府支付福利的財務能力而言，資金不是問題，作為聯準會主席，葛林斯潘知道聯準會可以清償國會授權的任何付款，就像現代貨幣理論所示，國會所要做的就是承諾為該制度提供資金，而資金將永遠存在。

弔詭的是，葛林斯潘在一九八三年主持刪減社會安全保險福利委員會時，從未提出這些建議，那時他接受了「社會安全保險正面臨不可避免的資金短缺」這樣的前提，葛林斯潘主持的委員會建議藉由逐步提高退休年齡和增加薪資稅來提供「預付」給未來的款項，以「重新平衡」社會安全保險的財務狀況以作為回應。這些改變的全部動機皆源於一種錯誤的信念：維持社會安全保險的唯一方法是制定一項計畫，以產生足夠的稅收來支付承諾給人民的福利。

事實是任何福利刪減，或葛林斯潘主持的委員會建議的其他變更，都完全沒有必要，葛林斯潘應該始終都知道這一點，所以葛林斯潘那天回答萊恩的時候說得很對，而且他並沒有就此打住。他回答的第二部分更棒，聚焦在我們應該談論的另一個關鍵問題，萊恩問的問題並不相關，葛林斯潘沒有談論制度的財務狀況，而是告訴萊恩，他應該考慮的問題是：「如何建立一個系統，產出實質資產，讓大家可以用領取到的福利來買？」[64]

換句話說，我們是個高齡化的社會，當前正在努力生產著社會上賴以生存的實質商品和服務的千百萬人將離開勞動力隊伍，走向退休，諸如社會安全保險和醫療保險之類的制度，將在未來幾年為愈來愈多的美國人服務。當我們考慮社會福利時，我們應該考慮如何確保我們的經濟保持足夠的生產力，以滿足未來福利領取者所需的物質商品（醫療保健和消耗品）。

我不確定萊恩完是否全然了解葛林斯潘的觀點，當我們談論福利制度是否能長久時，我們需要考慮的是我們經濟的實質生產量能，我們需要考慮的是經濟如何吸收這些美元，而不是這些美元的來源，拿出錢來支付福利是容易的，真正的挑戰是因金錢投入實體經濟中可能引發的任何通貨膨脹壓力。

難怪萊恩很吃驚，在其他情況下，葛林斯潘的態度好像社會安全保險的財務可行性是其面臨的主要挑戰，但是那天葛林斯潘在美國國會大廈宣誓後，他說出了真相，全部真相，只有真相：只要政府承諾支付福利，社會安全保險就會平安無事。

很難找到願意坦誠說出一切的專家，社會安全保險面臨的「危機」是人造的、政治的問題，而不是財政問題。

一九九八年，在閱讀了一篇標題為「從儲戶手中拯救社會安全保險」的文章之後，我第一次了解到這一點，[65] 該文作者是西北大學經濟學教授羅伯特・埃斯納（Robert Eisner），他是經濟學界裡富有開創性、受人尊敬又真正勇敢的聲音，埃斯納無所畏懼，他是最早看穿社會安全保險赤字迷思的其中一人，他完全不怕指出別人的錯誤觀點，無論是左派還是右派。

就像葛林斯潘一樣，埃斯納拒絕了社會安全保險財務上無法永續的想法，他寫道：

社會安全保險現在或將來都不會面臨危機，它不會破產，它會一直「存在」，不僅對於我們之中現在正在享受它或在不久的將來期待它的人，還是對於嬰兒潮世代和之後的X世代，只要那些要以「私有化」之名蠶食或破壞社會安全保險的人不掌握政治，那這一切都不會有所改變，他們不太可能掌握政治，因為老人，和老人的孩子，都有投票權，而且會明智地投票，因為這個問題的隱含意義全部會變得明顯。

埃斯納的文章還觸及了在討論社會安全保險和其他福利制度時，我們需要牢記的另一個重要問題：自我強加的規則限制了政府支付福利金的法律權限。像葛林斯潘一樣，埃斯納知道聯邦政府始終具有支付它所承諾的福利的財務能力，是支付福利的法律權限把事情弄得複雜，讓社會安全保險之類的制度看來似乎即將破產，埃斯納的文章讓人更清晰地了解什麼是重要的議題，而什麼又是無關緊要的議題。

儘管幾乎每位政治人物都著迷於長期預測社會安全保險信託基金最終會耗盡，但埃斯納提醒我們，信託基金只是會計個體（accounting entities），讓老年和遺屬保險和殘疾保險的基金留有餘額，實際上並沒有改變政府財務上的支付能力；現在信託基金的試算表如果一派長紅，就能維持支付福利金的法律權限，但其實國會只要承諾進行付款，無論有沒有這些會計分錄，社會安全保險都是完全可行的。埃斯納說，「當會計師看到基金存簿的最後一行時，其實就算是負的也可以說成是正的，因為財政部可以繼續進行法律規定的任何支出；儘管會計師看到愈來愈大的赤字，財政部還是可以支付社會安全保險提供的所有福利金。」

等一下，我是在告訴你，一位備受尊敬的經濟學教授認為，要解決社會安全保險面臨的「危機」，國會只要承諾支付款項就可以了，根本不用管社會安全保險信託基金的餘額是多少嗎？嗯，沒錯。畢竟這正是補充醫療保險已經採用的方式。

你我永遠都無法那樣管理我們的財務，但這是因為我們是貨幣使用者，而不是像山姆大叔這樣的貨幣發行人，埃斯納明白這一點。埃斯納解釋，政府與我們其他人不同，「財政部不會，也不可能，破產。」他的訊息基本上是說：不要再煩惱某些分類帳上預期的縮水，而是說到做到，畢竟人們在法律上有權享有自己的福利。

如果讓社會安全保險平穩運行真的那麼容易，為什麼民主黨和共和黨總是為制度的財政問題吵鬧不休？為什麼幾乎每個人為了支持福利制度，都還是將注意力集中在刪減福利或加稅上？為什麼沒有一群敢言的專家像埃斯納（一九九八年去世）一樣止息風波？根據美國行政管理和預算局（OMB）最高官員貝瑞・安德森（Barry Anderson）的說法，「對社會安全保險發表評論的學者或分析師中，很少有人有膽量（或者知識？）能夠認識到這一個基礎事實。」[66]

簡單的解決方案，就是授予老年和遺屬保險和殘疾保險，與補充醫療保險相同的法律權限。對於缺乏膽量或知識來擁護這個解決方案的人，埃斯納提供了另一種辦法，這不過就是一種會計把戲，但可以防止由於信託基金餘額不足而導致社會安全保險面臨刪減，有了足夠的會計分錄，信託基金董事會就會報告一個健全的長期前景，支付福利金的法律權限將因此保持不變，感覺到的危機就會消失。這不是埃斯納的首選解決方案，但是如果將更多的數字添到分類帳，每個人就會睡得更好，埃斯納表示，有許多「針對此會計問題簡單又不會痛苦的解決之道。」

民主黨通常把重點放在增加信託基金，提出的方案包括增加薪資稅、把非薪資收入納入預扣稅額、移除薪資上限，所以所有薪資收入都要按照聯邦保險稅扣繳。對此，埃斯納則表示，有更輕鬆的解決方法，[67]由於信託基金幾乎全部由不可流通的、附息的政府債券組成，為什麼不確保這些債券可以支付足夠的利息，讓信託基金的餘額夠大，會計師也會看得開心？如果債券支付二十五％，五十％或百分之百的利息，那麼信託基金的餘額將爆炸，整個「問題」就會永遠消失，這顯然是一種會計把戲，但埃斯納不在乎。他只要讓立法者發覺，有一種簡單的方法可以讓制度就算在信託基金餘額不足的情況下，也不需要被刪減，畢竟，他寫道：「是國會和財政部決定在基金裡不可轉讓國庫券的利率，並不是上帝決定。」就埃斯納看來，向信託基金中注入所需的資金非常簡單，但也完全沒有必要。

自埃斯納之後，除了現代貨幣理論，其他經濟學家很少以類似的方式挑戰傳統論述，儘管埃斯納發表論文時，現代貨幣理論尚未存在，但他的主要論點與現代貨幣理論觀點不謀而合，他知道貨幣發行人始終可以在試算表上增加會計分錄，讓整個制度保持良好的（會計）狀態。

我們需要在現代貨幣理論提供的觀念下討論福利制度，辯論最終應該集中在我們的優先事項、我們的價值觀以及我們的實質生產量能，來關心我們的人民，現代貨幣理論讓我們能進行有內容、有知識的辯論。

葛林斯潘擔心因為人口結構的變化，讓美國勞工減少，並影響全國生產總值，在這點上，扶養比是個合理的問題，這不是因為沒有足夠的錢，而是因為我們可能難以製造出人們在未來幾年中想要和需要的實質商品和服務，葛林斯潘了解到支付福利給未來的退休人員是不夠的。這筆錢的價值也很重要，為了防止「太多錢但太少貨品」這個古老的通貨膨脹問題，我們需要一個能提供我們需要的商品和服務的經濟體，我們該怎麼做？

首先，我們必須決定我們的優先事項，選舉結果顯示福利制度在我們的社會目標中排名很高；其次，我們應該想想如何實現這些目標，同時確保我們的經濟生產力足以滿足這些目標，又不會引起通貨膨脹。

拿退休當例子。我們大多數人可能會同意，為退休人士提供財務安全的系統是一件好事，我們希望有一個社會，在年長者退出勞動市場後，不會被遺忘，社會安全保險和醫療保險可確保人們在進入與就業無關的生活階段時，獲得基本保護，我們希望這些制度存在，是因為我們希望人們能夠獲得所需的醫療保健，並獲得穩定收入的保障，讓他們可以過上滿足的生活。

二〇一七年，聯邦政府在醫療保健制度上花了一兆美元，其中五分之三用於美國最大的聯邦醫療保險，其餘的花在醫療補助、兒童健康以及《平價醫療法案》的溢價補貼上；另外，還向老人、他們的家屬和殘障人士提供了九千四百五十億美元的社會安全保險福利，總而言之，這些所謂的福利制度將近兩兆美元，約占整個聯邦預算的一半。[68]這些都是很大的數字，但我們已經知道，也就只是數字而已，我們負擔得起，但是實質資源呢？

出生於一九四六年至一九六四年之間的嬰兒潮世代漸漸邁入退休，在接下來的十八年中，每天平均會有一萬名美國人年滿六十五歲，許多人將繼續工作數年，但當他們六十五歲時，所有人都將有資格享受醫療保險，到二〇三〇年，這是有史以來首次美國六十五歲及以上的人口將超過十八歲以下的兒童，[69]嬰兒潮世代將占人口的五分之一。

我們需要做好準備，和三十五歲的人相比，七十歲的人需要更多醫療保健，而需要較少的托育照護，這表示有些東西將需要生產很多，而有些東西則不用這麼多，而且除非我們未來的勞動力規模令人驚訝的增加，例如再一次嬰兒潮或有新移民的湧入，否則我們必須要以不斷減少的勞動力來滿足這些需求。

我們應該現在就開始準備，我們需要培訓更多的醫生和護士，建造更多有無障礙設施的住宅，並投資在基礎設施、教育和研發（包括自動化）上，有了正確的投資，我們可以提高經濟的長期生產量能，避免因實質貨品和服務供應減少而競爭加劇，造成通貨膨脹的壓力。

現代貨幣理論並不認為因為政府發行貨幣的權力，它可以做任何想做的事情，相反的是，我們將注意力集中在我們面臨的實質限制上，因此我們可以找到最佳解決方案，這就是辯論應該進行的方式，需要根據現實世界的資源做出實際的決定。

刪減福利的提議讓我覺得很殘酷，也許你也有相同感受，老人、殘障人士和窮人有權享有適宜的生活和財務保障，因為他們是人，而不是因為一些信託基金所以有足夠的錢來照顧他們，這些制度及其代表的價值應該成為我們社會結構中的一部分，即使你不同意我的看法，我們也應該先對政府財政適當了解後，再來進行對話。

當我們展望未來並思考如何最好地滿足我們的需求時，我們應該停止問：我們將如何付錢？而是開始問：我們如何獲得資源？

我們並非生活在一個完美的世界，我們的資源並非無窮無盡，如果我們想做某些事情來改善我們的生活（為所有人提供醫療服務，或者確保每個人都可以在財務安全的前提下退休，或者讓每位公民不落入窮困），那麼有時候我們就必須在許多目標之間做出選擇。

我們今天需要做好準備，投資那些可以讓我們的生產力達到目標又不會引起通貨膨脹的事物，能幫助我們做到這一點的一切，包括自動化、更好的基礎設施、受教育權、研究與開發或改善公共衛生，都是對未來的明智投資。

美國內戰後，我們可以負擔得起我們的福利制度，二十世紀時，我們負擔得起，現在也能負擔得起。之所以大家為福利制度吵成一團，是因為對金錢的本質和稅收的實際目的，思考皆已過時，這讓我們無法就我們的優先事項、我們想要生活的社會類型以及建構它的資源進行更深入的辯論。

我們面臨的最大挑戰不是成本，而是我們的經濟在未來幾十年中能否生產正確的產出，問題不在於某些電子試算表上的枝微末節，問題在於人們缺乏遠見。即使在資源有限的世界中，也有許多方法可以改善我們所有人的生活，只要夠聰明，勇於想像並且願意嘗試。

第七章

真正重要的赤字

只要存在著富足，貧窮就是邪惡，
政府專治這種邪惡，解決人民的困境。

——約翰・甘迺迪

我在二〇一五年來到華盛頓，加入了參議院預算委員會的民主黨幕僚團隊。那時候是金融危機之後的緩慢復甦。

幾十年來，美國把信任和權力寄託在全球的金融和政治菁英手上，但這群人完全沒有解決地球上大多數人的經濟問題，經濟崩盤是一個小機會，讓我們重新考慮事情的輕重緩急。歐巴馬在危機後立即當選，掌有國會眾議院和參議院絕對多數，承接起變革的責任，但當我到華府時，共和黨已經控制了眾議院和參議院，在赤字支出上無謂的審慎和小心（至少在社會福利制度上）再度變成主流。

民主黨成了少數，共和黨主導議事並設定議程，我們不得不採取守勢。當我參加了一場又一場的會議並幫助準備談話要點時，國會多數只能是一種想像：我可以將議程重點放在美國人所面臨的眾多挑戰上，並編寫一份可以幫助數百萬人過得更安全、更有生產力、更幸福的預算。但身為少數的一邊，我無能為力。

事實上，這可能沒什麼大不了的，兩黨之間儘管總是惡言相向，但在談到聯邦政府要如何「找到」錢來花，每個人都是相同的意見，民主黨和共和黨都是透過貨幣使用者——而不是貨幣發行人——的角度來審視聯邦預算，就像他們審視自己的家庭預算一樣，雙方大致同意美國面臨迫在眉睫的財政危機，因而只在問題的根本原因上進行交戰：民主黨認為問題出在減稅和代價高昂的戰爭，而共和黨則將過度支出歸咎於社會安全保險、醫療保險和醫療補助等制度。

即使我們變成國會多數，我覺得民主黨也仍會照著赤字迷思行事，在桑德斯參議員領軍下，焦點就會變成羅賓漢的方法：向富人徵稅（或刪減國防開支），以支付其他地方更大的開銷，考慮到政治現實，避免赤字增加可能仍舊是國會的首要任務。

身在權力中樞，又是民主黨的首席經濟學家，我在那兒應該要讓別人聽到現代貨幣理論的見解，不過我懷疑我的想法是否可以產生任何影響，我不敢相信自己暫時離開教職，離開了我的家人和朋友，搬到了華盛頓特區，卻發現身邊的人大部分時間都在擔心預算赤字，我大部分的時間都覺得無能為力。

然後，我突然想到：赤字不過就是擁有和需求之間的鴻溝，《韋氏大學詞典》從字面上將赤字定義為「數量或質量上的缺陷」或「能力或功能上的缺乏或損害」。美國政府的財政赤字並不是值得關注的問題，但是美國面臨著其他極為重要的赤字：我們缺乏良好的工作、醫療保健、優質基礎設施、整潔環境、永續的氣候等，如果預算委員會的參議員這麼想談赤字，為什麼不談論這些赤字呢？

巧的是，當時的國會預算辦公室主任道格拉斯・艾爾門多夫（Doug Elmendorf）準備參加參議院預算委員會，這是例行公事，我知道該期待些什麼，艾爾門多夫一定是西裝筆挺，戴著眼鏡，並帶著國會預算辦公室最新的長期預算報告，他首先會帶著委員會成員瀏覽報告的主要內容，要大家注意預期的預算短缺，並警告如果政府無法讓財政機構正常運轉，則可能引發債務危機；然後各參議員將輪流上台發言，爭論我們是否需要刪減開支或提高稅收以解決赤字問題。我想到要開這樣的會就煩，因此我想了一個計畫。

我的老闆是委員會的大老，按慣例，在主席致詞後，他會立即發言，發言內容已由幕僚備妥，我認為這是我切入的機會，我可以開啟全新的對話，我向其他幕僚建議，我們完全不談財政赤字，然後來討論真正重要的赤字。

幸運的是，桑德斯參議員傾聽普通百姓的心聲並深切關心他們的生活，像我一樣，他認為聯邦預算是一份具有道德意義的文件，表達了我們國家的優先事項。我們都認為，美國並非充滿著各自為政、分崩離析的個人主義者，美國人其實有著相互聯繫的命運，我們所有人作為一個民族一同興衰，以這種精神作為我們共同的基礎，桑德斯和我們幕僚群同意修改他的開場白：與其再討論如何降低預期的財政赤字，不如談論其他赤字，包括基礎設施、就業、教育、健康等。

桑德斯參議員一肩挑起大梁，成功轉移了焦點，在聽證會之後，國會出版物《國會山報》下了個標題：「伯尼・桑德斯改寫了『赤字』劇本」。[1]

我們認定的「赤字」是對普通百姓影響最大的赤字，它已經被忽視太久了，卻是任何像樣社會的核心。我們的國家基礎設施正在崩壞，大學教育的成本愈來愈難以承受，有四千五百萬名美國人背負著超過一・六兆美元的學生貸款債務，所得和財富的不平等幾近歷史最高紀錄，自一九七〇年代以來，一般勞工的實際薪資僅增長了三％，將近四分之一的美國人說，他們永遠沒有辦法退休；我們的醫療體系並不恰當，有八千七百萬人沒有保險或保險不足，「改寫劇本」現在和從前一樣需要。

從最基本的概念層面來看，美國的聯邦預算編制過程完全是一團糟，完全無法因應這些複雜的危機。這個過程假設政府現金短缺，不是貨幣發行人，因為這樣的本質，整個過程讓參與者看不到任何最終目標，只求長遠能「平衡」財政預算，這是一個由科技至上的專家設計的過程，旨在束縛政策選擇，只在意分類帳分錄這樣抽象的需求，而不是活生生人類的需求。

現在，一如從前，我們需要好好談論重要的赤字，所以，讓我們這樣做。

工作赤字（缺乏良好的工作）

瑞克．馬施（Rick Marsh）在俄亥俄州洛茲敦（Lordstown）的通用汽車工廠工作了二十五年，該工廠於二〇一九年初關閉，瑞克的父親之前也在那裡工作，也是工會選出的委員，《紐約時報》說，這是「瑞克所擁有的唯一一份真正的工作。」

瑞克有一幢房子，有一個腦性痲痺的女兒，他可以在賓州西部的天然氣田找到一份工作，但薪水大約是他在通用汽車公司的一半；或者他可以試著利用自己的資歷，換到其他地方的通用汽車工廠，但是他和他的妻子都不願採用任何一種選項，因為這代表他們要放棄為了女兒努力建構的人際互助網路，包括學校和當地的公共服務。[2]

瑞克的故事並非個案，美國的製造業就業率仍然遠低於從前。那時還沒簽訂北美自由貿易協定、世貿組織協議以及其他有利於企業的貿易協議，簽了之後，瑞克所屬的工業和其他行業相繼倒閉；金融危機讓事情更糟，在二〇〇八年之後的八年中，美國人失去了二十一萬二千份電信工作和十二萬二千份製造業工作，公部門的工作（通常提供生活工資和良好福利的工作）也有所減少，州政府和地方政府裁了約三十六萬一千名員工，美國郵政局裁了十一萬二千人。

是的，自二〇〇八年金融危機以來，經濟持續緩慢地復甦，在本書撰寫期間，就業機會也慢慢增加，到了二〇二〇年初，失業率為三・七%，遠低金融危機後的十%；然而增加的工作絕大多數集中在低技能、低薪職業上，這就是為什麼數百萬人嘗試做兩到三份工作來湊足足夠的收入以維持生計。羅西歐・卡拉凡提斯（Rocio Caravantes）在二〇一四年告訴《芝加哥論壇報》：「靠時薪八・二五美元生活是不可能的。」[3]當時卡拉凡提斯不得不在芝加哥市中心的豪華飯店裡做兩份工作，擦洗地板和打掃廁所，這樣每兩個星期才能湊足四百九十五美元，她的房租每個月是五百美元，她每天必須搭公車通勤一個小時，而且她一天都不能請假，卡拉凡提斯告訴《論壇報》，她一開始覺得如果她表現良好，工資就會增加，但她承認：「我錯了。」同時，每小時八・二五美元仍然是伊利諾州的最低工資，聯邦最低工資僅為每小時七・二五美元。

將近四十%的美國人表示，他們在緊急狀況時拿不出四百美元，[4]請不要多想：低薪的工作就是原因，如果市場上有很多好工作，就不會這樣了，如果勞動市場真的很健康強大，雇主將需要提高工資來吸引勞工。

我們可能已經恢復了工作數量，但是新工作的質量要低得多，例如，食品服務業增加了二百萬個工作機會，而零售業增加了一百二十萬個工作機會，根據美國勞工部的

《經濟新聞稿》，零售業工人的平均年薪中位數為二萬八千三百一十美元，而餐飲服務業和食品從業人員的平均年薪甚至更低，平均僅為二萬二千美元，實際上，自二〇〇八年金融危機以來，增加的工作中，有近四分之三的年薪不超過五萬美元，大多數人的薪水還要比這個低。從一九七〇年代到二〇一八年，通貨膨脹調整後的一般勞工薪資僅增長了三%，所得在最低五分之一的勞工在這一段期間的薪資還有所下降。[5]

沒有什麼原因零售或食品服務工作的薪資一定會比以前的工作差，但是在這些行業中，工會從未有過製造業在二十世紀中葉獲得的立足點，在這些行業中，雇主掌握著所有的籌碼，並用盡所有詭計（從外包到特許經營，還有不聘全職員工而採約聘制），盡可能壓低薪資和福利支出。

而這一切也有地域的差別：可以找到工作的地方與以往不同，幾十年前，在一九九〇年到一九九一年衰退後的經濟復甦期間，美國中西部的農村市場和小鎮有全國最高的就業率成長，但是自那以後反彈力道不再；在金融危機後的復甦中，最高的就業成長率發生在城市地區，像是洛杉磯、紐約和休斯頓等大城市，人口較稀疏的地區和農村地區的就業成長不到以前的三分之一，[6]在某些地方，在二〇〇八年後沒有實質上的復甦，就業市場直接撤離。

伊利諾州的開羅曾經是密西西比河和俄亥俄河交匯處的繁華小鎮，有商店、免下車的各式服務和夜店，但在工業衰退和種族歧視加劇（開羅主要是非裔美國人）重擊下，現在開羅有兩家達樂（Dollar Generals，譯注：美國大型一元商店）和其他一些商店。當作家兼攝影師克里斯・阿納德（Chris Arnade）問一名四十七歲的當地教師瑪法為什麼留下來，瑪法的回答很簡單：「這裡是我的家，這是一個小社區，是我的家人，你不能就這麼放棄你成長的地方。」[7] 現代美國經濟經常迫使人們在家鄉和生計之間做出抉擇，很殘酷，即使人們確實願意離開，搬到一個全新的城市，通常也是一個昂貴、困難和冒險的選擇。

同時，對於幸運生活在就業機會成長的地方的美國人來說，他們仍然常常不得不接受比較不好的工作，這種現象被經濟學家稱為「低度就業」，也就是失去了不錯薪資的工作，只好換到其技能和學歷並未被充分運用的低薪工作，例如，有兩個孩子的母親麗莎・卡西諾—舒茨（Lisa Casino-Schuetz）擁有碩士學位，並且曾有一份六位數薪水的穩定工作，然後金融危機發生，工作消失了，卡西諾—舒茨不得不以每小時十五美元的薪水在體育醫療機構工作，但這份工作解僱了她，她換到亞馬遜做客服，但那工作也沒了，她說：「你問：『為什麼是我？我做錯了什麼？』」[8]

低度就業影響範圍很廣，作家安德里亞・湯普森（Andrea Thompson）整個部落格記錄了他們的故事，甚至包括湯普森自己六十四歲的祖母：湯普森的祖母一生都是廚師，在接受了一系列醫療手術後，現在她是當地高中一名低薪午餐廚工，她最近被診斷出患有糖尿病，但她無法負擔與病情相關的醫療保健費用。

這種「人力用後即丟」的觀念猖獗，除了影響就業和薪酬以外，還以各種方式影響著美國人，美國精神病學協會（American Psychiatric Association）二〇一八年的一項調查顯示，有三分之二的人表示他們擔心自己的收支，其他也盤踞在心上的問題有他們的個人健康和家人的安全：兩者也都受到財務狀況的影響，美國精神病學協會網站指出：「將近四分之三的婦女，近四分之三的年輕人（八至二十四歲）和近五分之四的西班牙裔成年人對於帳單有些或非常焦慮。」二〇一七年《社區健康雜誌》（*Journal of Community Health*）的一項調查顯示，三分之一在職的美國人認為自己的工作並不穩定，[9]普遍來說，這種脆弱的感覺有更高的機率引發肥胖、睡眠品質不佳、煙癮、工作日減少以及健康狀況惡化。經濟學家蘇珊・凱斯（Susan Case）和安格斯・迪頓（Angus Deaton）研究了自一九九九年以來中年白人死亡率急劇上升的現象，發現大多來自於自殺、毒品和酗酒，也就是所謂的絕望之死，而主要原因又源自於經濟上的焦慮。

並非只有美國勞工面臨這些挑戰，大衛・貝爾（David N. F. Bell）和大衛・布蘭奇福洛爾（David G. Blanchflower）發現，在二〇〇八年金融危機之後，低度就業讓他們研究的二十五個歐洲國家大多數薪資都降低，[10]但美國勞工比歐洲勞工面臨更艱鉅的困境，與許多歐洲國家相比，美國的就業情況不好。此外，美國是唯一不要求雇主提供帶薪產假的先進國家，實際上美國是唯一不要求雇主提供任何形式的帶薪休假的先進國家，當然一些美國雇主會自己加強，但是作為一個整體，美國勞工獲得的假期時間只約略多於英國、法國或西班牙勞工的四分之一。

最近有許多人在談論高薪製造業工作被轉移到國外，以及這對美國夢的影響。在中西部工業區，川普在二〇一六年當選，因為他承諾將重返過去輝煌，並希望可以回到從前，找到一份穩定的製造業工作，過上平順充實的日子。我猜，人們真正渴望的從前，是一份工作就能養家糊口，買一棟房子，在車庫裡放兩輛車，送孩子上大學，每年帶家人度假一次，退休的時候能領到不錯的年金，這樣的渴望化身成川普的口號：「把製造業工作帶回來」或「使美國再次偉大」，但這其實是要取代失去的工作安全感，以及中等收入工作曾經能夠提供的生活。

追根究底，缺乏良好的工作是由於金錢在經濟中流動的方式，目前這些資金流向一小部分幸運的美國人，提供了豐厚的報酬和巨大的利益，但其他多數就只能分到微薄的工資和微不足道的利益。可是現代貨幣理論指出，錢是聯邦政府無法耗盡的資源，沒什麼理由每一份工作不能是一份好工作，有不錯的薪資、工時、保障和福利，無論是零售店的職員、速食店的員工，還是芝加哥豪華飯店的清潔員。

在下一章，我會解釋現代貨幣理論的聯邦就業保障，可以為所有雇主設定一個最低標準，來提供每個想要工作的人可維生的薪資和福利配套，現代貨幣理論還提出其他工具來解決給薪假和年度休假的問題，從而提升我們的生活品質，改善健康狀況和身心平衡。這些想法可以提供真正的充分就業，為最底層的人們增加收入，讓經濟收益平均分散到社會各階層，有效消除美國缺乏合理薪資工作的問題。

隨著我們改變經濟，實現更環保、更安全、更有保障的未來，美國人值得——也能得到——有品質的工作。

儲蓄赤字

缺乏良好的工作對美國社會產生了各種連鎖反應，失去好工作代表失去好薪水，這意味著無法儲蓄，曾經有一段時間，對於許多美國人來說，大家可以合理地希望大學學位能夠帶來一份薪水高的工作，可以提供安全感，適宜的健康福利以及穩定的退休生活；但現在不再是這樣，勞工沒有辦法為他們的老年儲蓄，而是到了四十歲甚至五十多歲還在還學生時期的債務，他們想知道自己怎麼存得夠，才能退休，如果他們有孩子，他們還有讓孩子就學的壓力。

儲蓄赤字登場。

實際上，可以合理地說，典型的在職美國人沒有辦法為退休生活準備任何錢，一項研究發現，美國工作年齡人群的退休帳戶餘額中位數為零，[11] 其他調查發現，沒有為退休儲蓄的美國人比例從二十一％[12] 到四十五％，[13] 甚至比只有存五千至一萬美元的人還要多，到目前為止，人們缺乏儲蓄的最大原因是收入不足和支付帳單的需求，將近六十六％的美國人認為存的錢不夠自己的晚年人生。[14] 現在，正值工作年齡的美國人略有二億多人，但有超過一億名美國人沒有任何形式的退休資產，包括雇主提撥的401

（k）退休福利計畫、個人帳戶或退休金；[15] 低收入勞工的狀況更糟：五十一%的人沒有退休儲蓄，[16] 擁有退休帳戶的勞工平均餘額為四萬美元，儘管如此，仍有七十七%的美國人沒有適合其年齡和所得水準的退休儲蓄。在二〇一九年六月，六十五歲以上的人有五分之一正在工作，還不包括積極尋找工作的人，[17] 美聯社和芝加哥大學國家民意研究中心（Associated Press-NORC）在二〇一九年進行的另一項民意調查發現，將近四分之一的美國人覺得永遠無法退休。

並非總是這樣，嬰兒潮世代出生在相對平靜的經濟成長時期，他們的父母，即所謂最偉大的一代，出生於經濟大蕭條時期，但是經歷了幾段進步的歲月，社會安全保險建立，軍人權利法案頒布，失業給付擴大，經濟在二次世紀大戰後經歷了長達數十年的繁榮，可以肯定的是，這種成長並非人人平等，非裔美國人在很大程度上因為種族隔離而被排除在外，而其中一些時期充滿了政治紛爭，但這些世代的人通常期望比父母活得更好。至少對大多數人來說，美國夢是真的而且美妙，預期壽命和其他健康結果整體來看也有所改善，雇主和員工之間共享了產值的增加。最近申請破產的西爾斯百貨（Sears）在一九六〇年代和七〇年代與員工共享了其利潤豐碩的成果，從清潔員到高階管理人員，所有員工都享有認股選擇權、利潤分享計畫和退休金。

正如我們已經談到的，社會安全保險的慘劇只是赤字迷思的想像和延伸，但有一個重大變化真的讓美國人的退休保障受到嚴重影響：確定給付制的消失。

這類過去曾被戰後世代視為理所當然的制度保證了一定的退休收入（更不用說全面的醫療福利，在許多情況下還包括工會卡），但是在一九八〇年左右，雇主開始採用確定提撥制（401〔k〕退休福利計畫）代替退休金，退休時收入的多寡取決於在整段工作期間能夠存下多少，如今勞工被期待要為退休儲蓄，然而當他們努力維持生計時，他們無法存錢。

現在許多家庭反映出參議員伊莉莎白・華倫與女兒阿米莉亞・華倫・泰吉（Amelia Warren Tyagi）合著的《雙薪收入的陷阱：中產階級父母為什麼會破產》（*The Two-Income Trap: Why Middle-Class Parents are Going Broke*），由於薪資停滯，加上醫療保健和大學學費的上漲，父母雙方被迫努力支付基本費用，努力使家人保持在中產階級，同時對未來充滿高度的不安全感。儘管書是在二〇〇四年出版，其中的核心議題——中產階級空洞化——直到今天才變得更加緊迫和普遍，教育成本的上漲意味著他們必須為子女的大學學費支付更多費用，而醫療保健成本的上漲和雇主健康福利的減少進一步削弱了儲蓄能力，確定給付制的逐漸消失讓個人和家庭收入失去了保障，增加了儲蓄的需要，但是現在存錢也愈來愈難。

儲蓄赤字在金融危機後的「復甦」期間一直持續著，《華爾街日報》最近的一篇文章概述了家庭無法為未來儲蓄，而只能以無擔保個人貸款和其他形式的負債來融資，岌岌可危地留住一份中等收入。除不動產抵押貸款外，債務在二〇一三年至二〇一九年間激增了一兆美元，這一增長主要歸因於學生債務、汽車貸款和未償付的信用卡卡債的飆升，有一個例子是一對住在康乃狄克州西哈特福德的一對年輕夫婦，他們二十八歲，科技業，兩人所得共十三萬美元，他們有五萬一千美元的學生債務，一萬八千美元的汽車貸款和五萬美元的信用卡卡債，加上二十七萬美元的不動產貸款，以及為了剛出生的女兒和日間托嬰的費用，他們不再出門吃飯，出了一場車禍之後，他們陷入更多的債務。西雅圖地區的另一對夫婦，三十四歲，他們的總收入為十五・五萬美元，他們有八萬八千美元的學生債務和每月一千二百美元的日間托嬰費用，他們每月支付一千七百五十美元的房租，因為他們買不起西雅圖的兩房住宅，那裡的房價中位數接近七十五萬美元。這兩對夫婦，即使他們加起來的所得都算高，也買不起房子，更不用說存下任何錢了。[18]

意料之中的是，儲蓄赤字在各種族和族群間各不相同，經濟政策研究院的一項研究，調查了三十二歲至六十五歲的人為一家之首的家庭退休儲蓄，發現白人、非裔美國人和西班牙裔家庭之間存在嚴重差異。截至二〇一三年，有六十五%的白人家庭有一些儲蓄，但只有二十六的西班牙裔家庭和四十一%的非裔美國家庭有任何可用於退休的儲蓄，這些數字也顯示了在金融危機之後，有退休儲蓄的西班牙裔美國人減少了十二%，有退休儲蓄的非裔美國人減少了六%；在那些確實有儲蓄的非裔和西班牙裔家庭中，他們的儲蓄與白人也差距明顯，擁有退休帳戶的白人家庭儲蓄中位數為七萬三千美元，而非裔和西班牙裔家庭則只有二萬二千美元。然後，與白人家庭不同，非裔和西班牙裔美國人的退休帳戶在金融危機後沒有反彈：二〇〇七年到二〇一三年間，白人的儲蓄中位數增加了三千三百八十七美元，而西班牙裔的儲蓄中位數減少了五千五百零八美元，非裔的儲蓄中位數減少了一萬零五百六十一美元。

男女之間也存在著經濟不平等，經濟政策研究院指出：「在不同的教育水準上，女性的薪水始終低於男性，而具有大學學歷的男性平均薪資高於具有高學歷女性的平均薪資。」愈來愈多女性負責一個家庭的收入，因此薪資歧視使她們更難以儲蓄，缺乏負擔得起的托兒服務也是原因之一。[19]

儲蓄赤字看起來似乎無法解決，但是我們在第六章中看到，沒有理由懷疑社會安全保險的財政償付能力，我們也有充分的理由要求擴大社會安全保險福利和更健全的公共退休體系。同時，現代貨幣理論的工具可以提供所有美國人有機會再次獲得薪資不錯的工作，更不用說還有立即消除學生債務，並讓托兒服務負擔得起或甚至免費。這樣一來多了這好幾千塊，這些家庭就可以用來儲蓄退休生活或藉由購買房屋來建立資產，有薪家庭應該儲蓄，但首先我們必須打造一個他們可以儲蓄的經濟。

為了達成這一個目標，我們有個最需要解決的問題：我們的醫療保健赤字。

醫療保健赤字

我們用我們的生命為美國醫療保健赤字付出代價，一九七〇年，美國的平均壽命是所有先進國家中最高的，到了二〇一六年，美國已落後大多數先進國家（經濟合作暨發展組織〔OECD〕中的成員）的平均壽命，而現今，在最先進和長期已開發的經濟合作暨發展組織成員國中，美國的平均壽命最低，美國的嬰兒死亡率是所有先進國家平均的兩倍以上，只有智利、土耳其和墨西哥的嬰兒死亡率比較高。

我們的醫療保健赤字不僅顯示在美國與世界其他地方之間的差異，美國人的壽命會因社會經濟地位和種族等因素而明顯不同，從一九八〇年到二〇一〇年，美國最富有的男性的平均壽命大幅增加，達到八十八．八歲，同時最貧窮的美國男性在同一時期實際上平均壽命下降到七十六．一歲；對於女性而言，最富裕的人平均壽命為九十一．九歲，最貧窮的人為七十八．三歲。

我們也可以聚焦在一個特定的地方，以巴爾的摩為例：在城市的低收入地區，平均壽命比最富裕的地區少了將近二十年，像黑人人口占了九十％的麥迪遜東角（Madison-Eastend），平均壽命不到六十九歲，而在附近白人占七十八％的梅德菲爾德（Medfield）、罕普登（Hampden）、伍德貝利（Woodberry）和瑞明頓（Remington），平均壽命為七十六．五歲。[20]

並不是美國不花錢在醫療保健上，實際上我們的支出比任何其他先進國家都還來的多：根據經濟合作暨發展組織的數據，我們為每個人在醫療保健上的平均支出是一萬零五百八十六美元，是加拿大的兩倍多（加拿大的平均支出是四千九百七十四美元），西班牙為每個人平均支出三千三百二十三美元，預計到二〇四〇年將達到最高的平均壽命八十五．八歲，據估計那時美國將排名第六十四，平均壽命為七十九．八歲，所以問題出在哪裡？如果我們花比較多的錢，為什麼我們不會活得更久，更健康？

現在仍有約兩千八百五十萬名美國人缺乏健康保險，這表示在美國沒有醫療保健的人數要多於任何其他類似的國家，事實上由於共和黨削弱了《平價醫療法案》（*Affordable Care Act*），美國擁有健康保險的人數正在下降。此外，由於所提供的承保範圍不足，即使擁有醫療保險的人也常常沒有辦法得到所需的護理，這就是所謂不足額保險（**underinsurance**）的問題，再加上完全沒有醫療保險的人，在二〇一九年，美國總共有八千七百萬人沒有所需的醫療保險。[21]

很多擁有健康保險的人，即使是由雇主投保「好的」保險，也常常在需要醫療服務時，被迫自掏腰包，支付數千美元的自付額和部分負擔金額，舉例來說，根據《平價醫療法案》，在二〇一七年，銅級的個人平均自付額超過六千美元，而家庭的平均自付額接近一萬二千四百美元，[22]在意外醫療緊急情況下，這些個人或家庭將不得不分別支付高達六千美元或一萬二千四百美元的費用，還記得有四十%的美國人說他們在突發狀況時很難生出額外的四百美元嗎？[23]人口普查局的數據顯示，二〇一八年醫療相關費用使八百萬人陷入貧困，[24]研究顯示有一億三千七百萬名美國人因為過去一年醫療上的負債而面臨艱困的生活。[25]此外，醫療債務是人們把退休帳戶的錢拿出來用的最主要原因，所以醫療保健赤字與儲蓄赤字息息相關。

由於費用的關係，將近四分之一的美國人表示他們不去看醫生，而有五分之一的人出於同樣的理由沒有購買處方藥，結果許多被認為有保險的人只好放棄他們需要的照護，典型的保險通常也無法涵蓋某些關鍵的照護，例如視力、聽力或精神健康，許多人在這些方面出現了問題，卻得不到治療。

政策分析師麥特・布魯尼格（Matt Bruenig）指出了不足額保險的另一個問題，他的調查結果顯示，如果共和黨在二〇一七年成功廢除了《平價醫療法案》，那麼未來十年將有五十四萬人因此喪生，因為這些人會得不到醫療保健服務，但是即使共和黨沒有成功，也將有三十二萬人喪生，這很重要：這表示即使在「歐巴馬健保」的制度下，仍有數百萬美國人沒有保險。[26]

把所有這些都加起來，美國在醫療服務方面仍然遠遠落後其他先進國家也就不足為奇了，即使在二〇一〇年已通過《平價醫療法案》，我們的醫療保健赤字減少了我們工作和玩樂的時間，也失去了與朋友和親人在一起的歲月，許多人不應該那麼年輕就過世。

至少，現代貨幣理論已經告訴我們，我們未能為每位美國人提供適當的保險和照護，並不是因為政府無法「負擔」這筆費用，是我們讓自己接受亂七八糟的私人保險公司、雇主計畫和拼湊而成的政府制度提供的保險；我們的系統有太多的關卡，無論是醫院、醫療服務提供者、製藥公司或私人保險公司，都在其中拚命壓榨我們，這個系統利潤極其龐大，但人們卻愈來愈難以獲得醫療服務。如果要建立一個每個人都有權獲得所需醫療保健的系統，那麼必須確保我們有實質的資源，資金來源不是問題，資源才是；要彌補醫療保健赤字，將需要更多家醫科醫生、護士、牙醫、外科醫生、醫療設備、病床等，為了適當照顧所有人，我們需要建立更多醫院和社區衛生中心，增加對醫學研究的投資，我們也需要一個能培訓下一代醫生和護士，卻又不會讓美國人背負債務的經濟，從這一點，我們來看下一個美國生活中需要解決的赤字。

教育赤字

我們的教育體系存在著不平等，從學前教育到高中以上都是，我們的認證系統誘使學生永無止境地追逐大學學位，這與缺乏良好的就業機會有關，因為現在愈來愈多雇主要求高學歷，[27]儲蓄赤字也與教育赤字有關：數百萬名學生無法負擔不斷上漲的大學費用，龐大的學生債務嚴重拖累了我們的經濟。

我們的教育赤字從學齡前就開始，有些地區為自己的人民提供學前教育，例如，紐約市正試圖為其部分居民提供免費的幼兒園，[28]但總體而言，幼兒園對典型的工作家庭來說是一個沉重的負擔，每年約九千一百二十美元或每月七百六十美元，歐巴馬政府在此問題上有一些進展，提出了「人人有學前教育機會」（Preschool for All）的方案，並建立了聯邦與州政府之間的合作關係，以資助中低收入家庭四歲兒童接受高品質的幼兒教育，透過學前教育發展零到五歲助學金（Preschool Development Grant Birth Through Five）計畫，為十八個州約二萬八千多名幼兒提供了改善的教室環境；[29]此外，歐巴馬於二〇一五年十二月簽署了《每個學生都成功法案》（ESSA），這項跨黨派的法案為高需求的學生和家庭提供了幫助，同時加強了前面提到的對高品質學前教育的投資。[30]不幸的是，川普一再放話說要取消ESSA並取消歐巴馬時代的教育計畫。

用於資助從幼兒園（Kindergarten，通常五到六歲）到十二年級（grade 12，通常十七到十八歲）教育的大部分資金，通常來自地方財產稅，這造成了教育品質的巨大差距。密西西比州貧窮農村地區的財產稅收與康乃狄克州格林威治地區明顯不同，而這樣的不同反映在學校品質上。這顯然剝奪了許多學生在閱讀和數學等傳統學科中所需的機會和資源，讓他們相當氣餒，但體育也受到了波及，體育本來被認為是一個可以打破社會藩籬的途徑，但是《紐約時報》最近研究在愛荷華州，大城市的學校在體育競賽時經常慘敗給在較富裕郊區的鄰校，因為後者有錢提供更好的練習和設備，在過去的十年中，狄蒙因（Des Moines）公立高中和有錢郊區學校的對戰成績是零勝一百零四負，十七歲的高中生達斯汀・哈格勒（Dustin Hagler）說：「輸球很糟，但不是只有輸球而已，是覺得根本就贏不了，所有事情都不順。」美式足球的輸贏變成了美國學校教育不平等的一個隱喻，而哈格勒的挫折感可能吐露了全國貧困兒童的心聲：相較於富裕學區的同齡小孩，他們就是沒有同樣的資源。[31]

我們教育系統中的赤字也出現在高等教育，在一九八七到一九八八學年，四年制私立學校的學費為一萬五千一百六十美元，到了二〇一七到二〇一八學年，學費增加了一倍以上；公立學校的學費也呈現類似趨勢：一九八七到一九八八學年為三千一百九十美元，在二〇一七到二〇一八學年已漲到九千九百七十美元。[32]

學費上漲導致全國的學生債務危機：二〇一七年畢業的學生，如果有借款的話，現在平均欠了二萬八千六百五十美元，對於就讀私立非營利性大學的美國人來說，平均債務為三萬二千三百美元，如果是在以營利為目的的學校就讀，平均債務為三萬九千九百五十美元。有色人種的學生也受到不成比例的影響，二〇一二年，黑人學生平均借款比白人學生多了三千五百美元，這種不成比例的負擔導致非裔美國人在所有高等教育中輟學率愈來愈高：在以營利為目的的四年制大學中，申請就學貸款的黑人學生有六十五％輟學，申請就學貸款的白人學生有四十四％輟學，整體來看，在二〇〇九年，有債務的黑人學生中有三十九％輟學，其中三分之二將高昂的學費作為離開學校的原因。[33]

我們的高等教育赤字總共讓四千五百萬美國人背負了學生債務，這限制了他們的自由，並讓他們無法為社會和經濟做出充分的貢獻。在二〇一八年第四季，學生貸款拖欠未繳的官方數字高達一千六百六十億美元，但紐約聯邦準備銀行估計，在此期間，可能有近三千三百三十億美元的學生貸款逾期未繳，彭博社（Bloomberg）的亞歷山大・坦齊（Alexandre Tanzi）指出，這一個數字接近政府在二〇〇八年金融危機後，根據不良資產救助計畫（Troubled Asset Relief Program，簡稱TARP）所提供的四千四百一十億美元。[34]

最後，雖然二〇一七年畢業的學生平均學生債務約為三萬美元，但許多人欠得更多，有些人的債務甚至超過十萬美元，學生通常每月支付三百五十至一千美元的本金和利息，而這些款項通常讓他們難以搬離父母家中的地下室，組織家庭，買車甚至出門吃飯，值得注意的是，所有這些活動都支持著我們的經濟。

我們曾經告訴年輕人，要有一份好薪水的方法就是上大學，這是提高所得和更多財務保障的途徑，但事情再也不是如此，大學學位變成最低要求，沒有大學學歷，可能就直接掉入社會鴻溝，問題是，就算有大學文憑，收入也沒有增加，實際上對於六十%的大學畢業生來說，如今的薪資水準比二〇〇〇年還要低，[35]大學畢業生的實質所得基本上停留在二三十年前的水準，而上大學的實質成本卻急劇上升。一群人仍相信這是成功之道，卻為此背負了沉重債務，壓垮了自己，以為能爬上枝頭，但最後卻在原地打轉。

現代貨幣理論可以為擺脫教育赤字做出什麼貢獻？大部分從幼兒園到十二年級的學校資金來自地方財產稅，這超出了聯邦政府的控制範圍，但我們將在下一章中更詳細介紹，聯邦政府的助學金可以是資金的來源，幫助州立大學變得免費，或至少比現在便宜得多；現代貨幣理論也認為，聯邦政府可以輕鬆快捷地償還所有學生債務，釋放個人資金，讓其投入經濟中，在民間創造數百萬個新的就業機會；[36]最後，薪資停滯與學歷要求提高的雙重趨勢，是因為雇主掌握太大的權力，借助現代貨幣理論的工具，我們可以恢復充分就業和讓勞動市場緊縮，讓勞工有更多爭取權益的空間。

與我們討論過的其他赤字一樣，只要我們不問「我們要怎麼付錢」，並從現代貨幣理論的角度來研究問題，不僅有可能的解決方案和希望，而且顯而易見。

基礎建設的赤字

你是否曾經塞在高速公路的車陣中？或者在停機坪上無止盡地等著前面的飛機起飛？如果我們有更環保、更有效率的交通設施，那該有多好？《紐約時報》在二〇一九年，發表了一篇標題為「你在拉瓜迪亞機場的慘痛經驗」的專文，[37] 拉瓜迪亞機場是紐約市三大機場之一，目前正耗資八十億美元進行翻修，但仍然沒有通往城市的鐵路連接，我們有多少人每天因為行駛的高速公路車道太少而塞車，就算是比較多車道的高速公路，也經常有一兩道關閉，填補不斷出現的坑洞？我們有多少人因為大眾運輸系統延遲或完全癱瘓而趕不及上班、上課或排好的會面？你有多少次聽到孩子大喊：「網路又斷了！」有多少人曾經坐在醫院急診室的候診區，等了好幾個小時？或更糟糕的是已經在看診中，但仍躺在擺在走廊的病床上，等待空的檢查室？

我們都知道一個國家的基礎建設，包括道路、橋梁、水壩、堤岸、學校、醫院、鐵路、電網、寬頻、廢物和汙水處理等，可以保持其社會和經濟的平穩運轉，這些設施和人民教育普及的重要性不相上下，但眾所周知的是，美國的基礎建設已經無法完成這項任務，這就是基礎建設的赤字。

對此，大家普遍都無能為力，但有時赤字變成悲劇一場：當橋梁斷裂，火車對撞，堤岸崩塌或城市的飲用水變得有毒時，人們承受了額外的財務成本，受傷或因此而喪生。

中西部地區最近的洪水讓你我無法無視我們的基礎建設赤字，在二〇一九年夏天，內布拉斯加嚴重淹水，損失了三百四十家企業和超過兩千棟住宅，農業和畜牧業遭受的打擊最為嚴重，估計牧場和農作物的損失超過八億美元。一九二七年建造的斯賓塞大壩倒塌，造成內布拉斯加居民肯尼・安吉的死亡，他的家也沒了，內布拉斯加州自然資源部的報告供稱，儘管大壩進行了檢查，並在二〇一八年被評為「良好」，但「其缺陷可能會在罕見的極端暴風雨中導致大壩倒塌。」還有瀕臨崩毀的其他堤岸和水壩。[38]《二〇一七年基礎設施報告》指出，有一萬五千四百九十八座水壩被認定是「潛在的高危險」，其定義為「水壩發生故障或人為操作不當時，預計將危害生命，也可能造成重大經濟損失，包括對下游產業或關鍵基礎設施的損害、對環境的損害或對其他關鍵設施的破壞。」潛在的高危險大壩超過了二千一百七十座。[39]

我們事實上已經遠遠落後，以至於美國土木技師公會（ASCE）將美國的基礎設施評為D⁺級，他們估計要在十年內把等級提升到適當的標準需要四・五九兆美元，這樣可以讓美國的基礎設施獲得B級，土木技師公會將B級定義為「整體系統狀況良好，有些地方有年久劣化的跡象，需要注意，有一些細節有明顯的缺陷，整體而言，安全可靠，幾乎沒有量能問題，風險也最小。」土木技師公會指出，我們最嚴重的基礎設施弱點包括航空、飲用水、能源、廢物處理、堤岸、道路、學校以及其他於我們健康、福祉和未來繁榮至關重要的基礎設施，換句話說，二〇一四年發生的弗林特（Flint）水汙染事件只是冰山一角。[40]

例如，在紐澤西州紐華克市（Newark）的飲用水在二〇一九年八月檢驗出超量的鉛，[41]可能是由於二〇一八年分發的過濾器無法正常運作所致。根據土木技師公會的數據，紐澤西州基礎設施是D⁺等級，與美國整體一致，土木技師公會發現，供水系統最大的威脅是年久失修和缺乏再投資。

土木技師公會最近的報告中可能沒有包括我們最基本的基礎設施需求：負擔得起的優質住宅，全國居住赤字也是基礎設施赤字的一部分。

研究員彼得・高溫（Peter Gowan）和記者萊恩・古柏（Ryan Cooper）研究了住宅

問題，尤其是對於租屋者而言，他們發現情況自二〇〇八年以來變得更加糟糕，他們寫道：

> 被房租壓得喘不過氣來的房客仍多於金融危機前的數量，二〇〇七年，有八百萬戶將其收入的三十%至五十%用於租金，在二〇一七年，為九百八十萬戶；二〇〇七年，有九百萬戶將其收入的五十%或以上用於租金，在二〇一七年，為一千一百萬戶，這些負擔沉重的房客（收入的三十%或以上用來支付租金）現在占所有租屋者的四十七%。[42]

基本基礎設施的短缺讓貧窮家庭無法生活在安全和健康的場所，大多數租屋家庭在居住上的支出超過建議的收入的三十%，地方區域規劃和建築法規也阻礙了新住宅的建設，讓價格在期間上揚，最重要的是，家庭找不到負擔得起的房子，甚至助長了教育赤字：所在的學區愈富裕，學校的教育品質就愈高。

一直以來影響非裔美國人的居住赤字也持續存在，當今美國的黑人房屋所有權，竟仍與居住歧視合法的時期幾乎相同，這種歧視現象始於一九三〇年代，當時政府制定了一項增加住宅計畫，但主要是針對中低收入的白人，建立聯邦住宅管理局（FHA）後，種族隔離更加嚴重，聯邦住宅管理局拒絕非裔美國人社區及其周圍地區的貸款（拒絕為不動產抵押貸款提供擔保），同時向正在大規模興建重劃社區住宅的建築商提供補貼，只要所建造的房屋均不出售給非裔美國人即可。聯邦住宅管理局認為，如果非裔美國人在這些郊區購買房屋，房價將下跌，而管理局所擔保的白人房屋的房價也會下跌，美國人的種族歧視和保持房價的欲望自我合理化了這樣的行為。一九六八年通過了《公平居住法》，准許非裔美國人在這些「白人」社區購買房屋，但二〇一五年的統計數據顯示，三十四至四十四歲黑人房屋所有權為三十三％，還低於居住歧視合法、聯邦住宅管理局鼓吹種族隔離的一九六〇年代，因此為了解決我們的居住赤字，必須大膽解決種族歧視的醜惡遺毒，種族歧視限制了人們的居住權和受教權。

簡而言之，我們可以做的比現在更多，對於一個追求偉大的國家來說，D+級很可恥，我們要用永續的能源改造企業和房屋，為全體人民建造平價的住宅，修復結構上有缺陷的橋梁，讓全國都有高速鐵路，解決我們機場的問題，改善我們的堤岸、水壩、下水道和供水系統，還有很多的建設。建設基礎設施將讓生活更便利，同時也挽救生命，提高國家的長期生產力，並讓人人獲得同等的機會，更不用說，基礎設施建設提供許多可以彌補工作赤字所需的高薪工作。

現代貨幣理論可以讓我們的政治人物在分配投資時更加主動，一個很好的例子是華倫的平價住宅計畫，她在民主黨總統候選人初選期間提出這項計畫，在未來十年內投資五千億美元用於建造、改善和維護低收入住宅，聯邦政府從來就不是缺少資金而無法滿足基礎設施和住宅等需求，實質資源才是真正的限制。而且，沒有理由認為美國人即將耗盡混凝土、鋼材、木材或金屬，實際上在居住方面，我們空置的房屋比無家可歸的美國人要多得多，[43]我們有材料，只是沒有把錢用在需要的地方，因為我們仍被赤字迷思束縛，把錢送到不必要的地方去。

氣候赤字

到目前為止，我們討論的赤字都與美國相關，但沒有人是一座島嶼，任何一個國家或社會，甚至整個人類都屬於群體，無論是美國還是整個地球村，如果沒有適宜的環境，如果沒有乾淨的空氣和水，肥沃的土壤，穩定的天氣，可靠的溫度或健康的生態系統，就不可能繼續生存，我們現在來談談氣候赤字。

科學顯示，為了避免最嚴重的氣候變遷，我們需要在本世紀將全球暖化控制在工業化前平均溫度的攝氏一·五度以內，但當前的計畫只能將溫度上升限制在約攝氏三到四度以內。

如果我們未能縮小這樣的差距，會發生什麼？聯合國跨政府氣候變遷小組（IPCC）的最新報告預告了一個可怕的未來：海平面上升，洪水更加猛烈，乾旱更加嚴重，暴風雨和颶風強度更大，熱浪導致更多的死亡，世界各地許多沿海城市和社區可能變得不再適合人類居住，重大的氣候變遷可能摧毀農作物和淡水供應，進而讓數億人口變成新的氣候難民，疾病、飢荒、基礎設施故障和經濟危機將在全世界蔓延。[44] 暖化一·五度還是二度會產生重大的影響，每五年將使三十七％的人類遭受熱浪（若溫度只上升一·五度則為十四％），[45] 不斷上升的海平面將使另外一千萬人處於危險之中，[46] 到二〇五〇年，總共將有數億人口面臨與氣候有關的災難和風險。如果我們成功地將暖化控制在一·五度內，我們仍然會目睹全球約七十％至九十％的珊瑚礁死亡，因為海洋吸收大氣中更多的二氧化碳而變得更酸，如果地球暖化二度或以上，那麼世界上幾乎所有的珊瑚都會死亡。[47]

如果暖化三度或以上，當今海岸線上超過三十萬戶共約五十五萬名美國人可能在二〇四五年面臨「慢性洪水」，這表示洪水每隔一星期就可能發生，到本世紀末，這些數字將變成二百四十萬戶，共約四百七十萬居民，這大約是將洛杉磯和休士頓所有的房屋加起來的數字。[48]舉一個具體的例子：南卡羅萊納州的查爾斯頓（Charleston），潮水氾濫的可能性增加了十倍以上，從二〇一四年的每年十一次增加到二〇四五年的每年一百八十次。

二〇一九年七月，阿拉斯加的夏季熱浪創下了華氏九十度（攝氏三十二・二度）的歷史紀錄，如果全球暖化依照目前趨勢持續下去，這種破紀錄的氣候現象將變得愈來愈普遍，到了二〇五〇年，美國某些地區和城市將出現為期一個月的熱浪和漫長的夏日，屆時，高溫將使戶外活動變得危險，降雨將更極端而非更平均地分布，會出現更劇烈的暴雨和更長時間的乾旱，例如，光二〇一九年，加州就發生了洪災[49]和乾旱引發的森林大火，[50]預計大雨和嚴重無雨的旱災會更加顯著交替，[51]這會讓已經緊縮的供水更形左支右絀。研究顯示，在二百零四個為美國提供淡水的流域中，有九十六個流域在二〇七一年可能就無法滿足當地每月的需求，[52]據世界衛生組織估計，到二〇二五年，全球一半的人口將生活在缺水地區，[53]想像一下，如果一個地方以農業維生，或是滑雪勝地，在未來幾十年內如果氣候急劇變化，該如何因應？當供水進一步減少時，已經面臨缺水的美國城市和各州該如何因應？

全世界各地，每年熱浪和沙塵暴變得更頻繁，寒帶氣候區縮小，沙漠擴大，乾旱出現的地區在一九六一年到二〇一三年之間每年增加一％。在歐洲，農業已經受到熱浪影響，而美國的農業面臨春夏的特大洪災，美國太空總署資深科學家，同時也是聯合國跨政府氣候變遷小組一份報告的作者辛西亞・羅森茨威格（Cynthia Rosenzweig）指出，如果持續暖化，全球主要農業地區將同時遭受多種糧食短缺的問題。[54]

布魯金斯大學的內森・霍爾特曼（Nathan Hultman）有一個有用的對照組：在上一個冰河時代，全球溫度比今天低了攝氏四到七度，芝加哥市被埋在半英哩厚的冰層下，這表示雖然只有幾度的差異，全球的氣候、天氣和生態系統都會發生巨大變化，如果我們現在完全不改變，全球人口會經歷三到四度的升溫，換句話說，不管冰山的高溫對照是什麼東西，在變暖的事實下，我們都將面臨急劇的變化。[55]

恣意的人類活動將以各種方式傷害生態系統，氣候變遷也將加劇這種傷害，根據世界自然基金會和倫敦動物學會二〇一五年的報告，由於過度捕撈，各種海洋野生生物的數量已經是一九七〇年的一半，隨著海洋溫度和酸度的上升，毫無緩和的氣候變遷將殺死更多生物。[56] 我們還面臨著世界昆蟲大規模死亡的威脅，根據二〇一九年的分析，這些昆蟲種群每年以二・五%的速度減少，三分之一的昆蟲瀕臨滅絕，有四十%正在減少，[57]主要罪魁禍首是人類農業的皆伐（clear-cutting）和農藥，這樣使用土地的方式與氣候變遷有關，但各個地區的氣溫升高也加快無法迅速適應的昆蟲物種的滅絕，如果海洋和昆蟲生態持續崩解，可以想像對全球生物多樣性、農業、工業和糧食供給的影響和後果。

化石燃料燃燒時，除了釋放二氧化碳，還會釋放顆粒物（即煙灰）、臭氧和其他汙染物，這些汙染物加劇心血管疾病和引起其他健康問題，提高人類死亡率，根據一項二〇一四年的估計，懸浮微粒每年導致三萬例過早死亡，[58]將排放量限制在暖化一・五度而不是二度的範圍內，還可以防止到了二一〇〇年，在全世界造成一・五億人過早死亡，特別是在亞洲和非洲主要城市地區。[59]

最後，國家和全球不平等將使某些人更直接面對氣候變遷的後果，在過去的二十年中，已經有四十二億人遭受與天氣有關的災難，而開發中國家和低收入國家的人民受災最為嚴重。前聯合國祕書長潘基文指出：「可悲的是，面臨氣候危害風險更大的人是窮人、弱勢群體和被邊緣化的群體，在許多情況下，他們已經是在社會經濟進步之外的一群人。」在美國，低收入的非裔美國人在二〇〇五年卡翠娜颶風襲擊紐奧良時，遭受了最嚴重的災難和損失，復甦的過程也最艱困。[60]

當然，全球暖化可能不會毀掉人類文明，只是一切照常運作的話，全球減少貧困的努力可能會倒退數十年，這也就代表會有數億額外的死亡人數，[61]但這是假設聯合國跨政府氣候變遷小組的報告並沒有太低估這種危險，[62]這只是最可能的情況，我們可能低估了連帶效應（cascade effects）和回饋迴路（feedback loops）的影響，這意味著若一切照常運作，帶來災難性後果的可能性很小，但不是不可能。

霍爾特曼在總結聯合國跨政府氣候變遷小組的報告時說：「我們已經處於一度的暖化中，並且已看到了一些重大影響，一．五度將產生更嚴重的影響，二度的影響更大，儘管我們目前的態勢似乎使我們處於全世界大約暖化三度或以上，但我們不太想預估二度以上的情況。」

要達到一．五度的目標，世界將需要在二〇三〇年以前將化石燃料的使用量減少一半，並在二〇五〇年之前消除所有化石燃料的使用。[63]直白地說，這需要全面翻轉美國和全球的文明，我們需要徹底變革農業運作和土地利用的方式、生產能源的方式，以及設計城市交通運輸的方式，我們需要在美國及其他地方全面運用最新科技，大幅度改善房屋、建築物、工廠、運輸系統等運用能源的效率。最重要的是，我們必須徹底改善我們的國家基礎設施，以提高對氣候變遷的適應能力，將汽車、家庭暖氣，甚至是重工業的各種能源都電氣化，我們還需要大量投資太陽能、風力發電、儲電等設備，讓我們的所有電力都來自可再生能源，這些需要盡快完成。[64]

在這方面，美國背負著特殊責任：我們是世界第二大溫室氣體排放國（占全世界十五%，中國占二十五%），但美國平均每人排放量是中國的兩倍以上。

美國社會的全面更新是可能的，聯合國跨政府間氣候變遷小組和其他科學家認為，使用現有技術，或多或少可以實現美國和全球所需的變革。同樣地，如果我們意識到限制是實質資源，而不是金錢或國家赤字的「負擔」，那麼我們就能了解：如果我們迅速採取行動，就有可能消除氣候赤字；此外，消除氣候赤字所需的所有工作，將有助於提供良好的就業機會，而為了支持我們的社區和城市抵禦氣候變遷所作的努力，將是消除基礎設施赤字的重要部分。

德國墨卡托全球共同資源和氣候變遷研究所（The Mercator Research institute on Global Commons and Climate Change，簡稱 MCC）有一個碳排放時鐘，倒數著人類還有多少天可以排出溫室氣體，直到暖化仍可保持在攝氏二度以內，[65]在紐約，有很類似的美國國債鐘，顯示到目前為止的赤字支出，[66]但與國債鐘不同，這個碳排放時鐘顯示的是真正重要的赤字。

在撰寫本書時（二〇二〇年），以當前的排放速度，我們還有不到二十六年的時間來解決我們的氣候赤字。

民主赤字

你可能會認為，沒有什麼比全球氣候的命運更嚴重的赤字後果了，畢竟氣候維持著人類文明，但美國人的生活中還有一個缺口，儘管範圍不一定較大，但影響更深層，因為這種赤字是造成我們所有其他赤字的原因，這就是為什麼我們永遠無法創造足夠的好工作的原因，為什麼我們很多人沒有得到足夠的醫療保健或教育，為什麼我們似乎毫不在意地將地球生態系統推向崩潰的邊緣。這是少數與多數之間的赤字，是有權與無權之間的赤字，是有聲音的人和沒有聲音的人之間的赤字，這是我們的民主赤字。

民主雖然取決於權利、價值和憲法，但民主赤字仍是和資源有關：誰有錢、財富、影響力和籌碼，而誰沒有。

還記得現代貨幣理論提及，政府的赤字永遠是別人的盈餘，在最近幾十年的美國，隨著政府赤字的增加，美元不成比例地流入富人的錢包，使他們與美國其他地區之間的貧富差距愈來愈大，這種經濟上的不平等對美國來說並不是什麼新鮮事，但近年來，這種不平等已經嚴重到和十九世紀末鍍金時代的美國沒什麼兩樣。

吉尼係數（Gini coefficient）是經濟學家經常用來衡量收入不平等的指標，吉尼係數為零時，代表完全平等的經濟，而係數為一時，代表有一個人獨占了所有產生的收益。任何國家都不會遇到這兩種極端狀況，但世界經濟論壇指出，在先進國家和長期已開發國家中，沒有任何一個國家的吉尼係數高於美國，而且我們迅速擴大的差距完全沒有縮小的跡象。[67]

但是許多人可能會問，這是什麼問題？其他指數顯示美國經濟似乎表現良好，不平等不就是人之常情嗎？這不是在機會浮現時，人類活力和創造力的自然結果嗎？金錢的誘惑不是刺激了人類的進步，造就創造力和成就的高峰，讓每個人都受益？簡單來說，不平等真的重要嗎？

不平等很重要，經濟與社會和政治並不可分，所得和財富都可以讓人類擁有政治權力和社會影響力，如果前者分配不均，後者分配也會不平等。

所得為人們提供了物質上的必需品，但是不錯的薪水和時間也讓人有餘裕步入家庭和社區，一個在社會科學中眾所周知的事實是社會資本隨著財富和所得的累積而增加，社會資本代表各式各樣的群體連結與人脈，例如俱樂部會員、參加教會活動、結婚、與鄰居互動等，研究顯示在工作中過度勞累的美國人更容易感到孤立和與世隔絕。[68]

自一九八〇年以來，身價最高的前一％收入翻倍，在社會另一端的一半人口總收入從二十％以上降至僅十三％，川普可能吹噓著歌舞昇平，但事實是所有美國人中，有一半入不敷出，有四千萬人生活在貧困中，五分之一的兒童生活貧困，[69]貧困代表無休止的心理壓力，有一餐沒一餐，易受汙染、鉛和疾病的侵害，對各個年齡層的人都造成了巨大傷害，對兒童尤甚，特別是他們的身心發展會受到永久的影響，使他們陷入難以擺脫的苦難，[70]簡單來說，貧窮使人們喪失了崛起和參與美國夢的機會。

對於權力和民主，財富與所得一樣重要，舉例來說，如果你在一家公司中擁有大量股權，你可以決定其投資方式，是否外包，還是要創造低薪工作或具有良好薪資和福利的優質工作；如果你在鄰里間擁有房地產，那麼你對附近的人是否有能力負擔居住及其日常費用就具有巨大的權力，更不用說可以影響附近經濟發展的走向了（例如，誰可以擁有房產而誰又不能擁有，所以也就是這個房產將由誰來支配，這其實是仕紳化〔gentrification〕問題的核心），擁有大量財富的人基本上可以決定同胞生計的命運。截至二〇一六年，美國最富有的十％的家庭擁有全國總財富的七十％以上，同時收入最高的一％幾乎控制了四十％的財富，[71]這一比例比一九二九年（經濟大蕭條發生前）之後任何時期都還要高。

當財富和所得不平等變得極端時，政治的不平等跟著擴大，富人和有權人士可以參與一擲千金的募款餐會，巧妙地利用政治獻金，得到參與政治和發揮影響的能力，同時成千上萬的人遠離政治，深信他們的聲音（和選票）一點用處也沒有。年收入超過十五萬美元的美國人中，有八十％在二〇一二年大選中投票，但年收入不到一萬美元的美國人中只有四十七％投了票，這一趨勢也可以追溯到二〇一〇年和二〇〇八年，[72]大約一半有投票權的選民在二〇一六年大選沒有投票，舉例來說，威斯康辛州密爾瓦基市的投票率是十六年來最差的，而且那裡最貧困的地區，在二〇一二年至二〇一六年間的選民參與率下降最為嚴重，當《紐約時報》問西椎克・弗萊明（Cedric Flemming，當地一名理髮師，昂貴的醫療保險讓他捉襟見肘），為什麼這麼多人在二〇一六年大選沒有投票，他的回應直截了當：「密爾瓦基累了，兩個候選人都很爛，無論如何都不會為我們做任何事情。」[73]

行駛在美國各個主要城市，會看到掙扎度日的社區，有著勉強維持生計的人們，破舊的建築物，卻沒有半家雜貨店，但行駛一小段路後，可能突然乍見幾棟數百萬美元的豪宅或有穿著制服警衛的時髦公寓，那裡居民的生活方式完全不同。無家可歸的遊民在紐約、舊金山和洛杉磯的街道徘徊，那裡的酒吧和餐廳卻滿是揮金如土的食客，職業運動員可以簽訂數百萬美元的合約，身體的扭傷或疼痛都立刻受到頂級專家的關照，但數百萬名美國人甚至連最基本的醫療保險都買不起，賠掉公司鉅額資產的執行長可以獲得數百萬美元的資遣費，但普通百姓只能撿拾被這些人毀掉的經濟碎屑。

美國農村地區也受到經濟不平等的嚴重影響，石油公司、沃爾瑪、亞馬遜、大學橄欖球教練和電視傳教蓬勃發展，但小城鎮卻被摧毀了，店面關閉、失業、學區貧困和毒品氾濫已成為當今小城鎮和內城區悲慘故事的一部分。《國家報》最近的一篇文章，介紹了在美國鄉村像是霍莉・菲爾普斯（Holly Phelps）這樣「隱形的無家可歸者」，她有前科，是帶著兩個女兒的單親媽媽，搬到了伊利諾州的馬里恩，菲爾普斯在自助洗衣店工作，但無力負擔住宿，她的母親是一個酒鬼，住在離她一個多小時路程的地方，「我沒有健康的去處，我不知道我要去哪裡，我把東西放在一個小棚舍……沒有人了解我經歷了什麼。」因為她沒有露宿街道或去庇護所，所以即使她和她的家人每天晚上都沒有安全的睡眠場所，她也不被視為無家可歸。[74]

在二〇一六年大選後，住在俄亥俄州揚斯敦的非裔美國人安東尼・賴斯告訴記者兼攝影師克里斯・阿納德，「附近的大多數人」沒有投票，「這次選舉誰贏誰輸都和我們無關。」賴斯說他投給希拉蕊，但他「不介意川普當選。」川普的勝選也沒有讓他訝異：「歐巴馬承諾了很多，但只實現了一點點，也許紐約市得到了兌現的承諾，但這裡這條街上仍然到處是破碎的家庭。」[75]

「沒有人來幫我們，我們像是被丟進了監獄裡，」加州貝克斯菲爾德的一位老先生告訴阿納德，「我們的政府官員是罪犯，包庇他們也是罪犯的朋友，我們選民們，在外頭打滾，受苦。」[76]

收入不高的美國人，根本不覺得政府的決策者和政治人物聽見了自己的故事和辛苦，美國民主遠在天邊，又關他們何事，他們也許是正確的：二〇一四年的一篇引人注目的政治科學論文發現，儘管一般美國人的政治偏好與富裕階層的政治偏好之間存在很多重疊，但當這兩組利益分歧時，政治體系總是選擇附和富裕階層的政治偏好。[77] 從功能上來講，大多數美國人參與民主似乎無關緊要，這顯示了一個問題：在如此巨大的經濟不平等下，有意義的民主制度是否可能實現？

民主黨人士經常抱怨最富有的美國人沒有「繳納應繳的稅款」，稅收絕對是社會不平等的一部分，但是絕非全部，現代貨幣理論不採用羅賓漢的劫富濟貧，向富人徵稅，分給窮人，如我們所見，我們的聯邦稅收不支付任何費用，也不會提高任何人的生活品質，同時，山姆大叔的赤字迷思其實加劇了我們非常真實的民主赤字：如果當選的領導人，認為他們必須要向富人乞求，才能為公共利益花錢，或者他們必須對抗富人來得到同樣的資金，那麼我們最富有的人民的喜怒哀樂和政治怪癖，當然會成為政府的首要關切。

但稅收在其他方面很重要，《世界不平等報告》指出，「在美國觀察到的所得不平等的預期走向」部分是因為「愈來愈過時的稅賦系統」，[78]稅收可以用來遏止財富的無限累積，這很重要，因為有錢人用他們的錢來累積政治權力和影響力：他們以有利於自己的方式制定了稅法，他們重寫了勞動法、貿易協定、管理專利和保護的規則等，他們重新制定了公共政策，以維護其經濟利益。這就是為什麼我們這麼多企業把一大筆鈔票給了股東和高層管理人員，把一小筆鈔票給了受過良好教育的上層階級，然後把剩下一點點給其他所有人；這就是為什麼矽谷在舊金山市中心有閃閃發光的摩天大樓，但是密西根州弗林特的工人階級社區卻無法獲得無毒的水；這就是為什麼我們的福利制度、醫療保健體系和退休體系全都亂七八糟，為什麼我們面臨未解決的氣候危機，因為富裕的菁英若放任這些問題不管，所能得到的利潤和權力，比解決了這些問題所能得到的利潤和權力還要多得多。

在第二次世界大戰後，廣泛共享的經濟繁榮時期，美國的不平等最為緩和，那時的稅制至少有二十四個課稅級距（tax brackets），適用於個人或家庭所得超過一百九十萬美元（按二〇一三年的美元價值）的最高稅率為九十一%。[79]當然，這些稅率的重點並不是為政府支出提供資金，這是對任何一個人或一個家庭可以從所有美國人共享而相互依賴的經濟活動中提取的金額進行限制，加強稅收法規的累進性是扭轉數十年來所得和財富不平等趨勢的關鍵。

但向富人徵稅還不夠，財富和所得的異常集中可能使社會崩潰，為了讓財富和所得能更平衡地分配，我們需要制定政策，以防止一小部分最頂層的人獲得的收益遠遠超出其應得的份額。前勞工部部長羅伯特．賴希（Robert Reich）寫道，除了常規稅收和再分配政策，我們需要一系列預先分配的政策，[80]我們必須徹底改革勞動法，加強工會，並禁止雇主恣意運用像是強制仲裁（mandatory arbitration）或競業禁止條款（noncompete agreement）之類的方式，對員工進行管理；我們還可以重新制定許可和智慧財產權法，以減少少數人和企業用這些法律扼殺競爭並吸走我們的錢，讓勞工更容易進行集體談判，維持我們在二戰期間看到的那種緊縮勞動市場，來提高勞工的薪資和福利以及談判能力，以提供就業保障、公共投資以及更好的總體經濟政策。

除非我們這樣做，否則民主赤字會留給我們「有錢就能得到學位的教育系統，國會被錢綁架的政治制度，花錢就能擺脫牢獄之災的司法體制，和砸錢就能得到別人得不到的照護的醫療保健系統。」[81]

除了民主赤字之外，美國不斷擴大的不平等還產生了實際的經濟後果。想像一下，如果不平等不斷加劇，直到只有極少數人掌握了全部的財富，這樣經濟將崩潰，因為有錢能花的顧客太少，不足以維持業務，企業會倒閉，最終只有少數人能受僱，為有錢人建造遊艇，當他們的園丁，幫他們駕駛私人飛機。國際貨幣基金組織在二〇一五年所做的一項研究已經發現，「所得最低的二十%（窮人）的所得份額增加與GDP成長有關，而當所得最高的二十%（富人）的所得份額增加時，GDP成長率實際上會下降。」[82]如果增加窮人的收入，他們通常會消費更多，將這些錢花在經濟上，相反的是，富人獲得的更多錢時，會導致更多的股市進出和儲蓄，資金並不會回流到經濟中，涓滴經濟學把事情想得太美好了！

在第二次世界大戰之後的二十五年中，美國人的實質時薪與勞工生產率同步增長，[83]這反映在廣泛共享的繁榮中，也形成了社會上一種潛在的共識：勤勞和正直可以得到回報，且一個人是有可能獲得成功的。然而一九八〇年的所謂的雷根革命開啟了一個瘋狂的貪婪時代：降低對富人的稅收、鬆綁對企業的法規、對抗勞工集會和協商工資的權益，特別是在一九八〇年以後，生產率和薪資之間的差距不斷擴大，生產率繼續保持穩定的成長趨勢，但薪資卻沒有，只有些微成長，如果從一九七三年到二〇一四年，時薪隨著生產率一同成長，那麼在這段期間所得不平等就不會擴大。[84]

所有提高的生產力都去了哪裡？被上位者搶走了。早在一九五〇年，標準普爾五百指數公司執行長的平均所得是普通勞工的二十倍，到了二〇一七年，標準普爾五百指數公司執行長的平均所得是普通勞工的三百六十一倍；[85]自一九八〇年以來，全球前一％的人口擁有了另外一半人口總財富的兩倍，[86]最頂層二十五人的財富，和全美國五十六％人口的財富一樣多，比爾・蓋茲，貝佐斯和巴菲特三個人的財富，比美國另一半人口（約一・六億人）的所得加起來還要多。

在過去的四十年中，勞工當然創造了新的財富，但他們沒有分到，因為美國企業內部也出現民主赤字，現在我們的許多企業都像是封建的經濟領地，少數富裕的所有者在其中下達命令，並從大量一般美國人的勞動中獲得利益。

現代貨幣理論幫助我們以全新的角度看待政府支出，為我們提供了更多選擇，來思考如何解決經濟不平等和民主赤字，不僅是對富人徵稅，還有各項投資計畫，以提高中低收入美國人的生活水準；民主代表我們都有發言權，我們都能發言，而且我們每一個人都很重要，我們需要一個可以認識這一點，並恢復民主社會基本平等的政治：一人一票，票票等值，我們必須在經濟和政治中盡可能重拾民主，因為最終，這兩個領域密不可分。

憲法把用錢的權力交付給國會，也就是我們選出來的民意代表，但事實上，財政赤字迷思妨礙了國會利用它的權力來解決困擾我們經濟的實質赤字，現代貨幣理論把預算討論的焦點，從債務和赤字轉移到真正重要的赤字，現代貨幣理論讓我們能想像一種新的政治和新的經濟，不再執著於我們缺少了什麼，而是我們有機會做些什麼。

第八章

打造一個為人民服務的經濟

二〇一〇年夏天，華倫・莫斯勒（我們在第一章中見過他）來到了密蘇里州堪薩斯城，與我一起會見國會議員伊曼紐爾・克理弗（Emanuel Cleaver），克理弗是聯合衛理公會的牧師，也是堪薩斯城第一位非裔的市長，二〇〇四年，他當選為密蘇里州第五國會選區眾議員，該區位於密蘇里州中西部，涵蓋我任教的密蘇里大學堪薩斯分校，在一位共同友人（一位正在敝校攻讀博士學位的地方政治家）的牽線下，克理弗同意與我們見面，[1]我永遠不會忘記那次會談。

金融危機後造成的經濟蕭條（二〇〇七年到二〇〇九年）技術上來說已經結束，但經濟仍一團混亂，幾乎十％的勞動人口沒有工作，而非裔美國年輕人（十六至十九歲）的失業率接近五十％，我和莫斯勒認為二〇〇九年二月國會通過的七千八百七十億美元振興方案遠遠不夠，無法解決房屋查封（取消抵押品贖回權）的危機，或讓數百萬人重回工作。莫斯勒認為，國會實際上可以透過三個簡單的步驟來解決問題。[2]首先，聯邦政府需要提出就業保障，讓每位失業勞工可以立即轉換到有給薪的工作；其次，他呼籲放寬薪資稅免稅期，暫時將社會安全保險的薪資稅預扣稅率從六・二％降至零，這相當於幫一億五千萬名美國人加薪六・二％，對於既要支付雇方又要支付受雇方預扣稅的自雇人士，這代表實得薪資增加了十二・四％，在消費者支出疲軟的時候，這也將改善數百萬企業的財務狀況；最後，莫斯勒意識到金融危機給州政府和地方政府的預算帶來了巨大的壓力，為了幫助這些使用貨幣的政府因應大幅減少的稅收，他提出了五千億美元的援助，按人口多寡分配給所有五十個州、哥倫比亞特區和美國海外領土，這會保障成千上萬的教師、消防員、警察和其他公共部門的員工，否則隨著國家稅收的枯竭，這些人的工作岌岌可危。

當我們走進議員在西三十一街的辦公室時，財政赤字為一・四兆美元，各個民意代表完全恐慌，國會預算辦公室剛剛發布了《長期預算展望》，開頭就說：「近來，聯邦政府的預算赤字是第二次世界大戰以來，占整體經濟最大的時候。」[3]報告繼續說：如果不採取任何措施遏制赤字，「債務上升會增加發生財政危機的可能性，在這種情況下，投資人對政府的預算管理能力就會失去信心，政府也會被迫支出更多的舉債成本。」[4]為了解決人們感覺到的財政危機，歐巴馬成立了一個由兩黨組成的委員會，並責成其尋找大幅度減少赤字的方法，莫斯勒和我在那裡，是希望克理弗可以支持至少暫時能增加赤字的政策。

議員向我們致意，並邀請我們坐下，他一邊微笑著，自己一邊坐進他豪華的辦公椅，他和我們之間隔著一張令人印象深刻的大木桌，莫斯勒首先說，他並不擔心國會預算辦公室的報告，無論赤字多大，聯邦政府總有能力維持財政赤字，貨幣發行人永遠不會像歐巴馬說的把錢花光，莫斯勒解釋，我們現在所需要的是結合目標明確的減稅和增加支出的政策，讓經濟回到成長並開啟新的繁榮。克理弗完全不相信，美國破產了，國會要在哪裡找錢來執行莫斯勒的提議？赤字已經很高了，國會的每個人都在尋找增加收入和刪減支出的方法，我想，克理弗一定覺得自己被整人節目設計了。

我看著他不舒服地坐在他的大椅子裡，整個對話的過程非常類似本書的各章，莫斯勒一步一步講解給克理弗聽，從政府徵收稅款以自給自足，到為什麼社會安全保險並不像普遍認為那樣要破產了。我想，這對克理弗來說，一定也是一次非常痛苦的經驗，他的肢體語言吐露了一切，在將近四十五分鐘的時間裡，他在那張大椅子裡不安地移動著，他只打斷了一兩次，但只是讓莫斯勒說：你搞錯了論點的重要部分。當莫斯勒解釋稅收的目的是為了調節通貨膨脹，我們永遠不需要清償國債，我們應該將出口視為實質成本，而將進口視為實質利益，克理弗面露難色，彷彿渾身不舒服，我完全了解他的感覺，因為我在一九九〇年代中期初次遇見莫斯勒時也有同樣的反應，我也經歷了接下來的事情。

在我們一個小時的會面只剩下最後幾分鐘時，事態有所改變，哥白尼式的突破，我立刻意識到了，莫斯勒的話引起了共鳴，這是我們希望的突破。議員第一次透過現代貨幣理論看世界，事情逐漸變得清晰，從那一刻起，他的整個舉止都變了，瞪大了眼睛，姿勢變得自信十足，然後他傾身向前，緊握雙手，看著莫斯勒的眼睛，然後輕聲說：「我不能這樣說。」

那次會面我至少想了一百次，他是怕什麼？為什麼貨幣、稅收和債務的現實如此說不出口？聖經中有一段經文（約翰福音八：三十二），耶穌在聖殿中結束演講，告訴聽眾「真理會讓你自由。」克理弗牧師可能曾在聖詹姆斯聯合衛理公會教堂向他自己的會眾宣講過這節經文，但是和我們見面的那天，那個夏日，當數以百萬美國人難以找到工作，防止房屋被查封（取消抵押品贖回權）時，他決定不說出真相，至少說出真相的人不會是他。

克理弗議員是一個有信仰的人，但他畢竟在一個被赤字迷思淹沒的政治圈工作，所以也會用理性思考，他可能已經被莫斯勒說服了，但他不會成為傳遞訊息的人，[5]畢竟這太冒險了，因為那裡只有一種談論金錢、稅收和國家債務的方式，尤其是在華盛頓特區。稅收增加了山姆大叔的收入，而納稅人的錢則為政府提供了資金，舉債使國家背上了債務，這給我們的孩子和孫子孫女增加了負擔，你可以安心地說出這些話，就會被當作是認真的知識分子，但一旦與傳統觀念背道而馳，你會被預算迷、議員和幕僚的小圈圈排擠，這些人有意無意地散播了赤字迷思，鼓吹財政限制的優點永遠是安全的做法，而挑戰這些信仰條款則是異端，克理弗明白這一點。

現代貨幣理論不是宗教，也不是在尋找能順從教條的門徒，現代貨幣理論只是敘述了現代法定貨幣現實的工作原理，附上一些指示，讓理論能被轉化成更好的公共政策。藉由幫助我們看清什麼是阻礙（例如通貨膨脹），而什麼不是阻礙（例如錢花光），現代貨幣理論為經濟提供了新的思考模式，在幾乎所有情況下，現代貨幣理論顯示了我們對貨幣、債務和稅收的迷思，阻止了我們前進；藉由打破這些迷思，現代貨幣理論表示，我們可以為我們自己、全球的夥伴和子孫後代打造一個更強大、更安全的未來，那麼，我們要怎麼做？

我相信克理弗議員是一個好人，他希望自己的選區和國家得到最好的東西，在與我們見面之後，他意識到國會有權力做更多的事情，即使國會預算辦公室和華府政治評論家鼓吹悲觀的預算前景，但他只是一個人，儘管他身為民選國會議員似乎比其他人擁有更多的權力，但在那一刻他無能為力，他的雙手被我們公共論述中的赤字迷思所束縛，要改變這種狀況，公眾對經濟的理解就必須改變，沒有國會議員能帶來這種改變，我們自己要改變。我的前任老闆伯尼・桑德斯總是說：「變革永遠不會自上而下發生，而總是由下而上出現。」如果我們想要利用現代貨幣理論打開的政策空間，我們（像你這樣的讀者）之中，要有夠多的人讓公共辯論轉向另一個新的方向，透過現代貨幣理論，我們可以看到一套不一樣的、更有希望的可能性，這是我們的未來、我們的經濟、我們的貨幣體系，我們可以用它來為我們工作。

現代貨幣理論的敘述層面

即使本書討論如何根據現代貨幣理論的見解來行動，我也不希望你將現代貨幣理論視為每個政府都應該採用或實施的東西，現代貨幣理論沒有要全球都跟著實作整套政策，它最主要的仍是對現代法定貨幣如何運作的敘述。隨著人們對貨幣體系有進一步的了解，我們就能區分什麼是人為的阻撓而什麼又是確實存在的限制，現代貨幣理論的敘述層面讓我們可以擺脫一直困擾我們的迷思和誤解，準確了解貨幣體系的運作方式，是朝向打造適合所有人的經濟的第一步。要實現更美好的世界，就需要超越現代貨幣理論的敘述層面，轉向制定其指示的政策，這就要問，我們希望我們的公共機構（例如國會和聯準會）在支持促進集體利益的政策議程中扮演什麼角色。

敘述層面就像醫生的診斷工具，在實習醫生可以為病患開出藥方或治療之前，他們必須先了解身體的機能，包括循環系統、消化系統、神經系統等，只有在實習醫生展現對人體運作的理解之後，他們才被允許成為為病患開藥的醫生。我們今天面臨的問題是制定經濟政策的人，儘管擁有經濟學的高學歷，但對於貨幣體系的運作方式並不真正了解，藉由更好的敘述性框架，現代貨幣理論幫助我們看到一系列可以使經濟更強大、更健康的政策措施。

現代貨幣理論對貨幣體系的看法改變了貨幣發行國「力所能及」的含義，重要的是考慮像是通貨膨脹的實質資源限制，而不是感受到的財務限制，我們不應該問「要怎麼付款？」而是問「資源在哪裡？」現代貨幣理論表示如果我們擁有技術知識和現有資源（人員、工廠、設備和原物料），可以將人送上月球或著手進行一項綠色新政來因應氣候變遷，那麼為這些任務提供資金完全不成問題，拿到錢是最容易的部分，管理通貨膨脹的風險才是最關鍵的挑戰。與任何其他經濟方法相比，現代貨幣理論將通貨膨脹放在討論支出限制的中心，也提供了比當今任何措施都更純熟的技術來因應通貨膨脹壓力。

現代貨幣理論所敘述的是布列敦森林體系之後的現實貨幣體系狀況，我們不再使用金本位制，但過時的思維仍然深植於許多政治論述中，政治人物受訪時常會被問：你要在哪裡找到錢做這件事？我們早該要了解主權法定貨幣發行人的意義，對於貨幣發行人來說，錢不是問題，無論是字面上或比喻上。錢並非是某種稀有的物理存在（如黃金），政府不需要「找到錢」才能進行支出，每次聯準會代表財政部授權付款時，錢都在敲了幾個電腦按鍵後憑空生出。

聽起來像是一頓免費的午餐，但其實不是，現代貨幣理論不是一張空白支票，不會讓我們隨意資助一項新的方案，這也不是擴大政府規模的陰謀，作為一種分析框架，現代貨幣理論旨在指出我們經濟中尚未開發的潛力，即我們所謂的財政空間。如果有數百萬人正在尋找有給薪的工作，我們的經濟也有能力在不提高物價的情況下生產更多商品和服務，那麼我們就有財政空間將這些資源用於有生產力的就業，我們如何利用財政空間是一個政治問題。在這邊，現代貨幣理論可用於支持傳統上較為自由（例如全民醫療保險、免費大學或中產階級減稅）或較為保守（例如軍事支出或企業減稅）的政策。

可是，我們的經濟運作就像一個一百八十公分高的傢伙，永遠駝背地在一間兩百四十公分高的房子裡走來走去，因為有人跟他說，如果他挺起身子，頭就會撞傷，多年來，我們本來可以站得直挺挺的，但一直都彎腰蹲著。對政府債務和財政赤字的非理性恐懼，導致美國、日本、英國和其他地區的決策者在全球金融危機之後的幾年中，將財政振興轉向撙節政策，帶給全世界數千萬（甚至數億）人無法估量的痛苦，在這樣經濟衰退中，民粹主義運動在左右兩派崛起。不是所有事情都能用更慷慨的聯邦預算來解決，撙節政策加劇了我們許多社會和經濟問題，但刪減預算也不是造成經濟停滯和嚴重社會不平等的唯一原因，要恢復勞工階級的經濟保障，需要解決社會上的壟斷勢力，對稅法、勞工法、貿易和居住政策等進行全面的改革。[6]

我們也需要一個新的經濟模式，我們必須結束現在央行官員既殘酷又沒有效率控制利率的方法：設定「正確的」通貨膨脹率和失業人口，而且竟然不需在制度上負責。為了打造一個為人民服務的經濟，民意代表需要負起維護人民就業和收入保障的責任，國會擁有對聯邦預算的強大控制權，必須在穩定長期產出和就業方面發揮積極和常任的角色。

現代貨幣理論的指示層面

回想一下彼得・帕克（蜘蛛人）的原則：能力愈強，責任愈大。現代貨幣理論的指示層面讓我們不只是旁觀，而是在通曉現代貨幣理論的世界裡，談論財政和貨幣政策。現代貨幣理論認為我們應該降低貨幣政策（至少以目前的形式）的重要性，然後提升財政政策為穩定總體經濟的主要工具。國會掌控了錢包，我們需要利用這種權力來打造對我們所有人都有利的經濟。我知道你在想什麼：我們真的可以相信政府好好地使用這個權力嗎？我的回答是：可以，也不可以。

我說可以，是因為我們身為人民已經將這種權力交付給政府，現代貨幣理論並未給予國會新的權力來掌控貨幣政策，我們的民選政府，在將近半個世紀前就自己擺脫了金本位制，這個決定使國會可以不受限制運用公共資金，擁有錢包的權力表示永遠不必問：我們在哪裡可以找到錢？要減稅還是花一堆錢到處打仗，國會只需要得到足夠的票數，然後錢就會跑出來了。

當前，聯邦預算約為四・五兆美元，約占GDP的二十％，如果國會願意，可以制定一個五兆美元的預算，或六兆美元的預算，甚至更龐大的預算，國會可以將數兆美元投入教育、基礎設施、醫療保健和住宅，國會授權的任何支出都會發生，聯準會繁複的主要交易商系統可以保證這一點，這就是S（TAB）模型的現實：支出前，不需要徵稅或舉債以籌集資金。問題是，我們希望聯邦政府如何運用這個強大的權力？應該要花多少錢？應該資助什麼？通貨膨脹呢？稅收呢？我們能否相信國會在擁有財政空間的情況下，在正確的時間做出正確的決定，進行有產值的投資，並在資源短缺時採取必要的克制？也許我太憤世嫉俗，但是我想要某種保險政策。

聯邦預算有兩個部分，有可以自由裁量的部分，也就是國會每年有權自行決定更改其投入現有或新計畫的金額，用於國防、教育、環境保護和交通運輸的大部分資金都是來自年度可自由支配的預算撥款。但還有一個非自由裁量，也就是強制的部分，大抵上是由法定標準規定的，像是社會安全保險、醫療保險和醫療補助等制度的支出即屬於此類別。失業保險、補充營養協助計畫（Supplemental Nutrition Assistance Program，簡稱SNAP，前身是食品券計畫）、美國公債的利息和學生貸款也是具有約束力的承諾，支出的增加或減少與國會行動無關，當某人殘廢、退休、失業、年滿六十五歲、購買美國政府債券或申請聯邦學生貸款時，聯邦政府將自動發放聯邦資金以支付這些開支。

整體而言，強制性支出占聯邦支出的六十%多一些，利息則占近十%，[7]這表示聯邦預算中有七十%本質上是自動駕駛模式，只有三十%受立法者的裁量權控制。[8]當然，只要投票過半，國會有權更改預算的任何部分，國會可以停止發行公債，讓聯準會自己來提供附息的票券，[9]一段時間過後，這就可以完全消除聯邦預算中的利息支出。[10]國會也可以投票通過單一支付者的全民醫療保險（single-payer, Medicare-for-all），這會大大增加強制性支出，但長期看來可以幫全民節省數兆美元，[11]或者國會可以為交通運輸和教育等事項分配更多可自由支配的資金。正如我們在本書第一章中所看到，國會是一個法律機構，有權終止或修改任何自我施加、用來阻止立法者撥款或阻止聯準會代表財政部清償已獲授權的付款的限制（例如隨收隨付、參議院預算協商程序規定、債務上限、302（a）分配、不透支等），即使是一九七四年國會法案通過所建立的國會預算辦公室和參議院預算委員會，也可以被國會解散或按指示採取新的行政程序，[12]當然，聯準會也是國會的產物，國會隨時有權更改它的職權範圍。

在我們討論現代貨幣理論怎麼改善政策制定之前，讓我分享兩個故事，讓大家看看現在錯亂的做事方法。在我成為參議院預算委員會民主黨首席經濟學家之後，我記得的第一件事就是開會討論擬提出數兆美元的基礎設施法案，十幾名高階幕僚聚集在德克森辦公大樓（Dirksen Senate Building）三樓的一張大會議桌旁，沒有人質疑這項基礎設施投資的巨大需求，一兆美元雖然聽起來野心勃勃，卻只能解決一小部分的問題，沒有人為這個價格猶疑，討論反而集中在是否（以及如何）支付。

在告訴你這場辯論之前，要先了解「支付」這個詞對國會山莊的議員及幕僚的意義。實際上，只有一種付款方式，所有聯邦支出的執行方式完全相同：聯準會把錢存到相應的銀行帳戶，但是用華盛頓的話來說，你要先表示自己可以「找到」足夠的錢來償付你打算花費的任何費用，這樣才叫「支付」，這不過就是一場遊戲，源自有缺陷的心理模型（TAB）S，阻礙了我們巨大的潛力，為了避免增加赤字，每位議員都在尋找無須舉債即可覆蓋其提案支出的方法，這通常表示他們在找新的稅收收入。[13]

回到上兆美元基礎設施法案的辯論，討論一開始，幕僚被問是否認為應該在法案上附帶所謂的「付款」條款，那時是我剛上任的第一個星期，所以當另一個幕僚先開口時，我鬆了一口氣，他說：「不，我認為我們應該端出一個乾淨的法案。」乾淨的法案意味著一份只有支出的法案，不包含任何有關付款方式的敘述，另一名幕僚同意，我也馬上呼應了他們的觀點，美國迫切需要進行這些投資，我們顯然也有足夠的財政空間，而且傳統上兩黨都會支持基礎建設，我們認為，由於共和黨控制著參議院，該法案至少需要共和黨的一些支持才能通過，如果我們提議增加稅收，那保證失敗。但關於這點，並非所有人都同意，有一名幕僚反對，認為我們要確切說明財源，否則新聞媒體不會認真報導，最後，該法案包含了一項提案，希望藉由修補大多讓富人受益的稅務漏洞來增加收入，不用說，該法案沒有通過，同時最新的美國土木技師公會報告顯示，我們早該維修基礎建設，因為延遲維護讓我們所需的修繕成本已攀升至四・五九兆美元。[14]

有時，議員願意撇開目光，不擔心錢從哪裡來，投票批准支出，以國防支出為例，每年國會投票批准一項國防政策法案，二〇一七年，一份一千二百一十五頁的《國防授權法》以八十九票比九票由參議院通過，白宮要求提供七千億美元，但參議院最後批准了七千三百七十億美元，還增加了三百七十億美元，也沒有擔心在哪裡可以「找到」這筆錢，[15]他們只是藉由壓倒性跨黨派的支持，增加了五角大廈可自由支配的預算。

這似乎是雙重標準，國會議員亞歷山卓亞・歐加修－寇蒂茲說，「我們為戰爭寫了無數張空白支票，我們才剛為了共和黨的減稅寫了兩兆美元的支票，沒有人問那些人要怎麼付錢？」[16]她是對的。不知何故，總有戰爭和減稅的錢，但對於幾乎其他所有事情，立法者都希望他們可以「支付」自己提議的支出，至少在紙上。

國會有五百三十五名議員，參議院有一百名議員，眾議院有四百三十五名議員，為了「支付」，需要不斷開源，在參議院任職期間，我學到了要怎麼樣用一個步驟就幫議員找到一系列所謂「支付」的辦法，如果國會議員需要找到一百億美元、五百億美元、五千億美元或更多的資金，那麼卡爾文・強森（Calvin Johnson）就是你的幫手，多年來，德州大學法學院公司法暨商事法學系教授強森主持一個架上計畫（The Shelf Project），強森和其他稅務專家一起收集了一系列不同的「提案，只要國會想要增加收入，隨時可以擇一取用。」[17]在二〇一〇年參議院財政委員會上，強森證詞的標題是「籌集一兆美元的五十種方法」。[18]

夏季期間，議員回到自己的選區，資料夾多留在架上生塵，但是當國會開議，有人需要附加在法案上的財源時，強森的電話就從沒停過，他和他的同事對他們的工作充滿熱情，他們並非僅僅為了幫助立法者找到財源而彙總各式提案，對他們來說，這個計畫是要讓稅收制度更公平、更有效率。但在許多幕僚看來，架上計畫有點像是兄弟會的文件櫃，裡面有好幾百個文件夾，都是期中考考古題，換句話說，當你想作弊繞過隨收隨付等障礙物時，這就是你該找的地方。

尋找財源的過程大概是這樣：「嗨，我是某某參議員辦公室的助理，我們參議員在十年內需要三千五百億美元，你那裡有什麼能派得上用場的嗎？」強森可能會建議對稅法中的某些部分進行單一修正，以籌集全部三千五百億美元，或者，他可能拿出幾個資料夾，找出一些能湊齊全部金額的辦法，這種或那種都沒什麼區別，目的是幫你的老闆找到足夠的資金進場試試手氣。

我自己的感覺是：幾乎每位國會議員都知道這個尋找財源的遊戲有多瘋狂，在二〇一五年某一個星期馬拉松式的連續投票（vote-a-rama）期間，我首次意識到這一點。[19]馬拉松式的連續投票是一場瘋狂的馬戲團，所有一百名參議員齊聚一堂，對眾多無約束力的預算修正案進行快速投票，參議員一個接著一個要他們的同事投票支持其「赤字平衡」的修正案，來擴大社會安全保險、減稅、提高最低工資等。我在參議院的後排長凳上看了部分過程，最好笑的是聽到加州參議員芭芭拉・巴克瑟（Barbara Boxer）告訴她的一位同事：「你的財源根本亂來，但我還是投了。」

我自己講也不會講得更好，巴克瑟的觀點簡單直白，我們起草、評估和通過法案的方法糟糕透頂，我們假裝聯邦政府需要像家庭一樣規劃預算，我們認為稅收是政府需要的東西（所得），但其實稅收只是要減少我們其他人的消費能力，因此政府自己的支出才不會使經濟超出充分就業的限制。我們掣肘立法，要求政府為新的支出找到財源，即使經濟可以安全地吸收這些支出而無須增加稅收，我們之所以這樣做，是因為我們以為如家庭一般規劃預算的做法某種程度上符合公共利益，其實一點都不。

如果政府克服了赤字迷思，像貨幣發行人一樣開始規劃預算，而不是像其他人一樣假裝需要先有收入才能支出，那會是什麼樣子呢？或許，有人會覺得迷思之所以存在，是要阻止政治人物狂開支票、減少稅收，這也許有些道理，但更大的問題是赤字迷思也讓我們支出不足，在過度支出和不必要的財政限制之間有某個平衡，可以產生對所有人都好的經濟狀況。為了打造這種經濟，我們需要一個新的計畫，那麼現代貨幣理論的指示是什麼？有沒有一種方法可以改善我們人民的福祉，又不會讓事態發展太過？財政政策真的可以掌控經濟方向盤嗎？那貨幣政策還能做什麼？

將經濟方向盤移轉給財政當局，就是讓民選的國會議員做主，需要赤字來支撐經濟時，他們可以放寬資金，在經濟達到充分就業時，他們就緊縮貨幣流量，這就是勒納在一九四〇年代提出的功能性財政的中心思想，勒納不要大家一直盯著赤字並試圖迫使預算達到平衡，而是希望立法者編寫一份預算，讓充分就業的經濟保持平衡。

現代貨幣理論從勒納的學說汲取了靈感，但要小心的是，我們不只是要求國會從聯準會手中接管方向盤，我們需要提供國會議員一些指導原則，幫助他們負責任地行使權力，服務更廣泛的公共利益。為此，我們需要設立一些新的防護欄，我們也要給立法者明確標記的速限、儀表板和自動駕駛功能，同時自動駕駛功能也要用來接管大部分時候的路程行駛，這樣就算我們的政治嚴重失調，財政政策也可以扮演強大的穩定力量。

強制的自動支出

現今，我們依靠貨幣政策（聯準會）積極地上下調整利率，以看不見的無加速通膨失業率為標準，讓經濟保持平穩，現代貨幣理論則認為，財政政策是一個更有力的穩定機制，可用來達到更多的福利指標。勒納認為財政政策應該擔任駕駛員的角色，但是他認為我們可以把鑰匙交給國會，讓國會自己摸索如何操作經濟方向盤；相較之下，現代貨幣理論希望確保汽車和駕駛員都裝備精良，可以將財政政策引向負責任的方向，國會將始終擁有自由裁量的權力，但是在日益兩極對峙的政治氛圍中，我們的經濟應該也要有自駕功能，這樣即使國會不願採取行動，財政政策也將對不斷變化的經濟狀況做出反應，這就是我們的保險單。

讓部分預算自動因應不斷變化的道路狀況非常重要，這就是阻止金融危機後的大蕭條演變成為二次蕭條的原因。沒錯，國會有自由裁量的立法，在二〇〇九年二月通過了七千八百七十億美元的《美國復甦與再投資法案》，但真正保護我們的是自動進行、沒有經過立法系統的財政調整，這些調整是因為政府預算中內放置了自動穩定機制，它們像汽車中的避震器一樣，在良好的駕駛條件下，你幾乎不會注意到，但當道路變得顛簸時，就會發揮重要的作用。

當經濟在二〇〇八年陷入困境時，自動穩定機制自動開啟財政因應措施，緩和了金融危機造成的傷害。隨著數百萬美國人失業，企業努力維持生計，稅收大減，同時支出急劇增加，因為數百萬人獲得失業保險、食物券、醫療補助和其他社會安全網制度自動的補助，結果，財政赤字突然激增，光在二〇〇九年非政府的水桶就增加了一・四兆美元，山姆大叔的赤字，變成了數百萬個家庭和企業的盈餘，回顧這種的資金流動，保羅・克魯曼寫道：

> 用這樣方式來看很有趣，也得出了一個令人吃驚的結論：政府赤字主要是自動穩定機制啟動的結果，而不是國會自由裁量下的政策，這才是避免了二次蕭條的唯一原因。[20]

儘管自動穩定機制讓我們擺脫了悲慘的命運，但它的強度不足以防止經濟衰退，我們花了七年的時間，才重拾金融危機後失去的所有工作，數百萬人失去了家園，有些人甚至由於長期失業而喪生，記者傑夫・斯普羅斯（Jeff Spross）說，「長期失業對身心健康造成的損害類似配偶死亡的影響。」[21]

為了加強保護我們的經濟，尤其是保護當中的人民、家庭和社區，現代貨幣理論建議增加功能強大的新型自動穩定機制，也就是聯邦就業保障，我們在第二章提及了這個想法：我們可以實現真正的充分就業，為每個想要工作的人提供一份工作。現今，聯準會用失業來定義充分就業，導致數百萬人尋找不存在的工作，現代貨幣理論要政府直接為沒有工作的人提供就業機會，來解決問題，因為是自動駕駛的穩定裝置讓方向盤始終在正確的時間打在正確的方向。

要了解就業保障背後的經濟邏輯，請回顧第一章中莫斯勒的故事：莫斯勒想要整潔的房子、乾淨的汽車和修剪整齊的庭院，為了得到這些，他向孩子徵稅，但只能用他的名片支付，徵稅的目的是要讓孩子做家事，以賺取名片。同樣的邏輯，當政府要求人民以其國家的唯一貨幣（例如美元）來支付稅款和其他義務時，是要讓人們花一些時間來獲取貨幣，政府可能需要軍隊、司法系統、公園、醫院、橋梁等。失業的定義是希望找到能得到政府貨幣的工作，這樣來看，賺得的美元基本上是抵稅額，現代貨幣理論是總體經濟中唯一了解這一點的學派，而就業保障直接來自於這樣的想法。

一旦意識到這一點，就會清楚知道，任何發行貨幣的政府，都有能力僱用失業者來讓國內失業消失無蹤，如果政府決定不行使這一個權力，那麼就是選擇了失業率。在撰寫本書時，按歷史衡量標準，官方失業率三・五％並不算高，但從寬認定的話（比較反映問題的實際程度），失業率要翻高近兩倍（六・五％），這個指數被美國勞工部勞動統計局（Bureau of Labor Statistics）稱為U-6，告訴我們有將近一千二百萬名美國人正在找希望能賺更多錢的工作，但工作卻不存在，政府可以僱用全部這些人。

目前，聯邦政府選擇不這樣做，反而提供失業保險，以作為人們失業時緩衝所得降低的一種方式，假設勞工有資格領取福利，失業保險在勞工失業後補貼了損失的部分工資，失業保險平均為每週三百四十七美元，當總需求開始下降時，這有助於緩衝經濟，但不能讓勞工免於失業。有些人很快就能找到新工作，有些人則是掙扎了好幾個月，甚至好幾年，在嚴重的經濟衰退中，許多人經歷了長期失業，最終福利用盡，自己的一技之長也生疏了。

雖然失業保險被認為是我們今天最重要的自動穩定機制，但它並不是我們可以設計出來的最強大的穩定機制，部分問題在於並非每位失業者都能符合資格，因為並非所有工作都被包含在失業保險中。有些人沒有資格，因為他們自己辭職或因不當行為而被解僱；有的人是受聘時間不夠長，所以沒有資格；或者，有人之前就已用盡了福利金，甚至，有許多符合資格的勞工也沒有得到任何福利金。政府勞工部勞動統計局的數據顯示，「二〇一八年，在過去十二個月內有工作的失業人員中，有七十七%自上一份工作以來沒有申請失業保險金；在沒有申請的失業者中，有五分之三的人沒申請，是因為他們以為自己沒有資格領取福利金。」[22] 聯邦就業保障消除這種不確定性，給予所有人就業權。[23]

就業保障的運作方式如下，[24] 政府不會讓無數人失業，而是無限期地創造公共服務工作機會，讓求職者能賺取貨幣，參與純屬自願，制度並非硬性實施。為了確保我們不僅創造就業機會，而且是創造好的工作，現代貨幣理論經濟學家建議這些工作支付生活工資，而工作本身應有益於公共事務，[25] 因為就業保障是永久的制度，這將成為一項強制的（而非自由裁量的）聯邦支出，與其他強制支出（例如失業保險或食物券）一樣，當參與制度的人數增加或減少時，支出就會上下波動。如果經濟陷入衰退，更多的人將過渡到公共服務部門就業，預算將自動支出更多以支持這些工作；當經濟有所改善，民間準備再次開始招聘時，勞工不再參與就業保障，預算就會自動減少，就業保障成了一種功能強大的新型自動穩定機制，穩定聯邦預算中現有的自動駕駛機制。[26]

純粹從經濟角度來看，就業保障的主要優勢是它在整個商業週期能穩定就業的能力，這不僅使那些能夠快速找到新工作的人受益，我們所有人也都受益。截至二〇二〇年，美國現正經歷史上最長的擴張期，也就是不間斷的就業成長，但到了某個時候，擴張會結束，經濟將陷入衰退，這就是資本主義的本質。當企業被客戶淹沒時，他們會增加聘僱和投資，需求最終會變弱（通常是因為人們認為自己已承擔了太多的債務），大家會開始緊抱著錢包，[27] 隨著客戶的消失，企業縮減生產並開始裁員，如果今天有了就業保障，就可以僱用目前沒有工作的一千二百萬人，並且可以幫助許多下一次經濟衰退到來時會失業的人，就業保障會讓現有的社會安全網更加堅固，讓你在被解僱的那一刻，就有了新的機會，無論是自己創業還是為他人工作，你的經濟保障可能都與他人的所得保障緊密連結。

依靠失業保險並不夠，並非每個人都有資格，而且大多數的州政府只給予十三至二十六個星期的福利金，在二〇〇七年十二月，已經有一百三十萬人長期失業（超過二十七個星期），二〇〇九年八月，官方認定的經濟衰退終止時，有五百萬名美國人已經失業二十七個星期或更長的時間，一年過後，這個數字攀升至六百八十萬人，即使國會投票決定延長福利週期，這些延長終究還是會結束，留下數以百萬沒有工作或收入的人。美國各地的企業和社區都受到了打擊，由於失業人士難以償還貸款，他們的房屋被查封（取消抵押品贖回權），房價暴跌，房產稅收大縮水，州政府和地方政府刪減了從教育到交通的一切支出，教室愈來愈大班，基礎設施不斷惡化，一件一件壞事跟著發生，深刻而持久的經濟衰退傷害了我們所有人。

國會本來可以再度使用自由裁量權，批准新一輪的財政振興措施以維持總需求，但國會沒有這樣做。那時國會議員把全部精神都放在解決預算赤字上，而不是允許更大的赤字來幫助陷入困境的經濟，因此國會將決定權交給聯準會，國會未能採取行動，讓我們付出了代價。

有了聯邦就業保障，情況將會大不相同，經濟方向盤會自動轉向更大的財政赤字，對克理弗參議員和他的同事來說，更大的赤字是不合適的，但這正是當時的需要。這樣想吧，假設你在路上碰上一場暴風雪，因為一塊結冰的路面，整輛車子打滑失控，你會怎麼做？直覺上，我們大多數人可能會朝相反的方向打方向盤，如果汽車向右滑，我們感覺要趕快把方向盤往左轉，但其實錯了，我們在高中駕訓課學到的是要順著打滑才能重新控制車子，雖然感覺起來不對，但這才是避免撞車的唯一方法。就業保障為聯邦預算配備了自動功能，可以在經濟打滑時，凌駕在議員想抵制赤字的直覺之上，隨著經濟回到正軌，企業開始從聯邦就業保障計畫中僱用勞工，此時這些勞工將脫離政府預算，方向盤會自動進行調整以減少赤字的規模。

因此，就業保障是強大的經濟穩定機制，藉由維持人們的所得並讓他們在整個商業週期都能有工作，未來的經濟衰退將縮短且不那麼嚴重，這是因為企業不願僱用長期失業的人，勞工可以在經濟開始疲軟時立即加入就業計畫，隨著僱用條件有所改善後馬上退出，在計畫中保持有工作的狀態，並培養新技能，可以提高在經濟好轉時被重新錄用的機率。

這些人將從事什麼樣的工作呢？我們如何確保始終有足夠的工作，來提供給想要在計畫裡工作的每個人？他們將獲得多少報酬？誰來管理這種規模的聯邦計畫？以前有沒有嘗試過類似的東西？現代貨幣理論累積了超過三十年的大量研究，可以回答這些（甚至更多）問題，[28]這本書因篇幅所限沒有辦法完整詳述，但可以回答關鍵的問題，並根據五位現代貨幣理論經濟學家在二〇一八年共同撰寫的一份報告，描述計畫的大致輪廓。[29]

我們設想的是高度權力分散的公共服務就業（Public Service Employment，簡稱

PSE）計畫，除了給付生活工資（我們建議每小時十五美元），還附帶醫療保健和給薪假的基本福利，可以選擇全職或兼職，並開放彈性排班，以配合居家照護者、學生、老年勞工、殘障人士等的需求，儘管資金必須來自聯邦政府，但工作本身主要由居住在社區中的人們來設計，他們也將從完成的工作中受益，我們在報告中解釋，「我們的目標是在每個社區創造就業機會和對每個社區都有利的計畫，因此從提案到實施、管理及評估，讓當地社區直接參與這些項目是有意義的。」

就業保障計畫預算可由勞工部管理，而勞工部也制定一般準則，列出符合資助資格的項目，以提供可以滿足社區需求的工作為目標，我們的看法是所有工作都應圍繞著一個首要目標：打造一個照護型經濟，我們現在是個處於氣候危機中的高齡化社會，有許多尚未完成的工作要做，我們可以創造數百萬個有著不錯薪水的工作機會，來照顧老百姓、社區和我們的星球，順便解決我們面臨的工作赤字。

在創造這些工作機會時，我們認為聯邦政府並沒有辦法了解社區最緊迫的需求，在社區生活和工作的人才比較清楚。因此我們建議政府機構與社區合作，一起對未滿足的需求進行評估和分類，以便可以為社區量身打造適合其需求的工作，各州和市政當局將共同與社區一起創建工作項目檔案庫，可以把這個檔案庫想像成一個大規模的架上計畫，但是架上有著各種工作機會，而不是擺著列出財源的文件夾，我們希望架上陳列夠多的工作機會，讓具有不同技能和興趣的人，可以在沒有工作的時候走進去瀏覽，而帶著一份新工作離開。[30]

設計上，對公共服務工作的需求會隨著時間而波動，平均而言，我們估計就業保障計畫會用到大約一千五百萬人的人力，有些人會選擇兼職工作，但大多數參與計畫的人會想要全職工作，[31]假設我們最終在該計畫中擁有一千二百萬名全職員工，如果每個人有兩個星期的給薪假，這表示這些人每年投入了二百四十億個小時來從事公共服務工作，[32]現在，想像一下有二百四十億個小時，我們可以拿來做些什麼，以解決我們社區的明顯赤字。

我們可以建立一個二十一世紀的平民保育團（Civilian Conservation Corps），不再有小羅斯福新政時代的種族歧視和隔離政策，而是讓數百萬人一同照護我們的環境。[33]就業檔案庫中應該有各式各樣的工作機會，從防火到防洪以及永續農業，對於數十年來被忽視、投資錯誤、凋零許久的社區來說，我們可以清理空地、建造遊樂場和社區花園，為孩童設計課外活動，為成人提供技術實作和各式課程，我們可以互相照顧，陪伴我們的老年人口，並確保嬰幼兒在成長期間得到所需的資源。

簡而言之，就業保障是現代貨幣理論解決我們長期工作機會短缺的方法，就業保障並沒有把數百萬的失業人口當作失業「自然率」下的犧牲品，而是要確保每個想要工作的人都能找到一份工作，我們在第二章也看到，就業保障同時是一個比較好維持物價穩定的辦法，政府以剛好的花費來聘僱所有準備工作的人，這些大量就業人口，民間部門隨時可以輕易地以比計畫更高的薪資聘僱；再者，就業保障讓人民有了享有生活工資的工作權，也就增加了勞工的談判籌碼，縮小種族間的不平等，減少了貧困，墊高了低薪工作，並建立一個更強大、活躍、緊密連結的社區。[34]

有沒有已經嘗試過類似政策的政府？雖然還沒有一個國家實施過全面的就業保障，但有許多國家實驗了各式版本。在一九三〇年代，小羅斯福的新政直接創造了數百萬個就業機會，以解決經濟大蕭條後的經濟問題，公共工程管理局（Public Works Administration，簡稱ＰＷＡ）讓成千上萬人建造了學校、醫院、圖書館、郵局、橋梁和水壩，在一開始的六年期間，公共事業振興署（Work Progress Administration）創造了約八百萬個建築和保育類的工作機會，並為作家、演員和音樂家創造了數千個工作機會；國家青年局為高中生創造了一百五十萬份兼職工作，為大學生創造了六十萬份工作；正如現代貨幣理論所提議的那樣，這些工作由聯邦政府資助，但是這些計畫並非永久，而且並不保證所有人的就業。

阿根廷的戶主計畫也不是一項完全的就業保障，但在二〇〇一年，這是「世界上唯一一個」採取現代貨幣理論模型的「直接就業創造計畫」，[35]這個計畫是在金融危機導致經濟衰退，且造成官方失業率超過二十%的一項緊急措施，計畫靈感來自莫斯勒的研究，現代貨幣理論經濟學家帕弗里娜・徹內娃、馬修・佛斯塔特和藍道・雷伊就設計予以諮詢，目的是要讓人們快速找回工作。戶主計畫首創一項由政府資助、由當地管理的就業保障，每天工作四小時，換取每個月一百五十披索，徹內娃指出，這些工作僅限於家中有「十八歲以下兒童，殘障人士或孕婦」的戶主，[36]該計畫巔峰時期僱用了約二百萬人，約占勞動力的十三%，幾乎九十%的工作是社區項目，七十五%的參與者是女性，該計畫進行僅六個月後，極端貧困人口減少了二十五%，三年內有一半的參與者退出該計畫，其中大部分找到了民間部門工作。[37]

二〇〇三年，南非政府在年度成長與發展高峰會上，正式宣布將致力於「為所有人提供更多的工作、更好的工作、更得體的工作」，[38]擴大公共工程計畫（Expanded Public Works Program，簡稱ＥＰＷＰ）就是其中一部分，該計畫為失業人士創造了「對社會有益的臨時工作。」[39]兩年後，印度政府制定了甘地全國農村就業保障計畫（Mahatma

Gandhi National Rural Employment Guarantee Scheme），該計畫希望縮小城鄉之間的所得差距，為了給高失業率區人民更多機會，政府保證任何農村家庭一百天的最低工資，男女同酬，印度的就業保障仍然具有針對性（並非全面普及），但仍是世界上由政府資助最大的就業保障計畫，研究顯示，透過一致的工資，印度的農村就業保障有助於促進性別平等和讓女性獲得更多的決策權力，同時也提高了政治的透明度。[40]

所以，在歷史上，甚至是最近，都有政府採取了具有針對性的就業保障，大多數措施都是為了因應危機而臨時實施，現代貨幣理論對就業保障的範圍和最終目的有著不同的看法，就業保障不應該是個緊急措施，只在危機期間實施，然後在民間工作機會再度出現時終止，就業保障應該是我們經濟更強大的自動駕駛穩定機制，這樣想好了：你不會因為城市已經填平了一些坑洞或修了一些路，就叫修車師傅拆除車子的避震器，你寧願希望避震器一直都在，因為你知道有了避震器，一路上會比沒有避震器還平順些，就業保障也是如此。沒有它，我們只能依靠較弱的穩定機制，為失業人士提供臨時收入，同時讓數百萬人永遠困在失業的緩衝區裡，有了就業保障，我們就可以充分就業來吸收道路上不可避免的顛簸。

經驗顯示，為失業人士創造就業機會，會帶來無數的好處，遠遠超出了只是提供他們失業保險福利金，這個想法並非現代貨幣理論獨有，人們稱它為新政中被遺忘的一環。[41]小羅斯福曾希望國會以《經濟權利法案》的形式提供就業保障，但他的政黨在他去世後從未正式承諾，更何況施行，[42]爭取就業保障的運動仍持續進行，這是民權運動不可分割的一部分，也是國際人權法的基石，[43]現在許多人也將其視為爭取經濟平等和氣候正義的重要部分，這是一個機會，讓我們把數百億個虛擲的人類小時，轉化成各式各樣的工作，建立一個更堅韌、更環保、更永續的經濟。

自由裁量財政權的防護欄

要知道，現代貨幣理論不是萬靈丹，無法解決我們破碎的政治局面，也不能迫使立法者以最符合公共利益的方式投資公共資金，在美國國會，以及日本國會、英國議會和其他立法機構，我們都看到公職人員本來應該為人民計畫預算，但往往卻不這樣做。就業保障解決了一部分的問題，[44]它迫使預算自動因應不斷變化的經濟狀況，就業保障和減稅不同：減稅從未真正讓需要的人享受到產生的利益，而就業保障直接針對遭受失業打擊最嚴重的社區，這表示將收入直接交給最需要的人。

但我們不能打開自動駕駛功能之後，就放倒座椅，期待強制性支出的變化來引導我們前進，我們也需要可自由支配的支出，在軍事、氣候變遷、教育、基礎設施、醫療保健和其他方案上要投入多少經費，需要認真考慮。當前這些考慮是在與現代貨幣理論相反的預算哲學背景下進行，這個哲學告訴我們預算應該（至少在十年期間）保持平衡，立法者應該證明他們可以為新法案找到財源，而不會增加赤字，一個人人爭搶、可以讓立法向前邁進的許可卻來自受赤字迷思之害的國會預算辦公室。為了繞開預算編制程序的規則和慣例，立法者花招百出，有時候則是臨時或為黨團利益修改了規則，我們可以假裝當前的程序毫無問題，但我認為巴克瑟參議員的描述更為恰當。

如果我們不要再試著平衡預算，而是大開大立地施政，來重新平衡我們的經濟？現代貨幣理論的預算永遠不為任何特定的預算結果而努力，較大的赤字，較小的赤字，甚至財政盈餘，都一樣能被接受，會計年度結束時超出預算範圍的數字並不重要，重要的是建立健康的經濟，讓我們所有人都能繁榮。每個想要工作的人，是否都有薪水還不錯的工作？人民有他們需要的醫療保健和教育嗎？老人可以享受有尊嚴的退休生活嗎？每個孩子都有足夠的食物、乾淨的飲用水和安全的生活場所嗎？我們是否正在盡一切努力使我們的星球適合居住？簡單來說，我們是否處理了重要的赤字？

現代貨幣理論告訴我們，如果我們擁有實質資源，如果我們有建築材料來修繕我們的基礎設施，如果我們有想要成為醫生、護士和老師的人，如果我們能夠種植所有我們需要的食物，那麼資金永遠都在，這就是主權貨幣的完美之處。與柴契爾的格言相反，我們有公共資金，我們無須害怕接受這個事實，正如前聯準會主席葛林斯潘所說，「沒有什麼可以阻止聯邦政府創造它想要的錢，然後將其支付給某人。」他的繼任者柏南奇更直接描述了政府實際上如何付款：「這不是納稅人的錢，我們只是用電腦更改了帳戶餘額的大小。」這些觀念上的翻轉應該讓我們擺脫「我們該如何支付」這個古老的問題，事實是聯邦政府已經在用紐約聯邦準備銀行的電腦鍵盤支付所有的帳單，稅收是減少了我們其他人的消費能力，但不是用來支付國家支出，現在是時候了解政府壟斷貨幣發行的意義，任何美國總統都不能再聲稱政府「把錢用完了」，任何記者也不應該讓這樣的聲明不受到任何質疑，我們大家都應該知道事實：發行貨幣的政府可以負擔得起以其貨幣出售的任何東西，山姆大叔的口袋永遠不會空。

政府的消費能力無限，但是我們經濟的生產量能有限，對於我們可以並且應該做的事仍有限制，現代貨幣理論要我們尊重我們物質上和生態上的限制，並問自己：我們將如何找到資源？現代貨幣理論下的預算編制強調通貨膨脹的限制，而不是預算上的限制；強調生物與物質資源的多寡，而不是財政上的收支平衡。

我們已經知道經濟體都有自己的內部速限，我們的物質資源（工人、工廠、機械和原物料）只能承擔一定程度的需求，無法過度運轉，一旦經濟體達到充分就業，任何額外的支出（無論是來自政府，國內民間〔美國家庭和企業〕，還是世界其他地區〔對我們出口的國外需求〕）都會帶來通貨膨脹的風險，好消息是，由於我們長期將經濟運行在其最高速限之下，因此幾乎總是有增加支出的空間，又不會有加速通貨膨脹的風險，這才是最重要的。

曾經有一段時間我們的政治領導人意識到了這一點，甘迺迪任職總統期間，曾經諮詢了諾貝爾獎得主經濟學家詹姆士・托賓（James Tobin），托賓曾擔任甘迺迪一九六〇年總統大選競選團隊的顧問，之後擔任甘迺迪經濟顧問委員會成員，托賓記得甘迺迪有一次問他：「赤字有沒有限制？我當然知道有政治上的限制，但是有經濟上的限制嗎？」當托賓承認「唯一的限制是通貨膨脹」時，總統回答：「對吧，赤字規模沒有關係，債務可大可小，只要不引起通貨膨脹，其他一切都只是空話。」[45]

甘迺迪的直覺是對的，重要的不是債務或赤字的大小，重要的是我們對地球和生產資源施加的壓力。

一九六一年五月二十五日，甘迺迪總統在國會聯席會議上發表了登月演說，在要求大家捐助一角錢來資助這個雄心勃勃的太空探索計畫之前，甘迺迪向國會保證：

我相信我們擁有必要的所有資源和人才，但事實是我們的領袖從未做出這樣的國家決定或如此運用國家資源，我們從來沒有在緊迫的時間表上訂定長期目標，也沒有管理我們的資源和時間以確保實現這些目標。[46]

甘迺迪的理解完全正確，我們的物質資源有限，必須加以管理，時間是最有限的資源，每天最多只能擠出二十四個小時，人類的創造力受到我們現有技術知識和能力的限制，我們的技術能力和物質資源是唯一可以限制我們可能性的事物。甘迺迪知道美國將需要開發新技術來執行其雄心勃勃的太空探索計畫，將一個人送上月球並安全地帶回地球需要大量資金，以促進科學研究和新技術的發展，甘迺迪告訴國會，太空計畫的任何部分「都不會如此困難或如此昂貴」，接著，他要求國會以及美國人民一同支持這一個任務。

明確地說，最終是國會議員必須做出判斷，更明確來說，我是在要求國會和國家致力於一項新的行動，接下來仍會持續數年並需要大量成本的行動：在一九六二年需要五・三一億美元，估計未來五年還會需要七十到九十億美元。

甘迺迪在演講中沒有提及稅收或納稅人，為了資助該計畫，他只是請求「國會太空委員會和撥款委員會仔細考慮此事」，他知道國會有權自由裁量預算，以提供他所要求的數十億美元，與現代貨幣理論的論述一致，甘迺迪認為找到資金是一件容易的事，他解釋，真正的挑戰在日後才會出現：

這項決定需要國家完全投入科學與技術的人力、物力和設施，並且有可能從已經少量分配的地方挪用，這代表一定程度的奉獻、組織和紀律，而這並非是我們一直以來的研發特色，這代表我們無法承受無預警的停工、材料或人才成本虛增、機構間競爭的浪費或關鍵人才的流失。

為了實現他雄心勃勃的計畫，政府需要控制更多經濟的實質資源，包括更多的科學家和工程師、更多的承包商和公務員、更多的衛星、太空梭和燃料推進器等。儘管官方失業率在甘迺迪發表演說時達到七・一％，但他知道航向月球可能需要政府爭搶高技能勞動力和其他實質資源，為了管理通貨膨脹的風險，他的政府對工會和民營企業施壓，要它們將薪資和物價上漲保持在最低水準，以避免推高通貨膨脹，這很有效。那十年的前半時期，經濟成長，失業率急速下降，通貨膨脹率保持在一・五％以下。[47]

演講後的八年，美國太空總署的阿波羅十一號安全地讓人類登陸月球，今天我們幾乎所有人都從這一個歷史成就中或多或少受益，經濟學家瑪麗安娜・馬祖卡托（Mariana Mazzucato）說，「蘇聯於一九五七年發射人造衛星讓美國決策者大大恐慌。」[48]這種恐慌演變成一場太空競賽，讓許多我們現在認為理所當然的事物開始有所發展，個人電腦以及「當今智慧型手機中的許多技術都可以追溯到阿波羅計畫和其他相關任務。」[49]

你能想像一個為人民服務的經濟嗎？

我們今天面臨的挑戰和六十年前甘迺迪所面臨的很不一樣，但同樣令人生畏，而且更為重要。為了避免全球災難，我們需要降低氣候變遷帶來的影響，並適應無可避免的暖化，為此，各國政府必須比太空計畫更龐大也更持續地投入大量實質資源。

接下來幾年是我們能否繼續生存的關鍵，這絕非誇大其辭，某種意義上來說，第二次世界大戰是個正確的類比，凱因斯在其重要著作《如何為戰爭付費》（*How to Pay for the War*）中解釋甘迺迪後來理解的事：拿到錢是一件容易的事，真正的挑戰在於管理可用資源（勞力、設備、技術、自然資源等），以避免通貨膨脹加速。如果甘迺迪的經濟觀念錯誤，美國可能永遠無法登上月球，如果凱因斯的經濟觀念錯誤，那麼英國可能就沒有辦法在第二次世界大戰中獲勝，如果我們這一代繼續持有錯誤的經濟觀念，我們就無法對愈來愈嚴重的社會和生態危機，迅速且正確地大幅度投資，好消息是我們現在有了正確的觀念：現代貨幣理論。

我們可以實現一個結合了永續生態與充分就業，標榜人類福祉，體現社會平等以及可滿足所有人需求的優質公共服務的公正且更加繁榮的世界，既然我們愈來愈了解公共資金，並將國家的注意力從對預算赤字的執著轉移到其他方面，我們可以開始打造一個更好的經濟，為全體人民服務的經濟。

人類的想像力無窮，當某個人或某群人能夠想像一個其他人看不到的世界時，人類歷史上就可能發生重大變革，很多時候，例如我們之前提到的哥白尼的例子，這種轉變只是視角的改變，但是一旦改變，便能催生無數的新發現和進展。就某種意義上來說，現代貨幣理論就是從不同的角度來看現代經濟，雖然是一種非常簡單的方式，但是我們不該低估簡單的觀念轉變所能帶來的深刻變化，我們太侷限自己的想像力，以至於無法前行，因為對政府機構試算表中紀錄的數字毫無根據的恐懼，我們的公共政策過於狹隘。我們阻礙了科學的進步，打了不必要的戰爭，生活品質低落，以及花太少時間享受生活中的美好。

撙節就是沒有想像力：不知道怎麼想像我們如何能同時改善生活水準，投資國家的未來，維持健康的經濟，並管理通貨膨脹；貿易戰也是沒有想像力：無法想像我們如何才能同時維持國內的充分就業，幫助貧窮國家永續發展，降低我們的碳排放量，並繼續享受貿易帶來的好處；剝削自然生態更是想像力的失敗：我們未能想像如何同時改善生活品質，維持繁榮的經濟，轉移人類活動，進而保護人類和地球。現代貨幣理論為所有國家提供了重要的工具，幫助全球重新思考如何照顧居民，保留寶貴的文化資產，復原獨特的生態系統，重新發展永續和地方農業，提高生產量能並鼓勵創新。

讓我們從一個例子來看現代貨幣理論如何幫助我們找到一個能改善實際結果的替代方案，美國和全球決策者現在面臨的主要挑戰之一，是能源產業的轉型，希望達成永續的零碳排放。美國電力基礎設施的轉型已經展開，但是要擴大可再生能源、能源儲存和其他技術，來取代化石燃料作為主要發電燃料的地位，還有很長的一段路要走，在舊有模式下，政策辯論通常圍繞在政府命令或市場獎勵措施，政府要求電力公司生產較不會汙染環境的電力，可能會讓用電人（家庭和企業）承擔額外的費用，至於市場獎勵措施（例如生產永續能源的公司可以得到稅額抵減），的確有可能刺激替代能源的發展，但在開發商等待最佳經濟條件時，也會因此減緩市場採用率，結果，公用事業可能需要更長的時間才能讓現有的燃煤電廠退休。

現代貨幣理論可以端出哪些新的選項呢？有一種辦法是聯邦政府可以允許電力公司以帳面價值，向政府出售任何不論新舊的高碳排放量發電機，然後從費率中扣除這些成本，這有點像「舊車換現金」計畫（汽車補助折扣），鼓勵美國居民將低燃油效率的舊車，換成高燃油效率的車，終極目標是實現零碳發電，這將釋放個人資金，以快速替換成可再生能源，並避免由於公共政策的變化而使家庭和企業負擔更高的電費。

聯邦政府可以更積極主動，增加研發和大規模部署能源儲存技術的資金，在迅速進展到百分之百可再生能源的同時，美國可以擁有世界上最便宜的電力成本，這對企業、環境和家庭都有好處，而且政府在經濟上負擔得起。請注意，在這個例子中，政府不是直接接管，而是利用民間的能源市場，促進公共政策的結果。當然，政府還有諸多其他的選擇。

這裡重要的並非這個例子好不好，而是我們開始能夠想像政府的財政能力，如何有效地配置實質資源，以實現明確的公共政策目標。當我們重新考慮我們未來所需的醫療、教育、城市規劃、科學研究、農業和住宅的類型時，現代貨幣理論如何讓我們聚焦實質資源，改變財政政策？

你能想像一個私人企業和公共投資一同努力提高人民生活水準的經濟嗎？你能想像每個城鄉社區都有足夠的健康、教育和交通運輸服務來滿足當地居民需求的經濟嗎？你能想像一個可以衡量並持續改善社會福祉，而不僅僅關心國內生產毛額的經濟嗎？你能想像一個人類活動能夠復原且活絡所有生態系統的經濟嗎？你能想像一個各國之間以促進生活水準和滿足生態條件的方式，來進行貿易的經濟嗎？你能想像一個由強大的中產階級組成、有良好的薪資和福利、以服務業和勞動產業為基礎的經濟嗎？你能想像一個所有人能無憂無慮地退休，食物、居住和醫療保健都能得到滿足的經濟嗎？你能想像一個所有研究都得到充分資助，源源不斷的成功創意被商業化或推廣以服務公眾的經濟嗎？

在資源豐富和勞力充足的美國，我們可以為全體人民提供優質的衛生服務，為每位勞工提供適宜的進階教育和職業培訓，升級我們的基礎設施以滿足低碳世界的需求，確保每個人都有適合的居住環境，同時讓我們的城市變得乾淨、美麗、充滿彼此照護的精神。我們沒有理由不為這些目標制定政策，我們可以造福全人類，為各國示範低碳經濟，援助有實際需求的國家，同時確保我們的國內經濟蓬勃發展，不讓任何小鎮或社區被遺忘。

有了我們如何支付的知識，你現在就可以想像並幫忙打造一個為人民服務的經濟。

謝辭

如果沒有我的丈夫保羅・凱爾頓的支持和情感上的鼓勵，我無法完成這本書。他讀了每一章的草稿，給了我意見，也承擔了大部分的日常雜務，讓我在晚上和週末有時間埋首電腦工作。我的確省去了折衣物和做飯的麻煩，但是這也表示我錯過了許多與我的孩子布萊德利和凱瑟琳相處的時間。我謝謝他們每一個人給了我工作的空間，並為我的生活帶來這麼多歡樂。

我也非常感謝我的朋友札克利・卡特，他是一位出色的作家，介紹我認識了最好的經紀人霍華德・尹，霍華德一直相信這本書，當要決定在哪裡出版這本書時，霍華德建議我仔細考慮，選擇最可能挖掘我的寫作天分的編輯。自從選擇與約翰・馬哈尼合作之後，我不斷覺得自己幸運極了，我一開始打算寫的書並不是各位手中這本，約翰在我的文稿上標出了過度使用的專門術語，拿掉了圖表和複雜的方程式；他拯救了我的書，他一直提醒我：「你要讓所有人都讀得懂。」他的指導讓這本書能夠完成。

我也要感謝提供封面設計的彼特・加索，以及派蒂・艾薩克斯，將我笨拙的草圖變成了整本書中出現的精美插圖，我還要感謝凱特・穆勒的細心定稿。

接著，我要感謝我的父母、朋友和同事。沒有我的父母，傑拉德和瑪琳・貝爾的愛與鼓勵，我不會有今天的成就。我也要感謝我大學時期的教授約翰・亨利，他不僅帶領我接觸過去偉大的經濟學家和哲學家，還介紹我認識了當今總體經濟學和現代貨幣理論的大師，藍道・雷伊。我和馬修・佛斯塔特、帕弗里娜・徹內娃還有雷伊一起在密蘇里大學堪薩斯分校工作了很多年，共同致力於發揚華倫・莫斯勒的思想，這本書是與他們多年合作的產物。我也要特別感謝史考特・福維勒、羅漢・葛雷、內森・坦克斯、拉伍・卡瑞羅和法迪・卡布這兩年來忍受我不斷打擾，在不同議題上給了我許多他們的意見和專業知識。我也非常感謝史蒂芬・海爾、馬紹爾・奧爾巴克、丹尼爾・何西・卡瑪周、傑西・梅爾森、肯尼斯・瓦普納、傑夫・斯普羅斯和理查德・埃斯科的意見與幫忙。

我還要感謝札克・艾克斯利、傑夫・科芬垂、詹姆斯・史都華、麥克斯・斯葛德摩、班・斯卓貝爾、山謬・康納和比爾・葛金，他們所有人在現代貨幣理論崛起之前擁護了這個學說。

我也要感謝令人難以置信的眾多支持者，他們組成了讀書會，開了播客（podcast），架設了網站來向其他人介紹現代貨幣理論。我要感謝密蘇里大學堪薩斯分校、石溪大學和新社會研究學院的許多研究生和大學生，這些人多年來幫助我提昇了自己的想法。感謝唐恩・聖克萊、卡洛琳・麥克蘭納罕、派蒂・布魯梭和史黛西・皮爾卡德的關心和鼓勵，你們的體貼對我意義良多。

我必須要謝謝這些年來給我機會，讓我能建立讀者群的人們：哈利・希勒、克里斯・海斯、喬・魏森塔爾、山姆・賽德、法立德・札卡利亞、艾斯拉・克萊因、強・法夫洛、尼爾・卡福托、尼克・漢諾爾、麥克・摩爾、梅迪・哈山等人。我也要感謝國會議員亞歷山卓亞・歐加修—寇蒂茲向媒體發聲，讓現代貨幣理論「更常出現在社會對話中」。最後，我要感謝打電話到全國公共廣播電台 Planet Money 的艾米，謝謝她對未來有美好的期許，她深刻的問題，幫助我們破除了赤字迷思。

注釋

前言

1. 關於貨幣主權，可以想像成一個連續體：有些國家的主權程度很高，有些國家的主權較少、很少或幾乎沒有。擁有最高貨幣主權的國家是那些以自己的不可兌換（nonconvertible）（浮動匯率〔floating exchange rate〕）貨幣消費、徵稅和舉債的國家。不可兌換是指國家不承諾以固定價格將本幣轉換為黃金或外幣。按照這個定義，美國、英國、日本、澳洲、加拿大，甚至中國，都可算是貨幣主權國家。相反地，厄瓜多和巴拿馬等國家缺乏貨幣主權，因為它們的貨幣體系完全圍繞著美元設計，但它們各自政府卻無法發行美元。委內瑞拉和阿根廷發行自己的本國貨幣，但因為它們大量借入美元，而破壞了其貨幣主權。使用歐元運作的十九個歐盟國家也缺乏貨幣主權，因為它們已將發行貨幣的權力移轉至歐洲中央銀行。
2. 西北政策研究院的數據顯示：「超過八百萬美國人失業；每年近四百萬件房產贖回權被取消；二百五十萬家企業倒閉。」
3. Ryan Lizza, "Inside the Crisis," *The New Yorker*, October 12, 2009, www.newyorker.com/magazine/2009/10/12/inside-the-crisis.
4. Ibid.
5. Joe Weisenthal, "Obama: The US Government Is Broke!," *Business Insider*, May 24, 2009, www.businessinsider.com/obama-the-us-government-is-broke-2009-5.
6. CBPP, "Chart Book: The Legacy of the Great Recession," Center on Budget and Policy Priorities, June 6, 2019, www.cbpp.org/research/economy/chart-book-the-legacy-of-the-great-recession.
7. Dean Baker, *The Housing Bubble and the Great Recession: Ten Years Later* (Washington, DC: Center for Economic and Policy Research, September 2018), cepr.net/images/stories/reports/housing-bubble-2018-09.pdf.
8. Eric Levitt, "Bernie Sanders Is the Howard Schultz of the Left," *Intelligencer* (Doylestown, PA), April 16, 2019, nymag.com/intelligencer/2019/04/bernie-sanders-fox-news-town-hall-medicare-for-all-video-centrism.html.

第一章

1. US Constitution, Article 1, Section 8, Clause 5, www.usconstitution.net/xconst_A1Sec8.html.
2. 其他機構可能會有自己的金融工具（例如，銀行貸款創建了銀行存款，在某些情況下其功能也類似政府貨幣），但只有美國財政部和聯準會才能自己製造貨幣。
3. 適度的外債不會損害一個國家的貨幣主權。

4. 現代貨幣理論並不將貨幣主權視為有或無，而是將貨幣主權想成程度高或低，有些國家擁有較高的貨幣主權，而其他國家的貨幣主權較低。因為美元為國際貨幣，位居全球金融體系的中心，所以美國擁有無與倫比的貨幣主權。但是，日本、英國和澳洲等國家也具有高度的貨幣主權。即使是管理人民幣匯率的中國，也擁有高度的貨幣主權。
5. Margaret Thatcher, Speech to Conservative Party Conference, Winter Gardens, Blackpool, UK, October 14, 1983, Margaret Thatcher Foundation, www.margaretthatcher.org/document/105454.
6. Lizzie Dearden, "Theresa May Prompts Anger after Telling Nurse Who Hasn't Had Pay Rise for Eight Years: There's No Magic Money Tree, " *Independent* (London), June 3, 2017, www.independent.co.uk/news/uk/politics/theresa-may-nurse-magic-money-tree-bbcqt-question-time-pay-rise-eight-years-election-latest-a7770576.html.
7. 由於無法發行債券來舉債，議員有兩種選擇：他們可以從聯邦預算的其他部分中挪出資金，也可以藉由徵收更高的稅款來產生新的收入。值得注意的是，如果立法者想通過某項規定，但無法同意刪減哪些開支或增加什麼稅收來平衡赤字，則該規則可以不顧。
8. Warren Mosler, *Soft Currency Economics II: What Everyone Thinks They Know About Monetary Policy Is Wrong,* 2nd ed. (Christiansted, USVI: Valance, 2012).
9. 有時，教科書認為雖然政府可以印鈔票，但是由於印鈔票會導致通貨膨脹，這種金融體制並不被認可為正式的預算模型。因此，學生學到的是政府必須透過徵稅或舉債，來為其支出提供資金。
10. David Graeber, *Debt: The First 5,000 Years* (New York: Melville House, 2011); L. Randall Wray, *Understanding Modern Money: The Key to Full Employment and Price Stability* (Cheltenham, UK: Edward Elgar, 2006); and Stephanie A. Bell, John F. Henry, and L. Randall Wray, "A Chartalist Critique of John Locke's Theory of Property, Accumulation, and Money: Or, Is It Moral to Trade Your Nuts for Gold?," *Review of Social Economy* 62, no. 1 (2004): 51–65.
11. 有大量研究追溯了國家發行貨幣的歷史。有興趣的讀者可以參考。
12. Buttonwood, "Monopoly Money," Buttonwood's notebook, *The Economist*, October 19, 2009, www.economist.com/buttonwoods-notebook/2009/10/19/monopoly-money.
13. 聯準會也是，它是所有聯準會票據的發行機構，作為政府的財政機構，聯準會大部分付款都是以電子方式進行，用數位美元存入稱為銀行準備金帳戶的款項。
14. Board of Governors of the Federal Reserve System, "About the Fed: Currency: The Federal Reserve Board's Role" (webpage), www.federalreserve.gov/aboutthefed/

currency.htm.

15. Ale Emmons, "Senate Committee Votes to Raise Defense Spending for Second Year in a Row to $750 Billion," The Intercept, May 23, 2019, theintercept.com/2019/05/23/defense-spending-bill-senate/.
16. 我們可以對這方面進行更深入的討論，現代貨幣理論已有相關研究。如果你想要更加了解準備金的會計處理方法，還有美國財政部和聯準會以及綜合證券商之間的每日調節，請見作者以及 Scott Fullwiler 和 Eric Tymoigne 的其他著作。
17. Izabella Kaminska, "Why MMT Is Like an Autostereogram," FT Alphaville, *Financial Times* (London), February 22, 2012, ftalphaville.ft.com/2012/02/22/892201/why-mmt-is-like-an-autostereogram/.
18. Sally Helm and Alex Goldmark, hosts, interview Stephanie Kelton, "Modern Monetary Theory," *Planet Money*, NPR, September 26, 2018, 22:00, www.npr.org/templates/transcript/transcript.php?storyId=652001941.
19. 要記得，州政府和地方政府需要稅收。對各州和各地方來說，人民的稅金的確支付了教師、消防員、警察的薪水，也資助了地方基礎設施和圖書館等的建設與維護。
20. 要因應通貨膨脹壓力，財政調整（刪減政府支出或提高稅收）並不是唯一的選擇，政府還可以利用非財政的手段，例如減少需求和為政府支出騰出空間。當然，工資和物價控制也發揮了重要作用。
21. Stephanie Kelton (née Bell), "Do Taxes and Bonds Finance Government Spending?, " *Journal of Economic Issues* 34, no. 3 (2000): 603–620, DOI: 10.1080/00213624.2000.11506296.
22. 每年四月十五日左右，納稅額大幅增加。但是，因為個人申報者和許多企業也要按季繳納稅款，政府的金融機構為了處理高達數兆美元的稅務，整年都在運作。
23. 目前，還有一些規則支配著一些會計慣例，影響美國公債的標售和聯準會管理國債餘額的方式。所有這些規則都是國會規定的，因此國會可以隨意更改。
24. 經濟學家將其稱為涓滴經濟學（trickle-down economics）或供給面經濟學（supply-side economics）。主要想法是減稅措施可以釋放巨大的消費能量，刺激投資和創新，活絡經濟，以至於政府雖然減了稅，但最終還是收了更多的稅。二〇一九年，川普授予了推廣這個學說的經濟學家阿瑟 · 拉弗（Arthur Laffer）總統自由勳章（the Presidential Medal of Freedom）。

第二章

1. 請注意，物價上漲是通貨膨脹的先決條件，但不是全部的條件。通貨膨脹的過程中，物價會不斷上漲。因此，必須在多個時間段內看到物價水準上揚才能構成通貨膨脹。
2. John T. Harvey, "What Actually Causes Inflation (and Who Gains from It)," *Forbes*,

May 30, 2011, www.forbes.com/sites/johntharvey/2011/05/30/what-actually-causes-inflation/#3ea806e9f9a9.

3. Aimee Picchi, "Drug Prices in 2019 Are Surging, with Hikes at 5 Times Inflation," CBS News, July 1, 2019, www.cbsnews.com/news/drug-prices-in-2019-are-surging-with-hikes-at-5-times-inflation/.
4. 貨幣主義源自於十九世紀的貨幣數量學說（quantity theory of money，簡稱 QTM）。QTM 用費雪方程式（equation of exchange）MV = PY 來解釋發生通貨膨脹的因素。M 代表貨幣的流通數量（現有貨幣供給量）；V 是貨幣的流通速度（或貨幣於一定期間內的平均轉手次數）；P 是物價指數；Y 是實際總產值（實際商品和服務）。這個方程式是一個簡單事實，因為它從會計角度，表明總支出（MV）等於名義上生產和出售所有商品的價值（PY）。就像在說：「GDP 的支出等於 GDP 的支出。」為了讓這個簡單事實更具意義，經濟學家對 V 和 Y 做出了一些行為假設。具體來說，他們假設 V 足夠穩定，可以看作是一個常數，而 Y 傾向於在充分就業時穩定下來。接著對整個方程式進行微分，則 V 和 Y 的變化率將變為零（常數沒有變化率），剩下的方程式則只剩兩個可以改變的變量，M 和 P。要讓方程式運作，我們應用一些簡單的運算。（小圓點表示每個變量的變化率〔或增長率〕。）由於速度（V）和實際總產值（Y）被假定為恆定，因此它們的增長率等於零。剩下的方程式表明通貨膨脹率等於貨幣供應量的增長率。傅利曼為了得出他著名的「通貨膨脹在任何時間、任何地點都是因為發行過多貨幣的關係」，他只假設貨幣和通貨膨脹間的因果關係。因此，如果中央銀行允許貨幣供應量增長速度比之前快兩倍，會使通貨膨脹率提高一倍。
5. 這個名字來源於著名的英國經濟學家凱因斯，其最著名的著作《就業、利息和貨幣的一般理論》重塑了一九四〇年代中期至一九六〇年代的經濟學理論和實踐。
6. 一位名叫威廉・菲利浦（A. W. Phillips）的經濟學家的研究顯示失業率與名目薪資增長率之間，存在統計相關性。數據揭示了兩個變量之間的反比關係，這意味著一個變量的上升會帶來另一個變量的下降。之後，經濟學家開始用物價通貨膨脹率來代替薪資上漲率，並以菲利浦曲線來描繪出通貨膨脹與失業之間的關係。
7. 為了保持通貨膨脹穩定，傅利曼希望央行遵循嚴格的規則，讓貨幣供應量（M）的增加只能與實體經濟（Y）一樣快。這樣，假設貨幣收入速度（V）恆定，物價（P）也將保持穩定。
8. 有關中央銀行獨立性的進一步討論。
9. 聯準會的目標是個人消費支出（PCE）。如果準確地達到目標，那麼用於計算 PCE 的一籃子商品的平均價格將每年上漲二%。關於此，更多討論請見 Kristie Engemann, "The Fed's Inflation Target: Why 2 Percent?," Open Vault Blog, Federal Reserve Bank of St. Louis, January 16, 2019, www.stlouisfed.org/open-vault/2019/

january/fed-inflation-target-2-percent.

10. See Dimitri B. Papadimitriou and L. Randall Wray, "Flying Blind: The Federal Reserve's Experiment with Unobservables," Working Paper No. 124, Levy Economics Institute of Bard College, September 1994, www.levyinstitute.org/pubs/wp124.pdf; and G. R. Krippner, *Capitalizing on Crisis: The Political Origins of the Rise of Finance* (Cambridge, MA: Harvard University Press, 2011).
11. 中央銀行還使用其他工具來影響物價，包括儲蓄政策、信用管制和銀行法規、匯率管理以及市場結構政策。但是，利率調整仍然是日常管理通貨膨脹的主要工具。
12. 經濟學界非常重視科學和數據，可是不難發現這種方法有點形而上學、有點抽象的。
13. William C. Dudley, "Important Choices for the Federal Reserve in the Future," speech delivered at Lehman College, Bronx, New York, April 18, 2018, www.newyorkfed.org/newsevents/speeches/2018/dud180418a.
14. Stephanie A. Kelton, "Behind Closed Doors: The Political Economy of Central Banking in the United States," Working Paper No. 47, University of Missouri–Kansas City, August 2005, www.cfeps.org/pubs/wp-pdf/WP47-Kelton.pdf.
15. 實際上，包括日本銀行和歐洲央行在內，世界上大多數中央銀行都不用負責解決失業問題，反而，他們全權負責維持物價穩定。
16. 原因很簡單，企業之所以僱用是因為必須這樣做，而不是因為想要這樣做，付勞工薪水是出於必要而不是出於仁慈。現今宰制世界的資本主義經濟，對凱因斯（以及在他之前的馬克思）來說，是貨幣生產經濟，存在理由是利潤。
17. William Vickrey, "Fifteen Fatal Fallacies," chapter 15 in *Commitment to Full Employment: Macroeconomics and Social Policy in Memory of William S. Vickrey*, ed. Aaron W. Warner, Mathew Forstater, and Sumner M. Rosen (London: Routledge, 2015), first published by M.E. Sharpe, 2000.
18. 在二〇〇八年至二〇一三年間，聯準會進行了三輪量化寬鬆，從個人手中購買了價值數兆美元的不動產抵押貸款證券（mortgaged-backed securities）和美國公債（US Treasuries），以換取聯準會的數位美元（銀行準備金）。這有助於降低長期利率，希望屋主能夠為不動產抵押貸款再融資，獲得收入並支出，而企業可以藉由貸款和投資於長期資本財（capital goods），例如建造新工廠和購買新設備。
19. Ben Bernanke, "Monetary Policy Is Not a Panacea," congressional testimony, House Financial Services Committee, July 18, 2012, posted by Stephanie Kelton, MMT, YouTube, September 23, 2012, 0:10, www.youtube.com/watch?v=eS7OYMIprSw.
20. Abba Ptachya Lerner, *The Economic Steering Wheel: The Story of the People's New Clothes* (New York: New York University Press, 1983).
21. 勒納還希望政府避免舉債（即出售美國公債）來當作協調其財政運作的常規。

由於政府是貨幣發行人，因此可以將錢投入經濟中，然後就不管。回到我們提到的 S（TAB）模型，勒納只是要政府支出，不一定要在支出後加上稅金或借款，稅賦只能為了消除通貨膨脹壓力而提高，而債券只能為了支持較高的利率時出售。

22. 現代貨幣理論經濟學家，包括馬修・佛斯塔特（Matthew Forstater）、藍道・雷伊（L. Randall Wray）和帕弗里娜・徹內娃，都建議將重點放在建立照護型經濟上。我將在本書的最後一章更仔細研究就業保障，要詳細了解這項計畫的執行管理、工作所支付的酬勞、所支持的工作種類，以及對整個經濟的影響，請參見 L. Randall Wray, Flavia Dantas, Scott Fullwiler, Pavlina R. Tcherneva, and Stephanie A. Kelton, *Public Service Employment: A Path to Full Employment*, Levy Economics Institute of Bard College, April 2018, www.levyinstitute.org/pubs/rpr_4_18.pdf.
23. 就業保障可以追溯至小羅斯福總統，他希望政府能保證就業是每個人的經濟權，這也是馬丁・路德・金恩、他的妻子科麗塔・史考特・金恩和阿薩・菲力普・藍道夫牧師領導的民權運動中的重要一環。對經濟舉足輕重的學者海曼・明斯基也把這個計畫作為其反貧困工作的關鍵。需要注意的是，就業保障並不需要決策者嘗試使用無加速通膨失業率之類的方法，來判斷勞動市場的閒置程度，政府只要公告工資，然後僱用所有求職的人，如果沒有人出現，那就意味著經濟已經出現充分就業，但如果有一千五百萬人出現，則表明存在大量未使用的人力資源。實際上，這是唯一能夠確定經濟到底有沒有充分利用所有資源的方法。
24. 這意味著聯邦就業保障已成為新的強制性支出類別，就像社會安全保險或醫療保險一樣，支出不可由國會裁量，也就是說，立法者不能以預算為由，像限制基礎設施、國防或教育方面的資金一樣，限制就業保障的資金。
25. Pavlina R. Tcherneva, *The Case for a Job Guarantee* (Cambridge, UK: Polity Press, 2020).
26. Vickrey, "Fifteen Fatal Fallacies."
27. 在金融危機高峰期，每個月約有八十萬美國人失業。
28. 技術上來看，民間雇主可能以低於就業保障計畫提供的工資僱用勞工。舉例來說，如果這份工作提供更多的給薪假、更靈活的工作安排、更便捷的交通或只是職涯發展上更好的選擇，那麼某些人可能會願意為低薪工作，但我想這是例外。
29. Arjun Jayadev and J. W. Mason, "Loose Money, High Rates: Interest Rate Spreads in Historical Perspective," *Journal of Post Keynesian Economics* 38, no. 1 (Fall 2015): 93-130.
30. 儘管有立法規定，但雇主仍出現種族、性別、性取向和身體殘疾上的歧視，並對有前科者和遊民有偏見，聯邦就業保障確立了所有人的就業權。
31. 民主黨高層在二〇一九年與川普會面，商討讓國會授權二兆美元振興基礎建設方案的可能性。

32. 現代貨幣理論認為，需求壓力過大，與通貨膨脹上升幾乎沒有或完全沒有關聯，要對付通貨膨脹，應鎖定造成通貨膨脹壓力的根本原因，以針對性的政策從源頭來解決問題。
33. For a much more detailed discussion, please see Scott Fullwiler, "Replacing the Budget Constraint with an Inflation Constraint," New Economic Perspectives, January 12, 2015, www.researchgate.net/publication/281853403_Replacing_the_Budget_Constraint_with_an_Inflation_Constraint/citation/download.

第三章

1. 這個陣線由幾十年來一直積極支持社會安全保險民營化的億萬富豪彼得・彼得森（Peter G. Peterson）資助。獲得獎項的委員會三名成員，分別是緬因州的獨立參議員安格斯・金恩（Angus King）、維吉尼亞州的民主黨參議員馬克・華納（Mark Warner）和提姆・凱恩。
2. Christina Hawley Anthony, Barry Blom, Daniel Fried, Charles Whalen, Megan Carroll, Avie Lerner, Amber Marcellino, Mark Booth, Pamela Greene, Joshua Shakin et al., *The Budget and Economic Outlook: 2015 to 2025,* Congressional Budget Office, 2015, www.cbo.gov/sites/default/files/114th-congress-2015-2016/reports/49892-Outlook2015.pdf.
3. 這是第六章的主題。
4. 二〇一八年六月，國外政府和投資人持有六 ・ 二兆美元的美國公債，約占美國政府債券的三分之一。
5. Edward Harrison, "Beijing Is Not Washington's Banker," Credit Writedowns, February 22, 2010, creditwritedowns.com/2010/02/beijing-is-not-washingtons-banker.html.
6. Edward Harrison, "China Cannot Use Its Treasury Holdings as Leverage: Here's Why," Credit Writedowns, April 7, 2018, creditwritedowns.com/2018/04/china-cannot-use-its-treasury-holdings-as-leverage-heres-why.html.
7. 長期利率反映了未來短期利率的預期路徑，加上期限貼水，後者本身反映了安全資產整體供給和需求的關係。期限貼水會自行變動，但短期利率的未來路徑波動不大，因為基於市場預期中央銀行接下來設定的的短期利率，聯邦基金期貨市場會提供我們這些利率大概的數值（在期貨市場中，交易者直接押注聯準會將如何調整聯邦基金利率，而他們的贏虧取決於他們猜對還是猜錯。統計上，聯邦基金期貨市場是最準確的預測依據）。這使得中央銀行對長期利率具有相當大的影響力，為了執行更強力的控制，中央銀行可以像日本一樣有效地設定殖利率曲線上的利率。
8. 債券義勇軍一詞是指金融市場（或更準確地說，是金融市場中的投資者）的力量，強迫像政府債券之類的金融資產價格急劇起伏，進而使利率意外波動。最終，歐洲中央銀行的確阻止了債券義勇軍，但代價是對希臘人民實行嚴苛的撙節政策。
9. 參議員傑夫・塞申斯（Jeff Sessions）在批評歐巴馬的預算草案時說：「明年，美國可能就會像希臘。」國會議員保羅・萊恩（Paul Ryan）提出了類似的論點，並警告：「總統的預算無視我們債務攀升，讓美國危險步入歐洲式的危機。」
10. Alex Crippen, "Warren Buffett: Failure to Raise Debt Limit Would Be "Most Asinine Act' Ever by Congress," CNBC, April 30, 2011, www.cnbc.com/id/42836791.
11. Warren Buffett, "We've Got the Right to Print Our Own Money So Our Credit Is Good," excerpt of *In the Loop* interview with Betty Liu, Bloomberg Television, July 8, 2011, posted by wonkmonk, YouTube, January 5, 2014, 0:31, www.youtube.com/watch?v=Q2om5yvXgLE.
12. 美國公債期限長短不一，政府發行長期債券，期限在十到三十年、也有期限在一年至十年間的債券、十年期抗通膨公債（TIPS），以及為期十三、二十六和五十二週的國庫券，多數可用不同面額購買。長期的三十年期債券，價格從一千美元到一百萬美元不等。
13. 煽動派的經濟學家勞倫斯・科特里科夫（Laurence Kotlikoff）常常把國家債務稱為「財政上的兒童虐待事件」，他將美國政府的財政失衡視為龐氏騙局，我完全不同意他的觀點。
14. Patrick Allen, "No Chance of Default, US Can Print Money: Greenspan," CNBC, August 7, 2011, updated August 9, 2011, www.cnbc.com/id/44051683.
15. Niv Elis, "CBO Projects" Unprecedented "Debt of 144 Percent of GDP by 2049," *The Hill*, June 25, 2019, thehill.com/policy/finance/450180-cbo-projects-unprecedented-debt-of-144-of-gdp-by-2049.
16. Jared Bernstein, "Mick Mulvaney Says 'Nobody Cares' About Deficits. I Do. Sometimes," *Washington Post*, February 6, 2019, www.washingtonpost.com/outlook/2019/02/06/mick-mulvaney-says-nobody-cares-about-deficits-i-do-sometimes/.
17. "Dear Reader: You Owe $42,998.12," *Time* magazine cover, April 14, 2016, time.com/4293549/the-united-states-of-insolvency/.
18. James K. Galbraith, "Is the Federal Debt Unsustainable?," Policy Note, Levy Economic Institute of Bard College, February 2011, www.levyinstitute.org/pubs/pn_11_02.pdf.
19. Olivier Blanchard, "Public Debt and Low Interest Rates," Working Paper 19-4, PIIE, February 2019, www.piie.com/publications/working-papers/public-debt-and-low-interest-rates.
20. Greg Robb, "Leading Economist Says High Public Debt 'Might Not Be So Bad,' " MarketWatch, January 7, 2019, www.marketwatch.com/story/leading-economist-says-high-public-debt-might-not-be-so-bad-2019-01-07.
21. David Harrison and Kate Davidson, "Worry About Debt? Not So Fast, Some Economists Say," *Wall Street Journal*, February 17, 2019, www.wsj.com/articles/

worry-about-debt-not-so-fast-some-economists-say-11550414860.
22. Scott T. Fullwiler, "Interest Rates and Fiscal Sustainability," Working Paper No. 53, Wartburg College and the Center for Full Employment and Price Stability, July 2006, www.cfeps.org/pubs/wp-pdf/WP53-Fullwiler.pdf.
23. Scott T. Fullwiler, "The Debt Ratio and Sustainable Macroeconomic Policy," *World Economic Review* (July 2016): 12–42, www.researchgate.net/publication/304999047_The_Debt_Ratio_and_Sustainable_Macroeconomic_Policy.
24. Ibid.
25. 這與政府支付的利率有關。
26. Galbraith, "Is the Federal Debt Unsustainable?"
27. Japan Macro Advisors, "General Government Debt and Asset," December 20, 2019, www.japanmacroadvisors.com/page/category/economic-indicators/balancesheets/general-government/.
28. Fullwiler, "Interest Rates and Fiscal Sustainability."
29. 在《財政部—聯邦準備系統協定》之前，聯準會一直嚴密控管長期利率，拒絕讓利率升至二・五％以上。在固定匯率制度下，控制殖利率曲線是不可能的，因為內部利率變得相互關聯。政府公債需要和另一種資產選擇競爭，即以政府確定的匯率將本國貨幣轉換為儲備資產。
30. 聯準會於一九四二年開始釘住利率。
31. 關於現代貨幣理論對於聯準會獨立性的描述，請見 L. Randall Wray, "Central Bank Independence: Myth and Misunderstanding," Working Paper No. 791, Levy Economics Institute of Bard College, March 2014, www.levyinstitute.org/pubs/wp_791.pdf.
32. 據報導，有一些聯準會關開始思考明確控制長期殖利率曲線的可能性。
33. Japan Macro Advisors, "Japan JGBs Held by BoJ" (webpage), Economic Indicators, www.japanmacroadvisors.com/page/category/economic-indicators/financial-markets/jgbs-held-by-boj/.
34. Eric Lonergan, Drobny Global Monitor (blog), Andres Drobny, Drobny Global LP, December 17, 2012, www.drobny.com/assets/_control/content/files/Drobny_121712_10_24_13.pdf.
35. 有一些債券市場投機者之前認為，日本會面臨公共債務超過國民生產毛額二〇〇％的狀況，有一些債券交易員認為日本政府不可能維持如此高的債務水準，因此賣空日本政府公債。凱爾・巴斯（Kyle Bass）因這項交易損失了巨額資金，惡名昭彰。他的交易被很多人稱為寡婦製造交易（widowmaker trade）。
36. 第二章的注釋四詳述了貨幣數量學說。
37. Milton Friedman, "The Counter-Revolution in Monetary Theory," IEA Occasional Paper, no. 33, Institute of Economic Affairs, 1970, milton friedman.hoover.org/friedman_images/Collections/2016c21/IEA_1970.pdf.

38. 截至二〇一九年七月，聯準會持有約十三％可流通的美國公債，聯準會可以用同樣的方式，買下剩餘的八十七％，只要存入銀行準備金。
39. 有興趣的讀者請見 Carl Lane, *A Nation Wholly Free: The Elimination of the National Debt in the Age of Jackson* (Yardley, PA: Westholme, 2014).
40. 聯邦準備系統是根據一九一三年的《聯邦準備法》建立的。
41. 公債支付本金和利息。你可能買了票面利率為五％的十年期國債，你付了政府一千美元，政府在這十年內每年付給你五十美元，在第十年末，政府將本金一千美元退還給你。
42. David A. Levy, Martin P. Farnham, and Samira Rajan, *Where Profits Come From* (Kisco, NY: Jerome Levy Forecasting Center, 2008), www.levyforecast.com/assets/Profits.pdf.
43. 我們在第五章會看到，擁有貿易順差的國家對財政赤字的依賴程度大大降低，但是像美國這樣長期貿易逆差的國家，有財政赤字會比較好。沒有赤字，經濟就不可能一直成長。
44. Frederick C. Thayer, "Balanced Budgets and Depressions," *American Journal of Economics and Sociology* 55, no. 2 (1996): 211–212, *JSTOR*, www.jstor.org/stable/3487081.
45. Ibid.
46. 第四章中對此會更詳細探討。
47. 一九九九是美國歌手王子在一九八二的一首單曲。歌詞「So tonight I'm gonna party like it's 1999」。
48. 全國公共廣播電台在二〇一一年，透過《資訊自由法》（*Freedom of Information Act*，簡稱 FOIA），獲得了現已公開的副本。關於背後事件，請見 David Kestenbaum, "What If We Paid Off the Debt? The Secret Government Report," *Planet Money*, NPR, October 20, 211, www.npr.org/sections/money/2011/10/21/141510617/what-if-we-paid-off-the-debt-the-secret-government-report.
49. 這個利率稱作聯邦基金利率（federal funds rate），是銀行在隔夜市場借出當日超額準備金向另一家銀行收取的利率。當系統中有大量的準備金時，準備金不足的銀行不必付出太多，就可以從超額準備金的銀行那邊借到，因為容易獲得，所以便宜。為了降低利率，聯準會只要讓銀行體系的準備金非常充足，利率自然下降，聯準會可透過購買債券來達成上述過程。
50. 有人擔心，如果聯準會不得不購買其他種類的金融資產，那麼看起來就好像是在選誰贏誰輸。
51. 在經濟蕭條之前，美國經濟迅速成長，收入急劇上升。景氣熱絡主要是股市泡沫的結果，加劇了經濟成長，使預算轉為盈餘。隨著泡沫在二〇〇一年一月開始崩解，經濟陷入衰退，財政盈餘並不是造成經濟衰退的原因，但為二〇〇七年開始更嚴重的金融危機留下了伏筆。
52. 除了購買美國公債，聯準會還買了不動產抵押貸款證券和政府贊助房貸企業房利美（Fannie Mae）和房地美（Freddie Mac）所發行的債券。

53. 聯準會於二〇一四年正式結束其量化寬鬆政策，那時候聯準會資產負債表上有二・八兆美元的美國公債，這是其餘各部門持有公債十二・七五兆美元的二十二%。

54. 詳細的討論，請見 Scott T. Fullwiler, "Paying Interest on Reserve Balances: It's More Significant than You Think," Social Science Research Network, December 1, 2004, papers.ssrn.com/sol3/papers.cfm?abstract_id=1723589.

55. 聯準會主席葉倫（Janet Yellen）表示，儘管已經習慣實行量化寬鬆，但她希望聯準會再也不用這樣做。她還表示，如果聯準會不得不再次進行量化寬鬆，則可能需要考慮購買更廣泛的資產。

56. 這需要授權聯準會透支、發行鉑金硬幣或新的數位貨幣。

57. 有一些人擔心這會導致通貨膨脹，雖然他們認為債券融通赤字的通貨膨脹率低於貨幣融通赤字的通膨率。現代貨幣理論證明這是錯誤的，關鍵仍在於支出，而不是政府是不是透過購買債券來以調節支出。

58. 當然，沒有理由將其與財政預算程序綁在一起。例如，可以另外建立一個獨立的儲蓄機構，向符合條件的對象發行附息債券。實際上，聯準會在二〇〇八年制定了這樣的計畫，即定期存款機制（Term Deposit Facility）。

59. 一七八九年制定了美國憲法，並成立了美國聯邦政府。

第四章

1. Congressional Budget Office, *The 2019 Long-Term Budget Outlook* (Washington, DC: CBO, June 2019), www.cbo.gov/system/files/2019-06/55331-LTBO-2.pdf.
2. Paul Krugman, "Deficits Matter Again," *New York Times*, January 9, 2017, www.nytimes.com/2017/01/09/opinion/deficits-matter-again.html.
3. George F. Will, "Fixing the Deficit Is a Limited-Time Offer," *Sun* (Lowell, Massachusetts), www.lowellsun.com/2019/03/12/george-f-will-fixing-the-deficit-is-a-limited-time-offer/.
4. 委員會的聽證會通常在美國公共事務有線電視網上進行。
5. 凱因斯主義的經濟學家常見的論點是在特殊情況下才不會發生排擠效應，在這種情況下（通常被稱為流動性陷阱〔liquidity trap〕），赤字上升並不會導致利率上升，因為利率保持在零；在這種情況下，政府可以放心地增加赤字，而不必擔心利率上升會排擠私人投資（因為利率被固定在零），這為政府提供了一個無需任何考量即可增加支出的機會。一旦利率開始變動，排擠就會立即恢復，我們會看到現代貨幣理論拒絕這種說法：排擠並非是特殊情況下才能避免。
6. Jonathan Schlefer, "Embracing Wynne Godley, an Economist Who Modeled the Crisis," *New York Times*, September 10, 2013, www.nytimes.com/2013/09/11/business/economy/economists-embracing-ideas-of-wynne-godley-late-colleague-

who-predicted-recession.html.

7. Ibid.
8. Post Editorial Board, "Locking in a Future of Trillion-Dollar Deficits," *New York Post*, July 23, 2019, nypost.com/2019/07/23/locking-in-a-future-of-trillion-dollar-deficits/.
9. Wynne Godley, *Seven Unsustainable Processes* (Annandale-on-Hudson, NY: Jerome Levy Economics Institute, 1999), www.levyinstitute.org/pubs/sevenproc.pdf.
10. "Life After Debt," second interagency draft, November 2, 2000, media.npr.org/assets/img/2011/10/20/LifeAfterDebt.pdf.
11. 郭德里與列維研究院的另一位經濟學學者藍道・雷伊合著了一些研究成果，他們兩人都知道，只有當國內民間支出繼續超過其收入（即赤字支出）時，柯林頓式的盈餘才有可能發生。他們解釋說，問題在於民間是貨幣使用者，而不是貨幣發行人，因此不能永遠在赤字狀態。詹姆斯 ・ 高伯瑞是另一位也有如此見解的經濟學家，雖然難以置信，但高伯瑞說，當他暗指柯林頓的盈餘不是那麼值得慶賀的成就時，他遭到其他經濟學家的嘲笑。
12. Katie Warren, "One Brutal Sentence Captures What a Disaster Money in America Has Become," Business Insider, May 23, 2019, www.businessinsider.com/bottom-half-of-americans-negative-net-worth-2019-5.
13. 你可能會想說政府盈餘是國民儲蓄的一種。千萬不要這樣想！ 請記得，山姆大叔與我們其他人不同。他發行美元，而我們其他人僅使用美元。他可以花自己沒有的錢。當他從我們手中拿走美元時，他沒有變得更富有。政府可以像從一九九八年到二〇〇一年那樣實現財政盈餘，但是當出現加字號時，政府究竟能「得到」什麼呢？ 答案是什麼都沒有。就像橄欖球裁判檢視觸地得分，認定傳球時接球球員已經出界了，所以減了六分。我們的財務記分員從我們那裡減去一些數字，但實際上他沒有得到任何回報。從貨幣發行人的角度來看，一桶美元和橄欖球比賽中一桶分數差不多有用。撇開政治因素，今天的盈餘並不能使他未來能花更多錢。
14. 許多主流總體經濟學理論仍繼續利用這種可貸資金理論來看待利率，凱因斯在他的名著《就業、利息和貨幣的一般理論》中力圖消除這些想法，不幸的是，將近一個世紀之後，古老（有誤）的理論仍然不斷出現在我們的生活中。
15. Scott Fullwiler, "CBO——Still Out of Paradigm After All These Years," New Economic Perspectives, July 20, 2014, neweconomicperspectives.org/2014/07/cbo-still-paradigm-years.html.
16. 金融淨資產包括流通貨幣、銀行準備金和未清償的政府債券。
17. 在這裡，我們談論的是使用主權貨幣運作的政府，例如美國、日本、英國和澳洲。
18. 如前言所定義。
19. 如果需要複習債券在現代貨幣理論的作用，請見第一章。如果你還想知道更多，請參閱現代貨幣理論經濟學家艾瑞克・提摩因（Eric Tymoigne）的著作，他詳細分析了美國政府財政和貨幣的運作情況。

20. 例如，可以授予聯準會發行有價證券的權力。有關中央銀行發行有價證券的更多信息，請見 Simon Gray and Runchana Pongsaparn, "Issuance of Central Bank Securities: International Experiences and Guidelines," IMF Working Paper, 2015, www.imf.org/external/pubs/ft/wp/2015/wp15106.pdf; and Garreth Rule, *Centre for Central Banking Studies: Issuing Central Bank Securities* (London: Bank of England, 2011), www.bankofengland.co.uk/-/media/boe/files/ccbs/resources/issuing-central-bank-securities.
21. 擁有公債主要交易商這個特殊地位，他們需要「在所有財政部國債標售中以合理的投標價按比例競標。」這表示每個主要交易商都必須為自己的拍賣份額投標，主要交易商可以提高出價或降低出價，但他們不能選擇不參加標售，每次標售，他們都必須出價競標一部分的債券。
22. 這是二〇一九年八月實際的月赤字。
23. 通常一次標售中短期和長期債券都有，包括稱為國庫券的短期債券，一年或更短的時間內到期，和兩年至十年到期的債券，以及三十年期債券。更多關於標售以及時程的討論，請見 "General Auction Timing" (webpage), Treasury-Direct, www.treasurydirect.gov/instit/auctfund/work/auctime/auctime.htm.
24. 主要交易商（或其代理銀行）使用其準備金（就是它們在紐約聯邦準備銀行的支票帳戶）購買政府債券。
25. 持有固定利率政府債券的主要風險之一是通貨膨脹，如果每年利息停留在二%，但通貨膨脹率每年穩定保持在二・五%，那麼這項投資的實質（即經通貨膨脹調整後）收益就是負〇・五%，財政部為想避免通貨膨脹風險的投資人，而出售抗通膨債券（TIPS）。
26. Stephanie Kelton, "Former Dept. Secretary of the U.S. Treasury Says Critics of MMT are 'Reaching,' " New Economic Perspectives, October 30, 2013, neweconomicperspectives.org/2013/10/former-dept-secretary-u-s-treasury-says-critics-mmt-reaching.html.
27. 在一九五一年的《財政部—聯邦準備系統協定》後，聯準會被允許不用鎖定短期以外的殖利率曲線，長期以來，聯準會一直希望將（非最短期）國庫券的利率留給市場，現在終於可以做到這一點。碰巧的是，國債有效的私人市場需要私人金融機構進行交易，聯準會為此設計了一個主要交易商的系統，這些交易商通常是大型銀行的子公司，主要交易商成為聯準會達到短期目標利率的對手，短期目標利率成為聯準會可改變的官方政策，在這些操作中，主要交易商收購了國債（黃色美元），聯準會向其銀行系統增加了綠色美元，為了執行其貨幣政策，聯準會顯然需要一個有效率且穩定的主要交易商系統。本質上，為了將國庫券的利率留給市場，並同時制定自己的貨幣政策，聯準會至少必須間接確保交易商能夠以（或大約以）聯準會的目標利率來購買國債，也就是說聯準會「支持」主要交易商，而主要交易商同時又代表美國財政部來「製造市場」。

28. 聯邦基金利率是銀行在隔夜市場中，借入準備金時向彼此收取的利率。如果有一家銀行不希望擁有準備金，可以將這些準備金借給另一家銀行。這是隔夜拆放（overnight loan），放款銀行會在第二天取回準備金和利息。更多討論，請見 Scott Fullwiler, "Modern Centra Bank Operations——The General Principles," chapter 2 in ed. Louis-Philippe Rochon and Sergio Rossi, *Advances in Endogenous Money Analysis* (Cheltenham, UK: Edward Elgar, 2017), 50-87.
29. 支持正利率的方法基本上有兩種：（一）通過出售美國公債來消耗超額準備金，或者（二）以聯準會的目標利率支付準備金利息（IOR）。詳細說明請見 Scott T. Fullwiler, "Setting Interest Rates in the Modern Money Era," Working Paper No. 34, Wartburg College and the Center for Full Employment and Price Stability, July 1, 2004, papers.ssrn.com/sol3/papers.cfm?abstract_id=1723591.
30. L. Randall Wray, "Deficits, Inflation, and Monetary Policy," *Journal of Post Keynesian Economics* 19, no. 4 (Summer 1997), 543.
31. 殖利率曲線是以一條曲線（或曲線圖）表示一系列到期日不同的債券的利率。
32. 在前言中，我們已經定義擁有貨幣主權的國家徵稅、舉債和支出不受限制，即浮動匯率貨幣只能由政府或其財政機構發行。
33. 今天，以發行債券融通赤字支出的作法已經成為標準程序，但其實不一定要這樣做，國會總是可以改寫其作業程序來改變這種做法，尤其現在聯準會不再需要利用政府債券來達到其短期利率目標。有一種有難度但真正創新的替代方案，是聯準會確定它願意為長、短期的國庫券、定期存款或債券所支付的利率，然後允許私部門購買這些金融工具，數量不限，其餘的赤字留存為零息準備金。
34. Dan McCrum, "Mario Draghi's 'Whatever It Takes' Outcome in 3 Charts," *Financial Times* (London), July 25, 2017, www.ft.com/content/82c95514-707d-11e7-93ff-99f383b09ff9.
35. Warren Mosler and Mathew Forstater, "The Natural Rate of Interest Is Zero," Center for Full Employment and Price Stability, University of Missouri-Kansas City, December 2004, www.cfeps.org/pubs/wp-pdf/WP37-MoslerForstater.pdf.
36. Ibid.
37. Timothy P. Sharpe, "A Modern Money Perspective on Financial Crowding-out," *Review of Political Economy* 25, no. 4 (2013): 586–606.
38. William Vickrey, "Fifteen Fatal Fallacies," chapter 15 in *Commitment to Full Employment: Macroeconomics and Social Policy in Memory of William S. Vickrey*, ed. Aaron W. Warner, Mathew Forstater, and Sumner M. Rosen (London: Routledge, 2015), first published by M.E. Sharpe, 2000.

第五章

1. Fox News, "Transcript of the 2015 GOP Debate," Cleveland, Ohio, August 7, 2015, CBS News website, www.cbsnews.com/news/transcript-of-the-2015-gop-debate-9-pm/.
2. Aimee Picchi, "Fact Check: Is Trump Right That the U.S. Loses $500 Billion in Trade to China?," CBS News, May 6, 2019, www.cbsnews.com/news/trump-china-trade-deal-causes-us-to-lose-500-billion-claim-review/.
3. Action News, "President Trump Visits Shell Cracker Plant in Beaver County," Pittsburgh's Action News, August 13, 2019, www.wtae.com/article/president-trump-shell-cracker-plant-beaver-county-pennsylvania/28689728#.
4. Ginger Adams Otis, "Clinton-Backing AFL-CIO Boss Trumka Visits President-elect Trump on Friday," *New York Daily News*, January 13, 2017, www.nydailynews.com/news/national/clinton-backing-afl-cio-boss-trumka-talks-trade-trump-article-1.2945620.
5. Robert E. Scott and Zane Mokhiber, "The China Toll Deepens," Economic Policy Institute, October 23, 2018, www.epi.org/publication/the-china-toll-deepens-growth-in-the-bilateral-trade-deficit-between-2001-and-2017-cost-3-4-million-u-s-jobs-with-losses-in-every-state-and-congressional-district/.
6. Mark Hensch, "Dems Selling 'America Is Already Great' Hat," *The Hill*, October 9, 2015, thehill.com/blogs/blog-briefing-room/news/256571-dems-selling-america-is-already-great-hat.
7. Jim Geraghty, "Chuck Schumer: Democrats Will Lose Blue-Collar Whites but Gain in the Suburbs," *National Review*, July 28, 2016, www.nationalreview.com/corner/chuck-schumer-democrats-will-lose-blue-collar-whites-gain-suburbs/.
8. Wynne Godley, "What If They Start Saving Again? Wynne Godley on the US Economy," *London Review of Books* 22, no. 13 (July 6, 2000), www.lrb.co.uk/v22/n13/wynne-godley/what-if-they-start-saving-again.
9. 嚴格來說，山姆大叔的赤字必須超過經常帳（current account）的赤字（不僅僅是貿易赤字），才能使美國私部門保持盈餘。經常帳是貿易資產加上一些其他國際付款，兩者通常可以互換使用，但是在某些國家差異可能很大。
10. 美國政府也可以直接把美元加到國外的水桶中，舉例來說，如果它從歐洲飛機製造商空中巴士購買飛機，而不是向美國公司波音買，那筆支出就會進到國外部門的水桶，而不是進到美國私部門的水桶。
11. Donald J. Trump, Tweet, December 2, 2019, twitter.com/realDonaldTrump/status/1201455858636472320?s=20.
12. Mamta Badkar, "Watch How Germany Ate Everyone Else's Lunch After the Euro Was Created," *Business Insider*, July 18, 2012, https://www.businessinsider.com/presentation-german-current-account-balance-2012-7.

13. Pavlina R. Tcherneva, "Unemployment: The Silent Epidemic," Working Paper No. 895, Levy Economics Institute of Bard College, August 2017, www.levyinstitute.org/pubs/wp_895.pdf.
14. US Department of Labor, "Trade Adjustment Assistance for Workers" (webpage), www.doleta.gov/tradeact/.
15. Candy Woodall, "Harley-Davidson Workers Say Plant Closure after Tax Cut Is Like a Bad Dream," *USA Today*, May 27, 2018, updated May 28, 2018, www.usatoday.com/story/money/nation-now/2018/05/27/harley-davidson-layoffs/647199002/.
16. Committee on Decent Work in Global Supply Chains, "Resolution and Conclusions Submitted for Adoption by the Conference," International Labour Conference, ILO, 105th Session, Geneva, May-June 2016, www.ilo.org/wcmsp5/groups/public/---ed_norm/---relconf/documents/meetingdocument/wcms_489115.pdf.
17. Office of the Historian, "Nixon and the End of the Bretton Woods System, 1971-1973," Milestones: 1969-1976, history.state.gov/milestones/1969-1976/nixon-shock.
18. Kimberly Amadeo, "Why the US Dollar Is the Global Currency," The Balance, December 13, 2019, www.thebalance.com/world-currency-3305931.
19. Brian Reinbold and Yi Wen, "Understanding the Roots of the U.S. Trade Deficit," St. Louis Fed, August 16, 2019, medium.com/st-louis-fed/understanding-the-roots-of-the-u-s-trade-deficit-534b5cb0e0dd.
20. L. Randall Wray, "Does America Need Global Savings to Finance Its Fiscal and Trade Deficits?," *American Affairs* 3, no. 1 (Spring 2019), american affairsjournal.org/2019/02/does-america-need-global-savings-to-finance-its-fiscal-and-trade-deficits/.
21. L. Randall Wray, "Twin Deficits and Sustainability," Policy Note, Levy Economics Institute of Bard College, March 2006, www.levyinstitute.org/pubs/pn_3_06.pdf.
22. 一九九七年的亞洲金融危機讓世界了解到如果不能維持外幣準備，在沒有資本管制的情況下，釘住匯率並不明智。
23. Scott Ferguson, Maxximilian Seijo, and William Saas, "The New Postcolonial Economics with Fadhel Kaboub," MR Online, July 7, 2018, mronline.org/2018/07/07/the-new-postcolonial-economics-with-fadhel-kaboub/.
24. Noureddine Taboubi, "Strikes Overturn Wage Cuts, but IMF Blindness Risks Ruining Tunisia," Bretton Woods Project, April 4, 2019, www.brettonwoodsproject.org/2019/04/strikes-overturn-wage-bill-but-imf-blindness-risks-ruining-tunisia/.
25. John T. Harvey, *Currencies, Capital Flows and Crises: A Post Keynesian Analysis of Exchange Rate Determination* (Abingdon, UK: Routledge, 2009).
26. Bill Mitchell, "Modern Monetary Theory in an Open Economy," Modern Monetary Theory, October 13, 2009, bilbo.economicoutlook.net/blog/?p=5402.
27. 一如預料，沃克突然的措施也摧毀了美國工人，中西部的工廠大量關閉下，讓美國的製造業對日本等國家失去競爭力。如果那時候政府了解現代貨幣理論學者和經濟學前輩的建言，又或者傾聽了那時許多美國民權鬥士的主張，然後就此制定了就業保障政策，讓經濟自動穩定在充分就業的狀態，那麼也許全世界都可以避免這場災難。

28. Jamee K. Moudud, "Free Trade Free for All: Market Romanticism versus Reality," Law and Political Economy (blog), March 26, 2018, lpeblog.org/2018/03/26/free-trade-for-all-market-romanticism-versus-reality/#more-620.
29. 這就是土耳其在二〇一八年發生的情況，當北大西洋國家開始升息時，土耳其因為依賴向外國舉債，以及隨之而來的預算赤字，讓整個國家經濟嚴重受創。
30. 通常這代表進口幾乎已經完成的商品，而只是完成最後的製造過程，卡布和其他經濟學家將其稱為低附加價值內容。
31. James K. Galbraith, *The Predator State: How Conservatives Abandoned the Free Market and Why Liberals Should Too* (New York: Free Press, 2008).
32. 迪恩・貝克（Dean Baker）喜歡指出，不管川普對貿易逆差多生氣，「奇異公司（General Electric）、波音、沃爾瑪（Walmart）和其他企業並未因為我們與中國的貿易逆差而有所損失，事實上，貿易逆差是他們努力增加利潤的結果。」
33. Mitchell, "Modern Monetary Theory."
34. Pavlina R. Tcherneva and L. Randall Wray, "Employer of Last Resort Program: A Case Study of Argentina's *Jefes de Hogar* Program," Working Paper No. 41, CFEPS, April 2005, www.cfeps.org/pubs/wp-pdf/WP41-Tcherneva-Wray-all.pdf.
35. Pavlina R. Tcherneva, "A Global Marshall Plan for Joblessness?" (blog), Institute for New Economic Thinking, May 11, 2016, www.ineteconomics.org/perspectives/blog/a-global-marshall-plan-for-joblessness.
36. "World Employment and Social Outlook 2017: Sustainable Enterprises and Jobs——Formal Enterprises and Decent Work," International Labour Organization report, October 9, 2017.
37. "Mexico Trade Surplus with the US Reach Record High US$81.5 Billion in 2018," *MexicoNow*, March 8, 2019, mexico-now.com/index.php/article/5232-mexico-trade-surplus-with-the-us-reach-record-high-us-81-5-billion-in-2018.
38. Jeff Faux, "NAFTA's Impact on U.S. Workers," Working Economics Blog, Economic Policy Institute, December 9, 2013, www.epi.org/blog/naftas-impact-workers/.
39. Bill Mitchell, "Bad Luck if You Are Poor!," Modern Monetary Theory, June 25, 2009, bilbo.economicoutlook.net/blog/?p=3064.

第六章

1. US Senate, "Glossary Term: Entitlement" (webpage), www.senate.gov/reference/glossary_term/entitlement.htm.
2. US Social Security Office of Retirement and Disability Policy, "Beneficiaries in

Current-Payment Status," *Annual Statistical Report on the Social Security Disability Insurance Program, 2018*, Social Security Administration, released October 2019, www.ssa.gov/policy/docs/statcomps/di_asr/2018/sect01.html.
3. Richard R. J. Eskow, host, *The Zero Hour with RJ Eskow*, "Shaun Castle on Social Security and Paralyzed Veterans of America," YouTube, April 22, 2019, 18:46, www.youtube.com/watch?v=avPbNku5Qoc&feature=youtu.be.
4. PVA, "Paralyzed Veterans of America Urges Preserving and Streng-thening Social Security During Hearing on Capitol Hill," Paralyzed Veterans of America, April 10, 2019, pva.org/about-us/news-and-media-center/recent-news/paralyzed-veterans-of-america-urges-preserving-and/.
5. Confronting Poverty, "About the Project" (webpage), confronting poverty.org/about/.
6. Matt DeLong, "Groups Call for Alan Simpson's Resignation over 'Sexist' Letter," *Washington Post*, August 25, 2010, voices.washingtonpost.com/44/2010/08/group-calls-for-debt-commissio.html.
7. "The Insatiable Glutton" in Puck magazine, December 20, 1882, mentioned in James Marten, "Those Who Have Borne the Battle: Civil War Veterans, Pension Advocacy, and Politics," *Marquette Law Review* 93, no. 4 (Summer 2010): 1410, scholarship.law.marquette.edu/cgi/viewcontent.cgi?article=5026&context=mulr.
8. EconoEdLink, Resource 6, Social Security: Visualizing the Debate, U.S. History: Lesson 3.1 in "The History of Social Security" in *Understanding Fiscal Responsibility*, Economics & Personal Finance Resources for K-12, www.econedlink.org/wp-content/uploads/legacy/1311_Social%20Security%206.pdf.
9. Nancy J. Altman, *The Truth About Social Security: The Founders' Words Refute Revisionist History, Zombie Lies, and Common Misunderstandings* (Washington, DC: Strong Arm Press, 2018).
10. See, for example, "Polling Memo: Americans' Views on Social Security," Social Security Works, March 2019, socialsecurityworks.org/2019/03/26/social-security-polling/.
11. Franklin D. Roosevelt, "President Franklin Roosevelt's 1943 State of the Union Address," January 7, 1943, History, Art & Archives, US House of Representatives, history.house.gov/Collection/Listing/PA2011/PA2011-07-0020/.
12. Altman, *The Truth About Social Security*, 7.
13. Ibid.
14. Board of Trustees of the Federal Old-Age and Survivors Insurance and Federal Disability Insurance Trust Funds, "Letter of Transmittal," Washington, DC, April 22, 2019, www.ssa.gov/OACT/TR/2019/tr2019.pdf.
15. Marc Goldwein, "Social Security Is Approaching Crisis Territory," *The Hill*, April 29, 2019, thehill.com/opinion/finance/441125-social-security-is-approaching-crisis-

territory#.XMdbf0dTNXs.
16. Social Security Administration, *Summary of Provision That Would Change the Social Security Program*, Office of the Chief Actuary, SSA, December 30, 2019, www.ssa.gov/OACT/solvency/provisions/summary.pdf.
17. Laurence Kotlikoff, "Social Security Just Ran a $9 Trillion Deficit, and Nobody Noticed," *The Hill*, May 14, 2019, thehill.com/opinion/finance/443465-social-security-just-ran-a-9-trillion-deficit-and-nobody-noticed.
18. NCPSSM, "Raising the Social Security Retirement Age: A Cut in Benefits for Future Retirees," National Committee to Preserve Social Security & Medicare, October 30, 2018, www.ncpssm.org/documents/social-security-policy-papers/raising-the-social-security-retirement-age-a-cut-in-benefits-for-future-retirees/.
19. Steven M. Gillon, *The Pact: Bill Clinton, Newt Gingrich, and the Rivalry That Defined a Generation* (New York: Oxford University Press, 2008).
20. Stephanie A. Kelton, "Entitled to Nothing: Why Americans Should Just Say 'No' to Personal Accounts," Working Paper No. 40, Center for Full Employment and Price Stability, University of Missouri–Kansas City, April 2005, www.cfeps.org/pubs/wp-pdf/WP40-Bell.pdf.
21. Nicole Woo and Alan Barber, "The Chained CPI: A Painful Cut in Social Security Benefits," Center for Economic and Policy Research, 2012, cepr.net/documents/publications/cpi-2012-12.pdf.
22. Dean Baker, "Statement on Using the Chained CPI for Social Security Cost of Living Adjustments," Center for Economic and Policy Research, July 8, 2011, cepr.net/press-center/press-releases//statement-on-using-the-chained-cpi-for-social-security-cost-of-living-adjustments.
23. "Consumer Price Index for the elderly," Bureau of Labor Statistics, US Department of Labor, March 2012.
24. 2011 OASID Trustees Report, Table V.C3: Legislated Changes in Normal Retirement Age and Delayed Retirement Credits, for Persons Reaching Age 62 in Each Year 1986 and Later, www.socialsecurity.gov/OACT/TR/2011/V_C_prog.html#180548. See also US Bureau of Labor Statistics, "TED: The Economics Daily," Consumer Price Index for the Elderly, March 2, 2012, www.bls.gov/opub/ted/2012/ted_20120302.htm.
25. D. Rosnick and D. Baker, "The Impact on Inequality of Raising the Social Security Retirement Age," Center for Economic and Policy Research, April 2012, cepr.net/publications/reports/the-impact-on-inequality-of-raising-the-social-security-retirement-age.
26. Social Security and Medicare Boards of Trustees, "A Summary of the 2019 Annual Reports: A Message to the Public," US Social Security Administration, www.ssa.gov/oact/trsum/.

27. Ibid.
28. Transamerica Center for Retirement Studies, *18th Annual Transamerica Retirement Survey: A Compendium of Findings About American Workers*, Transamerica Institute, June 2018, www.transamericacenter.org/docs/default-source/retirement-survey-of-workers/tcrs2018_sr_18th_annual_worker_compendium.pdf.
29. Peter Whoriskey, " 'I Hope I Can Quit Working in a Few Years': A Preview of the U.S. Without Pensions," *Washington Post*, December 23, 2017, www.washingtonpost.com/business/economy/i-hope-i-can-quit-working-in-a-few-years-a-preview-of-the-us-without-pensions/2017/12/22/5cc9fdf6-cf09-11e7-81bc-c55a220c8cbe_story.html.
30. Teresa Ghilarducci, Michael Papadopoulos, and Anthony Webb, "40% of Older Workers and Their Spouses Will Experience Downward Mobility," Schwartz Center for Economic Policy Analysis Policy Note, The New School, 2018, www.economicpolicyresearch.org/resource-library/research/downward-mobility-in-retirement.
31. Alica H. Munnell, Kelly Haverstick, and Mauricio Soto, "Why Have Defined Benefit Plans Survived in the Public Sector?," Briefs, Center for Retirement Research, Boston College, December 2007, crr.bc.edu/briefs/why-have-defined-benefit-plans-survived-in-the-public-sector/.
32. Monique Morrissey, "The State of American Retirement: How 401(k)s Have Failed Most American Workers," Economic Policy Institute, March 3, 2016, www.epi.org/publication/retirement-in-america/.
33. Kathleen Romig, "Social Security Lifts More Americans Above Poverty Than Any Other Program," Center on Budget and Policy Priorities, www.cbpp.org/research/social-security/social-security-lifts-more-americans-above-poverty-than-any-other-program.
34. T. Skocpol, "America's First Social Security System: The Expansion of Benefits for Civil War Veterans," *Political Science Quarterly* 108, no. 1 (1993):85–116.
35. "Oldest Civil War Pensioner Gets $73 a Month from VA," *Florida Today*, August 2017, www.floridatoday.com/story/news/2017/08/24/one-n-c-woman-still-receiving-civil-war-pension/594982001/.
36. Juan Williams, *Muzzled: The Assault on Honest Debate* (New York: Broadway, 2011).
37. John Light, "Déjà Vu: A Look Back at Some of the Tirades Against Social Security and Medicare," Moyers, October 1, 2013, updated August 14, 2014, billmoyers.com/content/deja-vu-all-over-a-look-back-at-some-of-the-tirades-against-social-security-and-medicare/4/.
38. John Nichols, *The "S" Word: A Short History of an American Tradition... Socialism* (London: Verso, 2012).
39. Sarah Kliff, "When Medicare Was Launched, Nobody Had Any Clue Whether It

Would Work," *Washington Post*, May 17, 2013, www.washingtonpost.com/news/wonk/wp/2013/05/17/when-medicare-launched-nobody-had-any-clue-whether-it-would-work/.
40. Bryan R. Lawrence, "The Illusion of Health-Care 'Trust Funds,'" *Washington Post*, October 18, 2012, www.washingtonpost.com/opinions/the-illusion-of-health-care-trust-funds/2012/10/18/844047d8-1897-11e2-9855-71f2b202721b_story.html.
41. Gail Wilensky, "Medicare and Medicaid Are Unsustainable Without Quick Action," *New York Times*, January 11, 2016, www.nytimes.com/roomfordebate/2015/07/30/the-next-50-years-for-medicare-and-medicaid/medicare-and-medicaid-are-unsustainable-without-quick-action.
42. Philip Moeller, "Medicare and Social Security Stay on Unsustainable Financial Paths, Reports Show," PBS News Hour, April 22, 2019, www.pbs.org/newshour/health/medicare-and-social-security-stay-on-unsustainable-financial-paths-reports-show.
43. Diana Furchtgott-Roth, "Medicare Is Unsustainable in Current Form," MarketWatch, December 2012, www.marketwatch.com/story/medicare-is-unsustainable-in-current-form-2012-12-06.
44. J. Adamy and P. Overberg, "Growth in Retiring Baby Boomers Strains US Entitlement Programs," *Wall Street Journal*, June 21, 2018, www.wsj.com/articles/retiring-baby-boomers-leave-the-u-s-with-fewer-workers-to-support-the-elderly-1529553660.
45. Ibid.
46. Lenny Bernstein, "US Life Expectancy Declines Again, a Dismal Trend Not Seen Since World War I," *Washington Post*, WP Company, November 29, 2018, www.washingtonpost.com/national/health-science/us-life-expectancy-declines-again-a-dismal-trend-not-seen-since-world-war-i/2018/11/28/ae58bc8c-f28c-11e8-bc79-68604ed88993_story.html.
47. Raj Chetty, Michael Stepner, Sarah Abraham, Shelby Lin, Benjamin Scuderi, Nicholas Turner, Augustin Bergeron, and David Cutler, "The Association Between Income and Life Expectancy in the United States, 2001–2014," *Journal of the American Medical Association* 315, no. 16 (April 2016):1750–1766, jamanetwork.com/journals/jama/article-abstract/2513561.
48. Hendrik Hertzberg, "Senses of Entitlement," *The New Yorker*, April 1, 2013, www.newyorker.com/magazine/2013/04/08/senses-of-entitlement.
49. Richard R. J. Eskow, " 'Entitlement Reform' Is a Euphemism for Letting Old People Get Sick and Die," Huffpost, February 25, 2011, www.huffpost.com/entry/entitlement-reform-is-a-e_b_828544.
50. John Harwood, "Spending $1 Billion to Restore Fiscal Sanity," *New York Times*, July 14, 2008, www.nytimes.com/2008/07/14/us/politics/14caucus.html.
51. Lori Montgomery, "Presidential Commission to Address Rising National Debt,"

Washington Post, April 27, 2010, www.washingtonpost.com /wp-dyn/content/article/2010/04/26/AR2010042604189_pf.html.
52. Between 2009 and 2011, the organization America Speaks received $4,048,073 from the Peterson Foundation; see the Center for Media Democracy, "America Speaks," SourceWatch, www.sourcewatch.org/index.php/America_Speaks.
53. Dan Eggen, "Many Deficit Commission Staffers Paid by Outside Groups," *Washington Post*, November 10, 2010, www.washingtonpost.com/wp-dyn/content/article/2010/11/10/AR2010111006850.html.
54. Peter G. Peterson, "Statement by Foundation Chairman Pete Peterson on Simpson-Bowles 'Bipartisan Path Forward to Securing America's Future,' " Peter G. Peterson Foundation, April 19, 2013, www.pgpf.org/press-release/statement-by-foundation-chairman-pete-peterson-on-simpson-bowles-bipartisan-path-forward-to-securing-america%E2%80%99s-future.
55. See, for example, Alan Simpson and Erskine Bowles, "A Moment of Truth for Our Country's Financial Future," *Washington Post*, November 29, 2017, www.washingtonpost.com/opinions/a-moment-of-truth-for-our-countrys-financial-future/2017/11/29/22963ce6-d475-11e7-a986-d0a9770d9a3e_story.html; and Committee for a Responsible Federal Budget, "Bowles and Simpson Announce Campaign to Fix the Debt on CNBC's Squawkbox," The Bottom Line (blog), July 12, 2012, www.crfb.org/blogs/bowles-and-simpson-announce-campaign-fix-debt-cnbcs-squawkbox.
56. Peter G. Peterson Foundation, "Peterson Foundation to Convene 3rd Annual Fiscal Summit in Washington on May 15th" (press release), May 8, 2012, www.pgpf.org/event/peterson-foundation-to-convene-3rd-annual-fiscal-summit-in-washington-on-may-15th.
57. Michael Hiltzik, " '60 Minutes' Shameful Attack on the Disabled," *Los Angeles Times*, October 7, 2013, www.latimes.com/business/hiltzik/la-xpm-2013-oct-07-la-fi-mh-disabled-20131007-story.html.
58. Congresswoman Susan Wild, "Rep. Wild Secures Funding for Social Security Administration to Address Wait Times in House-Passed Government Funding" (press release), June 19, 2019, wild.house.gov/media/press-releases/rep-wild-secures-funding-social-security-administration-address-wait-times.
59. H. Luke Shaefer and Kathryn Edin, "Extreme Poverty in the United States, 1996 to 2011," Policy Brief no. 28, National Poverty Center, February 2012, npc.umich.edu/publications/policy_briefs/brief28/policybrief28.pdf.
60. Eduardo Porter, "The Myth of Welfare's Corrupting Influence on the Poor," *New York Times*, October 20, 2015, www.nytimes.com/2015/10/21/business/the-myth-of-welfares-corrupting-influence-on-the-poor.html.

61. Kyodo, Bloomberg, staff report, "Japan's Pension System Inadequate in Aging Society, Council Warns," *Japan Times*, June 4, 2019, www.japantimes.co.jp/news/2019/06/04/business/financial-markets/japans-pension-system-inadequate-aging-society-council-warns/#.XjQe1pNKjBI.
62. Alan Greenspan, "There is nothing to prevent government from creating as much money as it wants," Committee on the Budget, House of Representatives, March 2, 2005, posted by wonkmonk, YouTube, March 24, 2014,1:35, www.youtube.com/watch?v=DNCZHAQnfGU.
63. C-SPAN, 2005 greenspan ryan, 02:42, March 2, 2005, www.c-span.org/video/?c3886511/user-clip-2005-greenspan-ryan-024200.
64. Ibid.
65. Robert Eisner, "Save Social Security from Its Saviors," *Journal of Post Keynesian Economics* 21, no. 1 (1998): 77–92.
66. Ibid., 80.
67. 埃斯納不反對任何這些特定的更改，但他不把它們視為保持系統的償付能力所需的更改。
68. "Policy Basics: Where Do Our Federal Tax Dollars Go?" Center on Budget and Policy Priorities, January 29, 2019, https://www.cbpp.org/research/federal-budget/policy-basics-where-do-our-federal-tax-dollars-go.
69. William E. Gibson, "Age 65+ Adults Are Projected to Outnumber Children by 2030," AARP, March 14, 2018, www.aarp.org/home-family/friends-family/info-2018/census-baby-boomers-fd.html.

第七章

1. Rebecca Shabad, "Bernie Sanders Flips the Script with 'Deficit' Plan," *The Hill*, January 2015, thehill.com/policy/finance/230692-budget-ranking-member-lays-out-plan-to-eliminate-economic-deficits.
2. Sabrina Tavernise, "With His Job Gone, an Autoworker Wonders, What Am I as a Man?," *New York Times*, May 27, 2019, www.nytimes.com/2019/05/27/us/auto-worker-jobs-lost.html.
3. Robert McCoppin and Lolly Bowean, "Getting By with the Minimum," *Chicago Tribune*, February 2, 2014, www.chicagotribune.com/news/ct-xpm-2014-02-02-ct-minimum-wage-illinois-met-20140202-story.html.
4. Matthew Boesler, "Almost 40% of Americans Would Struggle to Cover a $400 Emergency," Bloomberg, May 23, 2019, www.bloomberg.com/news/articles/2019-05-23/almost-40-of-americans-would-struggle-to-cover-a-400-emergency.

5. Suresh Naidu, Eric Posner, and Glen Weyl, "More and More Companies Have Monopoly Power over Workers ‹Wages. That's Killing the Economy," Vox, April 6, 2018, www.vox.com/the-big-idea/2018/4/6/17204808/wages-employers-workers-monopsony-growth-stagnation-inequality.
6. Economic Innovation Group, *The New Map of Economic Growth and Recovery*, May 2016, eig.org/wp-content/uploads/2016/05/recoverygrowth report.pdf.
7. Chris Arnade, *Dignity: Seeking Respect in Back Row America* (New York: Sentinel, 2019).
8. Nicky Woolf, "Over 50 and Once Successful, Jobless Americans Seek Support Groups to Help Where Congress Has Failed," *Guardian* (Manchester, UK), November 7, 2014, www.theguardian.com/money/2014/nov/07/long-term-unemployed-support-groups-congress.
9. Jagdish Khubchandani and James H. Price, "Association of Job Insecurity with Health Risk Factors and Poorer Health in American Workers," *Journal of Community Health* 42, no. 2 (April 2017): 242–251.
10. David N. F. Bell and David G. Blanchflower, "Unemployment in the US and Europe," Department of Economics, Dartmouth College, August 7, 2018, www.dartmouth.edu/~blnchflr/papers/revised%20%20europe%20Underemployment%20paper%20august%207th%202018.pdf.
11. National Institute on Retirement Security, "New Report Finds Nation's Retirement Crisis Persists Despite Economic Recovery" (press release), September 17, 2018, www.nirsonline.org/2018/09/new-report-finds-nations-retirement-crisis-persists-despite-economic-recovery/.
12. Emmie Martin, "67% of Americans Say They'll Outlive Their Retirement Savings——Here's How Many Have Nothing Saved at All," Make It, CNBC, May 14, 2018, www.cnbc.com/2018/05/11/how-many-americans-have-no-retirement-savings.html.
13. Sean Dennison, "64% of Americans Aren't Prepared for Retirement——and 48% Don't Care," Yahoo Finance, September 23, 2019, finance.yahoo.com/news/survey-finds-42-americans-retire-100701878.html.
14. Emmie Martin, "Here's How Much More Expensive It Is for You to Go to College Than It Was for Your Parents," Make It, CNBC, November 2017, www.cnbc.com/2018/05/11/how-many-americans-have-no-retirement-savings.html.
15. FRED, "Working Age Population: Aged 15–64; All Persons for the United States" (chart), Federal Reserve Bank of Saint Louis, updated October 9, 2019, fred.stlouisfed.org/series/LFWA64TTUSM647S.
16. Alessandro Malito, "The Retirement Crisis Is Bad for Everyone——Especially These People," MarketWatch, August 2019, www.marketwatch.com/story/the-retirement-crisis-is-bad-for-everyone-especially-these-people-2019-04-12.

17. Associated Press, "Nearly One-Quarter of Americans Say They'll Never Retire, According to a New Poll," CBS News, July 2019, www.cbsnews.com/news/nearly-one-quarter-of-americans-say-theyll-never-retire-according-to-new-poll/.
18. AnnaMaria Andriotis, Ken Brown, and Shane Shifflett, "Families Go Deep into Debt to Stay in the Middle Class," *Wall Street Journal*, August 1, 2019.
19. Sarah Jane Glynn, "Breadwinning Mothers are Increasingly the US Norm," Center for American Progress, December 19, 2016, www.american progress.org/issues/women/reports/2016/12/19/295203/breadwinning-mothers-are-increasingly-the-u-s-norm/.
20. Steve Dubb, "Baltimore Confronts Enduring Racial Health Disparities," NonProfit Quarterly, November 22, 2017, nonprofitquarterly.org/baltimore-confronts-enduring-racial-health-disparities/.
21. Gaby Galvin, "87M Adults Were Uninsured or Underinsured in 2018, Survey Says," *U.S. News & World Report*, February 7, 2019, www.usnews.com/news/healthiest-communities/articles/2019-02-07/lack-of-health-insurance-coverage-leads-people-to-avoid-seeking-care.
22. Tami Luhby, "Is Obamacare Really Affordable? Not for the Middle Class," CNN, November 2016, money.cnn.com/2016/11/04/news/economy/obamacare-affordable/index.html.
23. Boesler, "Almost 40% of Americans Would Struggle to Cover a $400 Emergency."
24. Bob Herman, "Medical Costs Are Driving Millions of People into Poverty," Axios, September 2019, www.axios.com/medical-expenses-poverty-deductibles-540e2c09-417a-4936-97aa-c241fd5396d2.html.
25. Lori Konish, "137 Million Americans Are Struggling with Medical Debt. Here's What to Know if You Need Some Relief," CNBC, November 12, 2019, ww.cnbc.com/2019/11/10/americans-are-drowning-in-medical-debt-what-to-know-if-you-need-help.html.
26. Matt Bruenig, "How Many People will Obamacare and AHCA Kill?" (blog), MattBruenig Politics, mattbruenig.com/2017/06/22/how-many-people-will-obamacare-and-ahca-kill/.
27. Catherine Rampell, "It Takes a B.A. to Find a Job as a File Clerk," *New York Times*, February 19, 2013, www.nytimes.com/2013/02/20/business/college-degree-required-by-increasing-number-of-companies.html.
28. Leslie Brody, "New York City Plans to Give More 3-Year-Olds Free Early Childhood Education," *Wall Street Journal*, January 10, 2019, www.wsj.com/articles/new-york-city-plans-to-give-more-3-year-olds-free-early-childhood-education-11547165926?mod=article_inline).
29. US Department of Education, "Obama Administration Investments in Early Learning Have Led to Thousands More Children Enrolled in High-Quality Preschool,"

September 2016, www.ed.gov/news/press-releases/obama-administration-investments-early-learning-have-led-thousands-more-children-enrolled-high-quality-preschool.
30. US Department of Education, "Every Student Succeeds Act (ESSA)," www.ed.gov/essa.
31. Timothy Williams, "Poor Schools Keep Getting Crushed in the Football. Is it Time to Level the Playing Field?" *New York Times*, September 2019, www.nytimes.com/2019/09/22/us/school-football-poverty.html.
32. Martin, "Here's How Much More Expensive It Is for You to Go to College Than It Was for Your Parents."
33. Demos, "African Americans, Student Debt, and Financial Security," 2016, www.demos.org/sites/default/files/publications/African%20Americans%20and%20Student%20Debt%5B7%5D.pdf.
34. Alexandre Tanzi, "U.S. Student-Loan Delinquencies Hit Record," Bloomberg Businessweek, February 22, 2019, www.bloomberg.com/news/articles/2019-02-22/u-s-student-loan-delinquencies-hit-record.
35. Elise Gould, "Higher Returns on Education Can't Explain Growing Wage Inequality," Economic Policy Institute, March 15, 2019, www.epi.org/blog/higher-returns-on-education-cant-explain-growing-wage-inequality/.
36. Scott Fullwiler, Stephanie Kelton, Catherine Ruetschlin, and Marshall Steinbaum, *The Macroeconomic Effects of Student Debt Cancellation*, Levy Economics Institute of Bard College, February 2018, www.levyinstitute.org/pubs/rpr_2_6.pdf.
37. Patrick McGeehan, "Your Tales of La Guardia Airport Hell," *New York Times*, August 29, 2019, www.nytimes.com/interactive/2019/08/29/nyregion/la-guardia-airport.html?smid=tw-nytimes&smtyp=cur.
38. Irwin Redlener, "The Deadly Cost of Failing Infrastructure," *The Hill*, April 2019, thehill.com/opinion/energy-environment/437550-ignoring-warning-signs-made-historic-midwest-floods-more-dangerous.
39. ASCE, "2017 Infrastructure Report Card: Dams," Infrastructure Report Card, 2017, www.infrastructurereportcard.org/wp-content/uploads/2017/01/Dams-Final.pdf.
40. ASCE, Infrastructure Report Card, www.infrastructurereportcard.org/.
41. Lauren Aratani, " 'Damage Has Been Done': Newark Water Crisis Echoes Flint," *Guardian* (Manchester, UK), August 2019, www.theguardian.com/us-news/2019/aug/25/newark-lead-water-crisis-flint.
42. Peter Gowan and Ryan Cooper, *Social Housing in the United States*, People's Policy Project, 2018, www.peoplespolicyproject.org/wp-content/uploads/2018/04/SocialHousing.pdf.
43. Richard "Skip" Bronson, "Homeless and Empty Homes——an American Travesty,"

Huffpost, May 25, 2011, www.huffpost.com/entry/post_733_b_692546.
44. IPCC, *Global Warming of 1.5o C*, Special Report, United Nations Intergovernmental Panel on Climate Change, 2018, www.ipcc.ch/sr15/.
45. Nathan Hultman, "We're Almost Out of Time: The Alarming IPCC Climate Report and What to Do Next," Brookings Institution, October 16, 2018, www.brookings.edu/opinions/were-almost-out-of-time-the-alarming-ipcc-climate-report-and-what-to-do-next/.
46. Umair Irfan, "Report: We Have Just 12 Years to Limit Devastating Global Warming," Vox, October 8, 2018, www.vox.com/2018/10/8/17948832/climate-change-global-warming-un-ipcc-report.
47. Brandon Miller and Jay Croft, "Planet Has Only Until 2030 to Stem Catastrophic Climate Change, Experts Warn," CNN, October 8, 2018, www.cnn.com/2018/10/07/world/climate-change-new-ipcc-report-wxc/index.html.
48. Union of Concerned Scientists, "Underwater: Rising Seas, Chronic Floods, and the Implications for US Coastal Real Estate," 2018, www.ucsusa.org/global-warming/global-warming-impacts/sea-level-rise-chronic-floods-and-us-coastal-real-estate-implications.
49. Doyle Rice, "Hundreds Flee as Record Rainfall Swamps Northern California, but Thousands Refuse to Leave," *USA Today*, February 27, 2019, www.usatoday.com/story/news/nation/2019/02/27/california-floods-hundreds-flee-their-homes-thousands-refuse/3004836002/.
50. Dana Goodyear, "Waking Up from the California Dream in the Age of Wildfires," *The New Yorker*, November 11, 2019, www.newyorker.com/news/daily-comment/waking-up-from-the-california-dream.
51. Umair Irfan, Eliza Barclay, and Kavya Sukumar, "Weather 2050," Vox, July 19, 2019, www.vox.com/a/weather-climate-change-us-cities-global-warming.
52. Sebastien Malo, "U.S. Faces Fresh Water Shortages Due to Climate Change, Research Says," Reuters, February 28, 2019, www.reuters.com/article/us-usa-climatechange-water/u-s-faces-fresh-water-shortages-due-to-climate-change-research-says-idUSKCN1QI36L.
53. Josie Garthwaite, "Stanford Researchers Explore the Effects of Climate Change on Water Shortages," Stanford News, March 22, 2019, news.stanford.edu/2019/03/22/effects-climate-change-water-shortages/.
54. Robin Meyer, "This Land Is the Only Land There Is," *The Atlantic*, August 8, 2019, www.theatlantic.com/science/archive/2019/08/how-think-about-dire-new-ipcc-climate-report/595705/.
55. Hultman, "We're Almost Out of Time."
56. Callum Roberts, "Our Seas Are Being Degraded, Fish Are Dying——but Humanity Is

Threatened Too," *Guardian* (Manchester, UK), September 19, 2015, www.theguardian.com/environment/2015/sep/20/fish-are-dying-but-human-life-is-threatened-too.

57. Damian Carrington, "Plummeting Insect Numbers 'Threaten Collapse of Nature,' " *Guardian* (Manchester, UK), February 10, 2019, www.the guardian.com/environment/2019/feb/10/plummeting-insect-numbers-threaten-collapse-of-nature.
58. Union of Concerned Scientists, "Vehicles, Air Pollution, and Human Health" (webpage), July 18, 2014, www.ucsusa.org/resources/vehicles-air-pollution-human-health.
59. Drew Shindell, Greg Faluvegi, Karl Seltzer, and Cary Shindell, "Quantified, Localized Health Benefits of Accelerated Carbon Dioxide Emissions Reductions," Nature Climate Change, March 19, 2018, www.nature.com/articles/s41558-018-0108-y.
60. World Economic and Social Survey, "Report: Inequalities Exacerbate Climate Impacts on Poor," Sustainable Development Goals, United Nations, 2016, www.un.org/sustainabledevelopment/blog/2016/10/report-inequalities-exacerbate-climate-impacts-on-poor/.
61. Kelsey Piper, "Is Climate Change an 'Existential Threat'——or Just a Catastrophic One?," Vox, June 28, 2019, www.vox.com/future-perfect/2019/6/13/18660548/climate-change-human-civilization-existential-risk.
62. University of Adelaide, "IPCC Is Underselling Climate Change," Science Daily, March 20, 2019, www.sciencedaily.com/releases/2019/03/190320102010.htm.
63. Irfan, "Report: We Have Just 12 Years to Limit Devastating Global Warming."
64. David Roberts, "What Genuine, No-Bullshit Ambition on Climate Change Would Look Like," Vox, October 8, 2018, www.vox.com/energy-and-environment/2018/5/7/17306008/climate-change-global-warming-scenarios-ambition.
65. MCC, "That's How Fast the Carbon Clock Is Ticking," Mercator Research Institute on Global Commons and Climate Change, December 2018, www.mcc-berlin.net/en/research/co2-budget.html.
66. Kimberly Amadeo, "The US National Debt Clock and Its Warning," The Balance, February 13, 2019, www.thebalance.com/u-s-national-debt-clock-definition-and-history-3306297.
67. WEF, *The Inclusive Development Index 2018: Summary and Data Highlights* (Geneva, Switzerland: World Economic Forum, 2018), www3.weforum.org/docs/WEF_Forum_IncGrwth_2018.pdf.
68. Quentin Fottrell, "Alone," MarketWatch, October 10, 2018, www.marketwatch.com/story/america-has-a-big-loneliness-problem-2018-05-02.
69. Children's Defense Fund, "Child Poverty" (webpage), www.childrens defense.org/policy/policy-priorities/child-poverty/.

70. Sheri Marino, "The Effects of Poverty on Children," Focus for Health, April 1, 2019, www.focusforhealth.org/effects-poverty-on-children/.
71. Christopher Ingraham, "Wealth Concentration Returning to 'Levels Last Seen During the Roaring Twenties,' According to New Research," *Washington Post*, February 8, 2019, www.washingtonpost.com/us-policy/2019/02/08/wealth-concentration-returning-levels-last-seen-during-roaring-twenties-according-new-research/.
72. Sean McElwee, "The Income Gap at the Polls," *Politico Magazine*, January 7, 2015, www.politico.com/magazine/story/2015/01/income-gap-at-the-polls-113997.
73. Sabrina Tavernise, "Many in Milwaukee Neighborhood Didn't Vote——and Don't Regret It," *New York Times*, November 20, 2016, www.nytimes.com/2016/11/21/us/many-in-milwaukee-neighborhood-didnt-vote-and-dont-regret-it.html.
74. Jake Bittle, "The 'Hidden' Crisis of Rural Homelessness," *The Nation*, March 28, 2019, www.thenation.com/article/rural-homelessness-housing/.
75. Chris Arnade, "Outside Coastal Cities an 'Other America' Has Different Values and Challenges," Guardian (Manchester, UK), February 21, 2017, www.theguardian.com/society/2017/feb/21/outside-coastal-bubbles-to-say-america-is-already-great-rings-hollow.
76. Chris Arnade, *Dignity: Seeking Respect in Back Row America* (New York: Sentinel, 2019).
77. Martin Gilens and Benjamin I. Page, "Testing Theories of American Politics: Elites, Interest Groups, and Average Citizens," *Perspectives on Politics* 12, no. 3 (September 2014): 564–581, www.cambridge.org/core/journals/perspectives-on-politics/article/testing-theories-of-american-politics-elites-interest-groups-and-average-citizens/62327F513959D0A304D4893B382B992B/core-reader.
78. Facundo Alvaredo, Lucas Chancel, Thomas Piketty, Emmanuel Saez, and Gabriel Zucman, *World Inequality Report 2018: Executive Summary*, World Inequality Lab, 2017, wir2018.wid.world/files/download/wir2018-summary-english.pdf.
79. "Federal Individual Income Tax Rates History" (chart), 1913–2013, files.taxfoundation.org/legacy/docs/fed_individual_rate_history_adjusted.pdf.
80. Robert B. Reich, *Saving Capitalism: For the Many, Not the Few* (New York: Alfred A. Knopf, 2015).
81. Robert Reich, Tweet, March 12, 2019, 5:22 p.m., available at Meme, me.me/i/robert-reich-rbreich-the-concentration-of-wealth-in-america-has-408c58b6e98d4dcf9f4969d237dd3442.
82. Era Dabla-Norris, Kalpana Kochnar, Nujin Suphaphiphat, Frantisek Ricka, and Evridiki Tsounta, *Causes and Consequences of Income Inequality: A Global Perspective*, International Monetary Fund, June 2015, www.imf.org/external/pubs/ft/sdn/2015/sdn1513.pdf.

83. Josh Bivens and Lawrence Mishel, "Understanding the Historic Divergence Between Productivity and a Typical Worker's Pay," Briefing Paper No. 406, Economic Policy Institute, September 2, 2015, www.epi.org/publication/understanding-the-historic-divergence-between-productivity-and-a-typical-workers-pay-why-it-matters-and-why-its-real/.
84. Ibid.
85. Reuters, "CEOs Earn 361 Times More Than the Average U.S. Worker——Union Report," May 22, 2018, www.reuters.com/article/us-usa-compensation-ceos/ceos-earn-361-times-more-than-the-average-u-s-worker-union-report-idUSKCN1IN2FU.
86. Alvaredo et al., *World Inequality Report 2018.*
87. Chuck Collins and Josh Hoxie, *Billionaire Bonanza 2017: The Forbes 400 and the Rest of Us*, Institute for Policy Studies, November 2017, inequality.org/wp-content/uploads/2017/11/BILLIONAIRE-BONANZA-2017-Embargoed.pdf.

第八章

1. 這次會面由前市議員特洛伊・納許（Troy Nash）安排，他也與我們一起見了克理弗。
2. 他還制定了一項很有野心的計畫，以改革銀行體系。銀行是之前引爆金融危機的地方。
3. Congressional Budget Office, *The Long-Term Budget Outlook* (Washington, DC: CBO, June 2010, revised August 2010), www.cbo.gov/sites/default/files/111th-congress-2009-2010/reports/06-30-ltbo.pdf.
4. Ibid.
5. 莫斯勒在他的書中敘述了許多類似的經歷。
6. 有很多好書討論了這些議題。
7. Center on Budget and Policy Priorities, "Policy Basics: Introduction to the Federal Budget Process," updated July 8, 2019, www.cbpp.org/research/policy-basics-introduction-to-the-federal-budget-process.
8. 當然，國會也可以改變預算的強制支出。例如，有人呼籲增加社會安全保險福利，並將資格年齡限制從六十五歲降至零歲，採單一付款，即以一個全民醫療保險制度為所有人提供醫療保健。
9. 關於這個議題，更多討論請參見 A. G. Hart, "Monetary Policy for Income Stabilization" in *Income Stabilization for a Developing Democracy*, ed. Max F. Millikan (New Haven, CT: Yale University Press, 1953); Simon Gray and Runchana Pongsaparn, *Issuance of Central Securities: International Experiences and Guidelines*, IMF Working Paper, WP/15/106, May 2015, www.imf.org/external/pubs/ft/wp/2015/wp15106.pdf; and Rohan Grey, "Banking in a Digital Fiat Currency Regime," in *Regulating Blockchain: Techno-Social and Legal Challenges*, ed. Philipp Hacker, Ioannis

Lianos, Georgios Dimitropoulos, and Stefan Eich (Oxford, UK: Oxford University Press, 2019), 169–180, rohangrey.net/files/banking.pdf.

10. 國會預算辦公室估計，到了二〇二九年，淨利息支出將從二〇一九年占GDP的一・八%增長到三・〇%，到二〇四九年將攀升至五・七%。見Congressional Budget Office, The 2019 Long-Term Budget Outlook (Washington, DC: CBO, 2019), www.cbo.gov/system/files/2019-06/55331-LTBO-2.pdf. 利息支出可以完全刪除，只要放棄目前以標售債券來平衡財政赤字的做法，國會不必出售債券，而可以將任何由此產生的準備金留在系統中，以聯準會的目標利率賺取利息。大多數（如果不是全部）的現代貨幣理論經濟學家想看到隔夜拆款利率永久保持在零（或非常接近零），但這對於執行現代貨幣理論的其他指示並非必要條件。
11. Charles Blahous, "The Costs of a National Single-Payer Healthcare System," Mercatus Working Paper, Mercatus Center, George Mason University, 2018, www.mercatus.org/system/files/blahous-costs-medicare-mercatus-working-paper-v1_1.pdf.
12. 兩者都是根據一九七四年的《國會預算暨截留控制法》所創建的。
13. 抵銷新支出的另一種方法是從預算的其他部分中撥出資金，例如，你可能看過有人建議減少國防預算來支付新的支出。
14. 當然「乾淨的法案」不是一定會過，會贏得比較多選票嗎？ 誰知道。如今，國會兩黨無法合作，但有一點是肯定的：任何提議的支出都必須完全由新的收入（或從別的地方的挪用）來抵銷，這在經濟上不必要，又讓政治停擺，最新的報告要求在十年內投入四・五九兆美元。
15. Sheryl Gay Stolberg, "Senate Passes $700 Billion Pentagon Bill, More Money Than Trump Sought," *New York Times*, September 18, 2017, www.nytimes.com/2017/09/18/us/politics/senate-pentagon-spending-bill.html.
16. Christal Hayes, "Alexandria Ocasio-Cortez: Why Does GOP Fund 'Unlimited War' but Not Medicare Program?," *USA Today*, August 9, 2018, www.usatoday.com/story/news/politics/onpolitics/2018/08/09/alexandria-ocasio-cortez-republicans-finance-war-not-healthcare-tuition/946511002/.
17. Calvin H. Johnson, "Fifty Ways to Raise a Trillion," in *Tax Reform: Lessons from the Tax Reform Act of 1986*, Hearing Before the Committee on Finance, US Senate (Washington, DC: US GPO, 2010), 76, books.google.com/books?id=e4jnhl_AkLgC&pg=PA76&lpg=PA76&dq=calvin+johnson+shelf+project&source=bl&ots=yeBPKBOXV1&sig=ACfU3U3OXXYvNQgrroi7ZBFI8jrStMJJBg&hl=en&sa=X&ved=2ahUKEwiTqekg6blAhVK11kKHXiwAtkQ6AEwEHoECAkQAQ#v=onepage&q=calvin%20johnson%20shelf%20project&f=false.
18. Ibid.
19. Keith Hennessey, "What Is a Vote-a-Rama?" (blog), March 25, 2010, keithhennessey.com/2010/03/25/vote-a-rama/.

20. Paul Krugman, "Deficits Saved the World," *New York Times*, July 15, 2009, krugman.blogs.nytimes.com/2009/07/15/deficits-saved-the-world/.
21. Jeff Spross, "You're Hired!," *Democracy: A Journal of Ideas* 44 (Spring 2019), democracyjournal.org/magazine/44/youre-hired/.
22. Bureau of Labor Statistics, "Most Unemployed People in 2018 Did Not Apply for Unemployment Insurance Benefits," econintersect.com, econintersect.com/pages/contributors/contributor.php?post=201910220659.
23. 在現代貨幣理論提出的聯邦就業保障中，任何具有合法工作資格的人（年滿十六歲，具美國公民，或得以合法工作的非美國公民），都能直接獲得工作。
24. 多位經濟學家提出了不同版本的就業保障，本章介紹了現代貨幣理論經濟學家提出的版本，勞工可獲得每小時十五美元的報酬，並享有福利（醫療保健、育兒和給薪假）；有另一種版本根據經驗和其他考量因素給予不同程度的報酬，請見 Mark Paul, William Darity Jr., and Darrick Hamilton, "The Federal Job Guarantee——A Policy to Achieve Permanent Full Employment," Center on Budget and Policy Priorities, March 9, 2018, https://www.cbpp.org/research/full-employment/the-federal-job-guarantee-a-policy-to-achieve-permanent-full-employment
25. 這不是一個創造工作機會的計畫，這其中有許多工作可能類似於一九三〇年代新政時期創造的工作，例如，許多公共工程項目由公共事業振興署進行；在平民保育團的領導下，進行了許多環保工作；在國家青年管理局的管理下，為一百五十萬名高中生和六十萬名大學生創造了兼職工作機會，和小羅斯福時代的新政不同的是，現代貨幣理論的就業保障全民共享，不排除黑人和其他少數族裔。
26. 就業保障並不意味著要取代任何現有的社會安全網計畫，所有計畫，包括失業保險，都可以與聯邦就業保障一起實施，當然，食物券、醫療補助和其他需要經濟狀況調查的計畫支出自然會減少，因為一旦許多人開始從事公共服務工作，所得提高，他們就失去了貧戶資格，自然不需要這些補助。
27. 請記住，家庭（和企業）是貨幣使用者，消費者一旦確定自己承擔了過多的債務（信用卡、抵押、汽車貸款、學生貸款），通常就會減少開支，發生這種情況時，信用循環週期就會倒轉，企業的銷售額就會下降。
28. See, for example, Michael J. Murray and Mathew Forstater, eds., *Full Employment and Social Justice* (New York: Palgrave Macmillan, 2018); Michael J. Murray and Mathew Forstater, eds., *The Job Guarantee* (New York: Palgrave Macmillan, 2013); Pavlina R. Tcherneva, *The Case for a Job Guarantee* (Cambridge, UK: Polity Press, 2020); and William S. Vickrey, *Full Employment and Price Stability* (Cheltenham, UK: Edward Elgar, 2004).
29. Wray et al., *Public Service Employment: A Path to Full Employment*.
30. 有關這點如何運作，更詳盡的討論請見 Pavlina R.Tcherneva, "The Job Guarantee:

Design, Jobs, and Implementation," Working Paper No. 902, Levy Economics Institute of Bard College, April 2018, www.levyinstitute.org/pubs/wp_902.pdf.

31. 每小時十五美元的薪水，全職參與者的年收入為三萬一千二百美元，計算方法為：每小時十五美元 × 四十小時 × 五十二週＝三萬一千二百美元，根據美國衛生與公共服務部的最新（二〇一九年）指南，這足以讓五口之家脫離貧窮。
32. 每天八小時 × 每週五天 × 五十週 × 一千二百萬＝二百四十億。
33. 小羅斯福的平民保育團於一九三三年成立，該方案並不開放所有人參加，而僅適用於十八歲至二十六歲失業的未婚男性公民，黑人可以參加，但他們被安置在隔離的營地中，現在如果想要實施類似政策，必須讓任何想要參加的人都能參加。
34. 少數族裔群體更容易失業，當經濟疲軟時，他們往往是第一個失業的人，而當企業增加人員時，他們往往是最後一個被僱用的人，他們既遭受較高的失業率，又遭受較長時間的失業，舉例來說，黑人的失業率一直是白人的兩倍。

35. Pavlina R. Tcherneva, "Beyond Full Employment: The Employer of Last Resort as an Institution for Change," Working Paper No. 732, Levy Economics Institute of Bard College, September 2012, www.levyinstitute.org/pubs/wp_732.pdf.
36. Ibid.

37. 三年後，該計畫被逐步替代回傳統的失業保險以及更為傳統的福利改革計畫，提供現金援助而不是就業。有趣的是，徹內娃發現所得是戶主計畫中評價最低的部分，的確參與者在評價整體計畫經驗時，將所得排在第五（倒數第二），他們的排名是：（一）做有用的事情，（二）在良好的環境中工作，（三）幫助社區，（四）學習寶貴的技能，其他好處包括：短程通勤、接近日間托育場所、與鄰居的聯繫感、受到尊重、覺得得到了權力。

38. Public Works & Infrastructure, "Welcome to EPWP" (webpage), Department: Public Works and Infrastructure, Republic of South Africa, www.epwp.gov.za/.
39. Ibid.
40. Klaus Deininger and Yanyan Liu, "Heterogeneous Welfare Impacts of National Rural Employment Guarantee Scheme: Evidence from Andhra Pradesh, India," *World Development* 117 (May 2019): 98-111, www.sciencedirect.com/science/article/pii/S0305750X18304480?via%3Dihub.
41. Peter-Christian Aigner and Michael Brenes, "The Long, Tortured History of the Job Guarantee," *The New Republic*, May 11, 2018, newrepublic.com/article/148388/long-tortured-history-job-guarantee.

42. 《經濟權利法案》還可以保障受教權、居住權、醫療保健的權利以及安全退休的權利。

43. Martin Luther King Jr., "The 50th Anniversary of Martin Luther King, Jr.'s 'All Labor Has Dignity,' " Beacon Broadside, Beacon Press, March 18, 2018, www.beaconbroadside.com/broadside/2018/03/the-50th-anniversary-of-martin-luther-

king-jrs-all-labor-has-dignity.html.

44. 我們還可以使用其他新型自動穩定機制來增加就業保障。我們在預算機制上附加的自動駕駛功能愈多，我們的經濟運行就愈順暢，例如，當實質通貨膨脹率低於二%時，依據通貨膨脹目標（而不是實質通貨膨脹率）來調整就業保障計畫中的工資（或其他支出），就能自動提高支出。
45. Council of Economic Advisers: Walter Heller, Kermit Gordon, James Tobin, Gardner Ackley, and Paul Samuelson, recorded interview by Joseph Pechman, August 1, 1964, John F. Kennedy Library Oral History Program, www.jfklibrary.org/sites/default/files/archives/JFKOH/Council%20of%20Economic%20Advisers/JFKOH-CEA-01/JFKOH-CEA-01-TR.pdf.
46. Space.com staff, "May 25, 1961: JFK's Moon Shot Speech to Congress," Space.com, May 25, 2011, www.space.com/11772-president-kennedy-historic-speech-moon-space.html.
47. 一九六五年七月強森出兵越南後，通貨膨脹率上升。
48. *Mariana Mazzucato, The Entrepreneurial State: Debunking Public vs. Private Sector Myths* (Cambridge, MA: Anthem Press, 2014).
49. Mariana Mazzucato, "Mobilizing for a Climate Moonshot," Project Syndicate, October 8, 2019, www.project-syndicate.org/onpoint/climate-moonshot-government-innovation-by-mariana-mazzucato-2019-10.

赤字迷思
現代貨幣理論和為人民而生的經濟

The Deficit Myth: Modern Monetary Theory and the Birth of the People's Economy

作　　者——史蒂芬妮・凱爾頓（Stephanie Kelton）
譯　　者——蔡宗翰
審　　定——何宗武
封面設計——萬勝安
編輯協力——陳慧儒、鄭襄憶
責任編輯——劉文駿
行銷業務——王綬晨、邱紹溢、劉文雅
行銷企劃——黃羿潔
副總編輯——張海靜
總 編 輯——王思迅
發 行 人——蘇拾平
出　　版——如果出版
發　　行——大雁出版基地
地　　址——231030 新北市新店區北新路三段 207-3 號 5 樓
電　　話——（02）8913-1005
傳　　真——（02）8913-1056
讀者傳真服務—（02）8913-1056
讀者服務 E-mail— andbooks@andbooks.com.tw
劃撥帳號 19983379
戶　　名 大雁文化事業股份有限公司
出版日期 2024 年 7 月 再版
定　　價 540 元
ISBN 978-626-7498-05-7

國家圖書館出版品預行編目資料

赤字迷思：現代貨幣理論和為人民而生的經濟／史蒂芬妮・凱爾頓（Stephanie Kelton）著；蔡宗翰譯. – 再版. – 新北市：如果出版：大雁出版基地發行, 2024. 7
面；公分
譯自：The Deficit Myth: Modern Monetary Theory and the Birth of the People's Economy
ISBN 978-626-7498-05-7（平裝）

1. 國家財政 2. 貨幣經濟學 3. 財政赤字 4. 財政政策 5. 美國

565　　113008802

如果